文景

———————

Horizon

黄专全集（卷三）

传统与流变：论美术史

目　录

从文同看中国文人画的源起 [1]

怎样为"文人画"界定一个比较符合客观的上限，是我们研究中国绘画史中这一突出艺术现象时不得不首先提出的问题。近人陈师曾认为"文人画由来久矣，自汉时蔡邕、张衡辈皆以画名"[2]，这种定论实际上是把"文人画"和"文人画的画"这两个概念完全等同起来，抽掉了文人画特定的时代内涵，无助于我们对文人画艺术特质的探讨；明人董其昌则有"文人之画，自王右丞始"[3]之说，把文人画的上限界定在八世纪的盛唐，除溢露浓厚的宗派气习外[4]，这一定论在中国绘画艺术风格和创作技法演变嬗递的历程中也难找出足够的史料依据，对其非科学性，今人已有许多论据充足的阐述，[5]本文不拟赘道。值得重视的倒是文人画始于元人一说，这一观点认为"元宋（绘画）异点，即在前者以寓意为旨，后者以象真为基础"[6]，而这是因为宋人之画重的是"理""师造化"，注重对客观对象"形似"的把握和描绘；元人之画则重"意""趣"，重"法心源"，注重主观方面"个人自由性情"的抒发和表现。在对宋元绘画的审美追求、艺术性格做了上

面的区别后，结论就是："宋画离开真正的文人画尚远，真正的文人画的兴起尚待于元代。"[7]应该说，对宋元绘画特性的概括区分始于董其昌，[8]至于这种区分在史实上能否成立，在理论上能否作为断定文人画源起的依据，都是值得商榷的。

本文认为文人画是伴随中国封建社会由盛入衰、由前期到后期的历史进程而产生的一种美术现象，无论从中国绘画美学思想、艺术风格的变化上看，还是从传统技法的衍变更新上看，把文人画的上限界定在北宋中晚期都是有充分依据的，且这一界定的明显标志是在研究文人画时应该充分重视的文同。

一

和意识形态的其他领域一样，人类的艺术生产也是"更高的即更远离物质经济基础的意识形态"[9]，是"更高地悬浮于空中的思想领域"[10]，"在这里，观念同自己的物质存在条件的联系愈来愈混乱，愈来愈被

一些中间环节弄模糊了"[111]，怎样理解这里"中间环节"的含义，马克思在论及希腊艺术与其社会一般发展的关系时，实际上已给了我们答案："希腊艺术的前提是希腊神话，也就是已通过人民的幻想（重点为引者加）用一种不自觉的艺术方式加工过的自然和社会形式本身。"显然，联系希腊艺术和希腊社会的中间环节是"人民的幻想"以及其物化对象——希腊神话。这所谓的"人民的幻想"无非就是从希腊民族特有的审美心理结构中产生的原始的审美理想和审美追求。所以，我们可以说，艺术与社会经济之间的"中间环节"就是在一定社会状况、民族心理特性影响下产生的审美理想和审美趣味。任何艺术现象、潮流都不过是客观社会存在通过一定的审美理想这一主观中介反映、凝注于一定的艺术创作活动的结果。正因如此，在探溯文人画的源头时，除了解其产生的一般社会背景外，我们更应该注意与这一艺术现象直接发生联系的时代审美理想和审美趣味。

中晚唐至宋，是中国封建社会由盛入衰的过渡阶段，作为这一转变的枢纽，有宋一代成为中国中世纪矛盾最为繁杂的时期。宋中叶起，经济、政治、民族矛盾引发的社会危机昭示着封建社会由衰而亡的必然命运，在北宋日趋腐败的政治中，有一个十分耐人寻味的现象：政治危机愈趋深刻、全面，那些白衣卿相、文臣士夫振兴时政的愿望却愈加强烈（无论是变法派还是保守派），变法与反变法的斗争愈趋频繁，从仁宗到北宋末，规模较大的就有庆历新政、王安石变法、元祐更化、绍圣变乱……唇枪舌剑，朝秦暮楚，呈现出中国封建社会前期很少见的政治局面。对这种现象可以做出这样的解释：作为以广泛的世俗地主阶级为社会基础的士大夫阶层，在中国封建社会后期才取代门阀世族势力，确立了自己在政治上的统治地位。应该说，与腐朽的门阀世族官僚阶层比较，它还是一个尚有进取精神的社会阶层，但他们有些生不逢时，他们施展政治抱负的舞台，是一个由不可克服的矛盾支配而走向衰亡的社会。一方面是兼济天下的进取精神和激流勇进的炽灼行动，另一方面却是日薄西山的社会现实和朝朝夕野、变幻莫测的政治境遇，这些深刻的矛盾，在这个阶层的心理上引起某些异乎寻常的强烈反响，所以，一边是"大江东去，浪淘尽，千古风流人物""江山如画，一时多少豪杰"的超迈豪纵，另一边，却又掩不住"人生如梦，一樽还酹江月"

的没落惆怅。

支配着中国封建社会思想历程的是儒道两家，两者互相对立，又互为补充，构成中国思想发展史的基本脉络。反映在审美意识和艺术创作上，儒家注重艺术的社会功能，强调文艺的封建教化作用："兴于《诗》，立于礼，成于乐。"[12] "人而不仁，如乐何？"[13] 影响后世的是对艺术审美特性的忽视。道家从虚无主义的哲学观点出发，主张"退仁义，宾礼乐"[14] "无为而无不为"[15]，强调对玄妙莫测的"道"的境界的追求，强调对客观世界的超脱："不出户，知天下；不窥牖，见天道。其出弥远，其知弥少。"[16] "堕肢体、黜聪明，离形去知，同于大通。"[17] 强调思维和创作活动中"得心应手""得意忘形"的自由境界，赞赏艺术家"僵僵然不趋，受揖不立""解衣般礴"[18] 超脱潇洒的风范气度；津津乐道于"时恣纵而不傥……独与天地精神往来"[19]，要求人们放弃"庆赏爵禄""非誉巧拙"[20]，超俗脱世。虽然老庄哲学重道轻华、重质轻文，提倡艺术虚无主义，甚至根本否定文艺的存在价值，但它给后世的影响却不在这方面。在以"表现""抒情"为特征的中国古典美学体系中，首先是老庄哲学里辩证的思维方式，清高、宏大、狂放、恣纵

的浪漫主义精神得到了改造、吸收，成为探索、丰富和深化其审美理论和创作规律的主要哲学依据。而"时恣纵而不傥""独与天地精神往来"的超脱态度，"平易恬淡""斋以静心"的精神境地，"得心应手""操舟若神"的创作过程更是后世文人在艺术实践中叹为观止的圭臬。由此不难理解，为什么不是提倡"文质彬彬"的孔子，而是主张"灭文章、散五采"[21] 的庄子，更易成为那些愤世嫉俗的艺术家难舍难分的精神伴侣。

处于封建社会深刻转变时代的宋朝文人士大夫，常常置身于一种十分矛盾的境地。冷酷的现实，一方面加剧了他们探求人生命运和内心世界的炽灼愿望，另一方面也深化着他们对梦幻般的彼岸世界如痴如醉的追求向往，但总的和必然的趋势只能是逃遁（所谓"超脱"）。秦观说苏轼虽也谈"先王之余论，周孔之遗言"，但更多的是"浮屠、老子、卜医、梦幻、神话、鬼神之说"[22]，这多少道出了一个事实：在一定时期内，支配北宋士大夫们思想意念的，主要是庄周的出世而非孔子的入世。

特定时代的心理特征和哲学思想反映在审美趣味和艺术风格上，就表现为一种与盛唐迥然异趣的时代风范。这里不再是对台

榭金碧、伎乐起舞的人间净土的歌颂向往，而是对面向自然的那种细腻、恬然的心灵感受的陶醉迷恋；虽也口不离"指鉴贤愚，发明治乱"，但兴趣更大的则是"快人意"，怡性情；不稀罕刚健雄奇、金碧煌煌，更亲近"敧侧怒张"，洒脱不拘……在绘画领域中，这种转变在中晚唐就开始了："上古之画，迹简意澹而雅正；顾（恺之）、陆（探微）之流是也（魏晋之风）。中古之画，细密精致而臻丽，展（子虔）、郑（法士）之流是也（隋唐之风）。近代之画，焕烂而求备（盛唐之风）。今人之画，错乱而无旨，众工之迹是也（晚唐之风）。"[23]"今之画人，笔墨混于尘埃，丹青和其泥滓，徒污绢素，岂曰绘画！"[24]显然，置身晚唐的张彦远还不能习惯和理解这种处于过渡阶段的绘画风格，但他毕竟自觉不自觉地透露出一种新的艺术风范行将问世的消息。宋人就看得比较清楚了："或问近代至艺，与古人何如。答曰：'近代方古多不及，而过亦有之。若论佛道、人物、士女、牛马，则近不及古；若论山水、林石、花竹、禽鱼，则古不及近。'"[25]诚然，这里所做的区分还仅限于绘画的题材方面，不过审美趣味的那种时代性变化已是不言而喻的了。

真正成为北宋艺术风范典型代表的不是尚限于对自然山水做浮泛描绘的北宋三大家（李成、关同、范宽。一说为李成、范宽、董源）作，也不是着意于"非无舟人，只无行人"这种静态的诗意描写的院体绘画，而是那些为深刻的时代矛盾所缠绕的文人士大夫创造的文人画，而文人画最具代表意义的开拓者就是文同。

二

文同，字与可，号笑笑先生。四川梓州永泰县（今四川盐亭县）人。他身历的真、仁、英、神宗四朝可谓中国封建社会转折点之转折点。文同自皇祐年间进士后，任过朝廷的太常博士、集贤校理，也作过邛、汉、弯、陵、兴、元、洋、湖等州府的地方官，几乎一生都在宦途，但他一生的主要成就并不在"政"，而在"文"，正如他为时人称道的并不是经济国家的政治行为，而是"襟韵潇洒"、超然自得的精神世界和"发于逸思，形于笔妙"的艺术创作。对我们来说，他的意义则在于：作为士大夫和艺术家，他以自己的绘画实践和艺术理论，忠实地反映了十一世纪处于转变过程中的封建士大夫阶层复杂矛盾的时代心理、审美趣味和追求。他与苏轼，一个主要以艺术实践，一个主要以艺术理论，比较全面地反映了处于源起阶段的文人画的美学原则和艺术风貌。

作为儒生官宦的文同，自幼就能"通经、史、诸子，无所不究，未冠能文"[26]。三十二岁进士及第，踌躇满志地步入宦途。其时有诗言志云："三十穷男子，其好胆气成。鸿毛在乡里，骥足本乾坤。周孔为逢掑，轲雄自吐吞。平生所怀抱，应共帝王论。"[27]这时，作为文同思想情怀主导方面的还是正统的儒家学说和天下为公的远大抱负。当然，如果文同仅限于此，就不会成为具有时代意义的文同了。

皇祐至熙宁前的十几年是文同宦途顺达的时期，也是宋代政治、经济、民族危机孕育和全面展开的时期。熙宁前，时局已是："以古准今，则天下安危治乱尚可以有为。有为之时，莫急于今日。"[28]熙宁二年（1069年），正值王安石在朝大兴变法之时，文同罢普州太守，还乡途中留有《夏日闲书墨君堂壁二首》，诗曰："归来山中住，便作山中人，冠带亦自闲，累月不着身，散发层岩阿，濯足清涧滨，石藓黏简册，松风堕衣巾。"[29]

这里流露出的情绪似乎还只是对大自然尽兴的陶醉，但那溢于言表的空漠，那徒有其辞的潇洒与"鸿毛在乡里，骥足本乾坤"的豪放相比，已是迥然异趣了，"何须嫌五斗，持此谢渊明"[30]，在这时，"采菊东篱下，悠然见南山"的陶渊明成为作者的隔代知音，该不是件奇怪的事了。

熙宁三年，文同入朝，"时执政欲兴事功（变法），多所更厘创造，附丽者众，根排异论，公独远之"[31]。但对变法的这种消极的中立并未能使他摆脱政治上的不测，不久，他终因议论宗室袭封之事被贬陵州。宦途的沉浮，政治的变乱，社会人生命运的莫不可测，在文同这里激起了更为沉重的反响："清诗健笔何足数，逍遥齐物追庄周。夺官遣去不自沉，晓梳脱发谁能收……君知远别怀抱恶，时遣墨君消我愁。"[32]

晚年的文同，时而筑台笐筜谷上，观竹画竹，陶醉于艺术的幻境，时而低吟"何时再到高楠下，倚遍清阴听道书"[33]，沉湎于道学的玄想。"职事凡少休，余复不经眼。幽斋设横榻，尽日对层巘。遥怀寄浩荡，静想紫山蹇崿。松雨润书奁，竹风吹酒盏。荣名付傲兀，胜事入清简，虽有旧林泉，何须嗟去晚。"[34]表面清高雅淡，其实苦不堪言。

熙宁五年，在他为陵州守时的居处，文同写下了《纡竹记》，对社会的嫉愤和对人生的失望在这里一发于竹，人格化的纡竹成为他坎坷生涯的总结和写照。竹本直生，但生不得所，终致曲而不直，他写道："纡竹……其始共本以出，去土未几而遽分其三……其一既独盛，将挺起，为垂岩所轧，力不得竞，乃求虚以伸，所趣舣碍，无所容，屈己自保，生意愈艰，蟠空缭隙，拳局以进，伏碻磝，蔽荟岁，曾莫知其历寒暑之何许也……坚强偃蹇，宛觚附地，若不欲使人加哀怜于其不得遂……"此讲纡竹生长之难，然而，"观其抱节也，刚洁而隆高，其布叶也瘦瘠而修长，是所谓战风日，傲冰霜，凌突四时，磨轹万草之奇植也……竹之为物，乃草木之中甚贤者"，赞纡竹风节之高。最后，语气一转，"今此不幸，不得其地以完其生，上蔽旁阔，不使自通，遂至于质状如此。然其天之所与，虽不能奋迅条达以尽其性，而其所得短长巨细之分，当亦缘理而浸长之故，其气不能畅茂于其内，而其势所以促蹙于其外也……今也就其所以不得已者而名之曰：纡竹"。以竹喻人，寄其孤愤，最后还要将这充分人格化了的纡竹对象化为艺术作品，"公平居常好戏为此者，盍摹之以示于人"，于是，"挥洒之，自卯而辰而就"[35]。中国文人知识分子愤世嫉俗的常规心理在文同这里具备了更为深刻的时代内涵，这是他的艺术创作之所以具有全新时代意义的原因所在。

的确，作为官宦的文同始终未从政治上隐退，但是，作为艺术家，他对整个社会的那种敬而远之的态度是一种更为深刻的逃遁，他将自己的胸襟意绪倾注于绘画，在自然界中觅寻到了最适于寄托自己这种愤世嫉俗心理个性的审美对象——竹。文同是爱竹的，"我常爱君此默坐，胜见无限寻常人"[36]"我走宦途休未得，此君应是怪归迟"[37]，苏轼也称他对于竹能"得其情而尽其性"[38]。在艺术上，文同更可称是"其身与竹化"，其名与竹存。竹成为文人画最早涉及和富有影响的题材之一，与文同的这种偏爱是不无关系的。

尽管从题材选取上说，唐代的萧悦、孙遇、张立，甚至吴道子都画过墨竹，但真正把竹作为作者独特个性和审美理想的"对象化"，并在绘画上确定下来的则在宋代。"画竹之风，唐宋已盛，乃至文、苏，凡如山水之王（维）、李（思训），为千古所宗仰。"[39]竹之所以成为宋代文人画的一个开拓性题材，其原因大致有这样几个方面：其一，新的审美心理对绘画题材提出了新的要求。中唐以后，以宣扬封建政教为主要目的的道释人物画逐渐衰微，代之而起的是强调独立审美功能的山水花鸟画，但在这些题材中，山水画尚未能摆脱对自然做浮泛描绘的阶段（至"二米"这种局面才被打破），随北宋士夫审美趣味的变化，需要觅寻更为具体的自然对象作为那种厌世心理的寄托，徐书城说："宋元人似乎同五代人的感觉不太一样。大自然中同样的一片寒林，五代人只是站在远处粗略地一望，观其大略既已满足，他们只感到'烟林清旷''秋色萧疏'的笼统意境；宋元人却喜欢走进林子里去仔细观察，连一草一木的细节都舍不得轻易放过"，以便"找到'闲雅'的情味"[40]，这样一来，自然会对绘画的题材提出新的要求。其二，竹作为审美对象所具有的自然特质，易于引起人们对风节、情操之类的精神境界和凌厉、清拔、生趣之类的美的意念的联想，能适应士夫们新的审美趣味。东晋王徽之就有"何可一日无此君"的感慨，苏轼说王徽之称"竹君"，"天下从而君之无异辞"，简直比那些使人"貌畏而心不服"的人间君主还要高明。他们赞竹"得志，遂茂而不骄，不得志，瘁瘁而不辱。群居不倚，独立不惧"[41]，其实就是他们理想观念的反映。在他们人生失意、宦途不振时，屈而不辱的竹尤其容易成为那种厌世心理的自然托物。其三，竹之成为宋代文人达意寄性的绘画对象，还因为它的自然姿态易于简笔挥洒。唐代已有了"墨竹"这个概念，《唐朝名画录》称："萧悦，工画竹，有雅趣。说者谓墨竹肇自明皇，萧悦得其传，举世无伦。"但无论是唐萧悦、王维，还是五代徐熙、黄筌，他们所谓的墨竹都还是采用先以墨线勾勒轮廓，再以墨染出阴阳的"双钩法"。"以墨深为面，淡为背"，这种抛弃墨线勾勒的"没骨竹"是文同的首创，后人所谓的"墨竹一派，文石室为初祖"[42]，也正是从这个意义上讲的。由"双钩"到"没骨"，当然不纯粹是技法上的变异，没骨画法缩短了"创意"和"达意"之间的时间距离，适应了宋代文人"意有所不适而无所遣之，故一发于墨竹"[43]的心理要求，"急起从之，振笔直遂，以追其所见，如兔起鹘落"[44]这样的创作过程只有以"没骨法"才能达到。"淡墨一扫，虽丹青家极毫楮之妙者，形容所不及也。"[45]绘画技法的这一变革反映了宋文人要求用绘画自由地表现其心灵意绪和个性特征的强烈愿望，也形成了文人画一个比较突出的外貌特征。最后，墨竹的出现也是与中国绘画对笔墨因素的强调和书法的审美原则直接引入绘画的时代趋势相适应的。元人总结道："写干用篆法，枝用草书法，写叶用八分，或用鲁公撇笔法，木石用金钗股，古漏痕之遗意。"[46] 可以说，没有什么其他的自然植物比竹更适于用书法的美学原则入画了。

竹对于文人画的意义正有如光对于印象派的意义——虽然这是个不尽贴切的比喻。

三

如果说，作为官宦的文同是以平庸无为、与世无争的面目传世的话，那么，作为艺术家的文同则是以"兔起鹘落""落笔如风"的气势留名的，艺术风格上的这种浪漫主义特质，来源于那个时代纷繁的社会矛盾，来源于那个时代特定的审美理想，也来源于作者勇于创新的进取精神。

在文同看来，绘画并非单是怡耳悦目的手段，更不是"成教化、助人伦"的政教工具，"与可画竹，初不自贵重，四方之人持缣素而请者，足相蹑于其门。与可厌之，投诸地而骂曰：吾将以为袜材"[47]。他说："吾乃者学道未至，意有所不适而无所遣之，故一

发于墨竹。"[48] 在他眼里，那清枝瘦节、虽偃犹起的墨竹，不过是愤世嫉俗的内心世界和超然自得的理想节操的寄托。"胸有成竹"是文同美学思想中最为突出的一个命题，它决不单是艺术技巧方面的要求。苏轼说文同的竹之所以画得好，是因为"与可独能得君之深而知君之所以贤"，所以才能"雍容谈笑，挥洒奋迅而尽君之德，稚壮枯老之容，披折偃仰之势，风雪凌厉以观其操，崖石荦确以致其节……得其情而尽其性矣"。[49]《宣和画谱》称他："非天资颖异而胸中有渭川千亩，气压十万丈夫，何以至于此哉！"[50] 成于艺术家胸中的"竹"就是他们自由的心灵意绪和独特的自我性格。文同之所以要画纤竹，苏轼之所以见纤竹就能"想见亡友之风节，其不屈而不挠者盖如此云"[51]，文同之数尺之竹，之所以有"万尺之势"，都是因为"胸有成竹"。要求绘画直接表现作家的意趣情怀、自我个性，这也许是文同对文人画的艺术理论和实践做出的最有价值的贡献。

对艺术意境的追求是中国传统绘画中最富有生命力的因素之一。还在中国画处于"或水不容泛，或人大于山……列植之状，则若伸臂布指"[52] 的古拙状态时，"形神兼备""气韵生动""畅神"这样的意境要求

就被提了出来。由要求准确地反映对象风骨气韵的"气韵生动"（谢赫），到要求反映艺术家主观感受和客观对象交融一体的"境与性会"（张彦远），再到要求直接通过绘画反映作者的主观感受、个性特征的"万类由心"（朱景玄）、"本自心源，想成形迹"（郭若虚），这是中国绘画的意境理论不断深化的历程。以文同为代表的宋代文人画在绘画意境的创造上有了全新的面貌。他们要求景与性的统一，要求包含"心境"的"意境"。他们追求的艺术意境不只限于"萧散简远""平淡天真"的安逸高雅，更注重"恢诡谲怪""荒怪轶象外"的放纵超迈，如果说前者是超脱世俗的情怀思绪的一种寄托，那么，后者则是愤嫉人生的沉闷胸臆的一种发泄。一个是对彼岸世界幻想的结果，一个是对现实世界思索的结果，这与庄周那种"以谬悠之说，荒唐之言，无端崖之辞，时恣纵而不傥，不以觭见之也。以天下为沈浊，不可与庄语，以卮言为曼衍，以重言为真，以寓言为广。独与天地精神往来，而不敖倪于万物，不谴是非，以与世俗处"[53]的精神境地何其相似，只不过时代有别，含义有异。文人画艺术家们提出的这种全新的艺术意境，不仅比魏晋的"迁想妙得""形神兼备""神

超理得"具有更丰富的含义，而且较中晚唐提出的"万类由心"，也有了更具体充实的内涵。这种艺术意境的基调是郁结中的超迈、孤寂中的淡泊，这也是文人画作为中国封建社会晚期产物的一个突出标志。

一种观点非常肯定地认为：文人画是以不求形似、摆脱物象常形为特征的（本文引言中提到的那种观点就是把宋代绘画看作一种最重"理"，"工于求似""为物象所拘"的绘画，从而根本否定宋代文人画的存在的）。看来要想真正弄清文人画的艺术特质和面貌，还应该对"理""形似""神似"这样一些美学范畴加以说明，这都是老题目了，长期以来，仁智抵牾，深奥精道者有之，踵谬承讹者亦有之，本文想就文人画源起阶段的文人画理论，谈谈自己的理解。

应该说，重"理"与"不求形似"的美学要求不是相互抵牾而是相互补充的。先谈"理"。在中国绘画美学理论中最早提出"理"的是南朝刘宋的宗炳，"夫以应目会心为理者，类之成巧，则目亦同应，心亦俱会。应会感神，神超理得……又神本亡端，栖形感类，理入影迹"[54]。"理"在这里首先是与"神"和"形"并列提出来的，显然，这是把前代（东晋）"形神兼备"这种人物

画的美学要求引入山水画理论的结果。如果说表现有比较固定的外形特征的人，只需要在把握"形似"的同时把人物的"神似"（精神气度）反映出来就够了，那么，要表现自然山水的"气韵""神"就困难多了，不仅自然山水的"神"（一种气氛或气势？）是不可直观的，就连自然山水的"形"也是千姿万态、变幻莫测的。但人们相信，自然山水内蕴的神是可以通过一定形式"栖形感类"的，某种可为人们心会意领的内在规律就是达到那种"神超理得"的艺术意境的依据，这也就是苏轼所谓的"山石竹木，水波烟云，虽无常形，而有常理"[55]。这里的"常理"显然绝非指自然物质的外形常规，因为像人禽宫室这样一些具有常形的东西是不存在常理的问题的。"常形之失，人皆知之。常理之不当，虽晓画者有不知……世之工人，或能曲尽其形，而至于其理，非高人逸才不能辨。"[56]他举文同为例："与可之于竹石枯木，真可谓得其理者矣。如是而生，如是而死，如是而挛拳瘠蹙，如是而条达遂茂，根茎节叶，牙角脉缕，千变万化，未始相袭，而各当其处。合于天造，厌于人意。盖达士之所寓也欤。"[57]"理"无非是"天造"（自然物外形规律）与"人意"

（在宗炳那里，自然山水尚不是可以人格化的象征，所以山水内蕴的那种气势或气氛被称为"神"，在宋代，文人画画家提出通过画面直接表现画家独特个性和人格情操，因此自然对象中内蕴的那种气势或气氛就直接成为作者精神世界的托物，成为"人意"，当然也是时代使然）在画面上有机谐调地凝为一体的内在规律，或者说是人的意念情感对象化的规律。不同的"人意"是不可见的，但通过绘画可固定于一定的自然审美对象身上（甚至同一自然对象的不同姿势也可以反映不同的意绪情思），成为可视的"意境"。"理"是受特定的社会审美心理常规和自然对象本身的属性特质制约的。"虬屈无端倪"的枯木枝干，奇奇怪怪的乱石，当然只能是"胸中盘郁"的托物，而清瘦挺拔的竹不会成为富贵荣华的象征，都是基于这个道理。把重"理"理解为"拘守物象"是有曲原意的。

　　某种自然物作为绘画主题反映一定的心灵意绪，决不可能是原形的摹写，尤其在表现郁结的愤世心理时，它们更多是"荒怪轶象外"的，这里就存在一个"似"与"不似"的矛盾，"似"所指的是自然物态的固有特征，"不似"则是自然物态作为某种精神托物时的表现方式，"不似"以"似"为基础，但又包含有较"似"更高的艺术特质和审美价值，所以苏轼在提出"论画以形似，见于儿童邻"[58]后，紧接着就是"诗画本一律，天工与清新"的要求，"不似""形似之外"并不是脱离自然对象的外形特征，而是使这种特征升华为特定的意境、风貌，"其身与竹化，无穷出清新"[59]才算是"兼入竹三昧"[60]了。以绘画形象的"似"与"不似"来判断文人画，这是极不科学的。同是文同，他的竹石可以是"荒怪轶象外"，也可以是"砚阴双钩……刻画精丽，并无一点酒肉伧父笔仙哉"[61]；同是苏轼，他的木石可以是"恢诡谲怪"，他的蟹却可以是"琐屑毛介，曲畏芒缕，无不备具"[62]。所以金人王若虚说："论妙在形似之外，而非遗其形似。"[63]看来，把文人画的艺术特质仅仅归结为"不求形似"，实在是一种很表皮的误解。

只有把握了"理"，才算找到了最适于反映作者个性特征的自然托物；只有把自然物象由"似"升华为"不似"（或"神似"），才能最终达到寓"人意"入"天造"的艺术效果，苏轼"不求形似"和"理"的理论是伴随文人画这种新的绘画潮流及其对审美的新追求提出来的，无疑对深化中国绘画的美学思想有着特殊的意义。

对新的艺术意境的追求必然会相应地引起绘画技法方面的变化。注重"表现性"的绘画创作过程，要求艺术构思过程的"胸有成竹"，是以文同为代表的宋代文人画艺术创作的特点。"与可画竹时，见竹不见人。岂独不见人，嗒然遗其身。其身与竹化，无穷出清新。"[64]只有达到庄子所说的那种物我皆忘的境界，才能"见其所欲画者，急起从之，振笔直遂，以追其所见，如兔起鹘落，少纵则逝矣"[65]，这种"忽乎忘笔之在手与纸之在前，勃然而兴，而修竹森然"[66]的创作过程自然是与"意有不适，一发于竹"的创作意图相适应的。它绝不是慕远贪高、逾级躐等、施驰情性、东抹西涂的信于游戏，而是通过长期的艺术实践所达到的那种"心手不自知""如虫蚀木，偶尔成文"的"臻于化境"，也就是庄子提出的创作技巧上"得心应手""游刃无伤""操舟若神"的自由境界。

对笔墨的强调和将书法的审美原则引入绘画，是中国绘画在宋代的突破性发展，文同在这方面的贡献上节已涉及。苏轼说文同有诗、词、草、书"四绝"，说他的草书"落笔如风"，可见与他的绘画风格是一脉相承的，这自然也是时代使然。

文同的艺术是以强烈的个性、逼人的气势、萧散的意趣和简重的风格称世的。《图画见闻志》称他的竹："富萧洒之姿，逼檀栾之秀，疑风可动，不笋而成者也……风格简重。"[67] 元人李衎对文同的绘画更是推崇备至："笔如神助，妙合天成。驰骋于法度之中，逍遥于尘垢之外。纵心所欲，不逾准绳。"[68] 并描写他所见过的一幅文同《五竹图》是："浓淡相依，枝叶间错，折旋向背，各具姿态，曲尽生意，如坐渭川、淇水间。"[69] 对照现存的文同墨迹，可知其评价绝非虚妄。现藏上海博物馆的《苏轼枯木竹石、文同墨竹合卷》中，文同"写倒垂竹一梢，出枝微曲，顺势下笔，取掩映横空之势。著叶不多，疏密有致。茎多新枝，渍以淡墨，生趣蓬勃。叶多变化，折旋向背，各具姿态。撇叶锋长而毫芒不露，节距远而不显，浑然一体"[70]，很能体现文同的艺术风格。

文同以后，画竹之风盛极画坛，至元"画竹者竟占全画界之半"[71]，艺术理论与艺术风格自然程度不同地受到文同的影响，尤其有意义的是，元季四大家之一的吴镇，以文同为名，将宋元（包括金）两代二十五名画竹大家统为一体，称作"湖州竹派"（元丰初，文同迁湖州太守，未至而卒。故有"文湖州"之称），它反映了文同作为文人画开拓者对后世的影响，也说明了宋元文人画一脉相承的源流关系。

作为中国文人画的开拓者，以文同为代表的北宋文人画画家以其毕生的艺术实践，奠定了中国文人画艺术理论的基本原则，展现了文人画艺术风格的主要特征，文人画以后的道路则是这些原则、特征的继承发展或歪曲破坏了。[72]

1982 年 4 至 5 月初稿于桂子山
1983 年 5 月修订于丹江

注释：

[1]本文系作者 1981 年华中师范学院历史系本科毕业论文《文同与"文人画"》发展而成，原文载《美术理论文稿》，1983 年 7 月。——编者注
[2]陈师曾，《文人画之价值》。
[3]董其昌，《画旨》。
[4]指董其昌"南北宗"一说，以王维为南宗鼻祖，抑北扬南。
[5]最近的可参见《南艺学报》1979 年第 1 期徐书城《唐人山水画新考》一文。
[6]童书业，《唐宋绘画谈丛》。

[7]同上。

[8]董其昌《画旨》称:"东坡有诗曰:'论画以形似,见与儿童邻,作诗必此诗,定知非诗人。'余曰,此元画也。晁以道诗云:'画写物外形,要物形不改;诗传画外意,贵有画中态。'余曰,此宋画也。"宋元绘画的面貌能否以这两首诗来概括姑且不论,就是对苏诗所做的解释也是有曲原义的,阮璞《苏轼的文人画观论辩》一文,对苏轼这首诗提出了一些新的看法,颇精道,可参阅。

[9]《马克思恩格斯选集》第四卷,北京:人民出版社,1995年,第253页。

[10]同上。

[11]《马克思恩格斯选集》第四卷,北京:人民出版社,1972年,第249页。

[12]《论语·泰伯篇》。

[13]《论语·八佾篇》。

[14]《庄子·外篇·天道》。

[15]《庄子·杂篇·庚桑楚》。

[16]《道德经》第四十七章。

[17]《庄子·内篇·大宗师》。

[18]《庄子·外篇·田子方》。

[19]《庄子·杂篇·天下》。

[20]《庄子·外篇·达生》。

[21]《庄子·外篇·胠箧》。

[22]侯外庐主编,《中国思想通史》第四卷(上)。

[23]张彦远,《历代名画记·第一卷·论画六法》,括号内说明均为引者加。

[24]同上。

[25]郭若虚,《图画见闻志·卷一·论古今优劣》。

[26]文同,《丹渊集·文公墓志铭》。

[27]许联炳、何增鸾,《文同是四川盐亭人》,载《四川大学学报》,1979年第3期。

[28]王安石,《王临川集·卷三十九·上时政疏》。

[29]文同,《丹渊集·卷四·夏日闲书墨君堂壁二首》。

[30]许联炳、何增鸾,《文同是四川盐亭人》。

[31]文同,《丹渊集·文公墓志铭》。

[32]苏轼,《送文与可出守陵州》。

[33]文同,《丹渊集·卷十五·杨山人草堂》。

[34]文同,《丹渊集·卷十四·山斋》。

[35]文同,《丹渊集·拾遗卷下·纡竹记》。

[36]文同,《丹渊集·卷十七·此君庵》。

[37]文同,《丹渊集·卷十四·忽忆故园修竹因作此诗》。

[38]苏轼,《墨君堂记》。

[39]李衍,《竹谱详录》。

[40]徐书城,《线与点的交响诗》,载《美学》,1980年第1期。

[41]苏轼,《墨君堂记》。

[42]方薰,《山静居画论》。

[43]苏轼,《跋文与可墨竹》。

[44]苏轼,《文与可画筼筜谷偃竹记》。

[45]《宣和画谱·卷二十》。

[46]徐显，《稗史集传》。

[47]苏轼，《文与可画筼筜谷偃竹记》。

[48]苏轼，《跋文与可墨竹》。

[49]苏轼，《墨君堂记》。

[50]《宣和画谱·卷二十》。

[51]苏轼，《跋与可纡竹》。

[52]张彦远，《历代名画记·卷一·论画山水树石》。

[53]《庄子·杂篇·天下》。

[54]宗炳，《画山水序》。

[55]苏轼，《净因院画记》。

[56]同上。

[57]同上。

[58]苏轼，《书鄢陵王主簿所画折枝二首》。下同。

[59]苏轼，《书晁补之所藏与可画竹三首》。

[60]苏轼，《题文与可墨竹》。

[61]文同，《丹渊集·吴郡重刊文湖州〈丹渊集〉序》。

[62]邓椿，《画继·轩冕才贤》。

[63]王若虚，《滹南诗话》。

[64]苏轼，《书晁补之所藏与可画竹三首》。

[65]苏轼，《文与可画筼筜谷偃竹记》。

[66]苏辙，《墨竹赋》。

[67]郭若虚，《图画见闻志·卷三》。

[68]李衎，《竹谱详录》。

[69]同上。

[70]夏玉琛，《记苏轼枯木竹石文同墨竹合卷》，载《文物》，1965 年第 8 期。

[71]俞剑华，《中国绘画史》（下）。

[72]拙稿成文后曾蒙张安治、皮道坚等同志指正，特此致谢。

饕餮与楚族^[1]

商周钟鼎彝器上那以两眼为中心，形状诡异、神态狞厉的组合造型，被宋人《宣和博古图》定名为饕餮。穷原竟委，可以发现它与楚族源问题至为相关。

一

先看楚族。

如果以熊绎受封丹阳，正式建立楚的民族国家作为下限〔地域性部落联盟融合而成的统一民族（Volk）代替以血缘关系为纽带的各部落的"单纯联盟"〕，则这以前的整个先楚时期都可归为楚民族的形成阶段。这是楚民族的"英雄时代"。它的上限，据《史记·楚世家》记载，可以溯至上古五帝之一的颛顼：

> 楚之先祖出自帝颛顼高阳……吴回生陆终，陆终生子六人，坼剖而产焉……六曰季连，芈姓，楚其后也。……季连生附沮，附沮生穴熊。其后生微，或在中国，或在蛮夷，弗能纪其世。（《史

记索隐》，宋忠曰："季连，名也。芈姓所出，楚之先。"）

对这个系谱当然是全信不如不信，不过它向我们透露出，在人类野蛮时代的中高级阶段，随着母权制向父权制转移，"随着部落的增殖"，在以黄帝系为中心的中原华夏部落联盟中发生了类似北美印第安人的民族分裂。^[2]如果不过分拘泥系谱，这里的史载应与《五帝本纪》中的记述为同一史实："尧曰：'谁可顺此事？'放齐曰：'嗣子丹朱开明。'尧曰：'吁！顽凶，不用。'……讙兜进言共工，尧曰不可而试之工师，共工果淫辟。四岳举鲧治鸿水，尧以为不可，岳彊请试之，试之而无功，故百姓不便。三苗在江淮、荆州数为乱。于是舜归而言于帝，请流共工于幽陵，以变北狄；放讙兜于崇山，以变南蛮；迁三苗于三危，以变西戎；殛鲧于羽山，以变东夷；四罪而天下咸服。"据童书业、朱芳圃考证，尧子丹朱与尧臣讙兜应为一人。所封（或"放"，《竹书纪年》记载"放帝子朱于丹水"）的丹水与所放讙兜的崇山^[3]也

应为南蛮地域内范围大略相同的一地。所以《山海经·海外南经》明说：

> 讙头国在其南，其为人人面有翼，鸟喙，方捕鱼……或曰讙朱国。

讙头国就是讙朱国，也就是丹朱国，它的方位地望与被称为"楚之先"的芈姓季连的后裔熊穴的活动中心略同，即在今天汉水流域的荆山，沮、漳二水之间。

又据《尚书·虞书·益稷》："无若丹朱傲，惟漫游是好，傲虐是作……用殄厥世。予创若时。"《管子·宙合篇》曰："若敖之在尧也。"严注云："敖，尧子，丹朱。是即丹朱又称敖。"《天问》注云："楚人谓未成君而死曰敖。"可见丹朱（或讙兜）与芈姓季连的后裔应同为由华夏氏族分裂出来而南迁了的一支部族——楚。

"这些集团分裂以后（按指：'有血缘关系的氏族集团'），便在每个民族那里依各自遇到的生活条件而独特地发展起来"[4]，南迁后的楚部族在北抵南阳盆地、西达丹水源头、南括衡山以北的这片广垠的南国区域内，首先接触的是以三苗为主的南蛮部落，正是在南蛮这块奇特、荒莽的土地上，楚民族的先祖们"筚路蓝缕，以处草莽"，开始了楚族长期艰难的融合过程。《史记》所载的"其后生微，或在中国，或在蛮夷，弗能纪其世"可能就是它的起止范围。

尧时所放的"四凶"中有"三苗"一支（放"四凶"一事，《大戴礼记·五帝德》《尚书·虞书·尧典》中皆有记载），但在"四凶"中，唯它不属于黄帝族系，《史记·五帝本纪》云：

> 昔帝鸿氏有不才子……天下谓之"混沌"。少暤氏有不才子……天下谓之"穷奇"。颛顼氏有不才子……天下谓之"梼杌"。此三族世忧之。……缙云氏（贾逵注云："缙云氏，姜姓也，炎帝之苗裔，当黄帝时任缙云之官也"）有不才子，贪于饮食，冒于货贿，天下谓之"饕餮"（"正义"注云："谓三苗也"）。天下恶之，比之三凶。

讙兜（混沌）、共工（穷奇）、鲧（梼杌）均属姬姓的黄帝族系的华夏部落，故在族内有"三凶"之称，属姜姓炎帝部落的缙云氏之后三苗，只是因为"天下恶之"才将其比之三凶，而有"四凶族"之谓的。杜预注云："三苗，非帝子孙，故别之以比三凶也。"可知三苗与南迁之楚部原并无族源关系，依"三苗在江淮、荆州数为乱"可知其活动范围原在南方，被尧放至西北三危的三苗应是活动在南蛮广大地域内苗族部族中的一支，可能是在黄帝战胜炎帝或蚩尤后降服于华夏部落而"入仕王朝者也"。《史记志疑》疑云："三苗是国名，舜所伐之三苗与尧所罪者非一人，此条有误。"尧所罪的是迁于西北三危的一支，亦即《山海经·大荒北经》和《神异经·西荒经》中所讲的"苗民"，至于舜所伐的三苗，则应是仍然活动在南蛮地域内的苗部族。尧舜禹时代，南蛮的三苗一直是华夏部族的劲敌——

《吕氏春秋·召类》："尧战于丹水之浦以服南蛮。"

《淮南子·齐俗训》："当舜之时，有苗不服，于是舜修政偃兵，执干戚而舞之。"

《尚书·虞书·益稷》："禹曰：'……外薄四海，咸建五长，各迪有功，苗顽弗即工，帝(舜)其念哉！'"

《礼记·檀弓上》："舜葬于苍梧之野。"郑玄注云："舜征有苗而死，因留葬焉。"

《尚书·虞书·大禹谟》："帝曰：'咨，禹，惟时有苗弗率，汝徂征。'"

事实上，苗部族与华夏部族的战争史，依《尚书·周书·吕刑》所载，还可上推至黄帝与蚩尤："若古有训，蚩尤惟始作乱，延及于平民，罔不寇贼，鸱义奸宄，夺攘矫虔。苗民弗用灵……皇帝哀矜庶戮之不辜，报虐以威，遏绝苗民，无世在下。"苗民即东夷蚩尤九黎部落联盟中的一支，[5]涿鹿大战后，部分为黄帝系部落集团俘虏，[6]部分向南迁徙，形成苗蛮氏族集团，在江淮、荆州的广大区域内定居下来。"三苗之居，左彭蠡之波，右有洞庭之水，文山在其南，而衡山在其北。"[7]当是三代时三苗族的大略地望。

正是在上述地域范围内，楚部落与三苗部落"由于混居在同一地区及彼此间地理界线之逐步消失……全体居民不论其属于哪个氏族和部落，都成为一个政治整体"[8]，最后完成了楚的民族融合。楚部落与南蛮集团融合的史实，我们可以从尧战于丹水一事窥得一斑。《淮南子·兵略训》载："尧战于丹水之浦。"高诱注云："尧以楚伯受命，灭不义于丹水，丹水在南阳。"《吕氏春秋·召类》："尧战于丹水之浦以服南蛮。"又据《山海经·海外南经》郭璞注云："昔尧以天下让舜，三苗之君非之，帝杀之，有苗之民，判入南海，为三苗国。"虽然对战争的经过，史籍所载语焉不详，不过可以肯定的是，尧在丹水遇到了两个联合起来的敌人——土著的苗与南迁的楚。袁珂认为："盖尧子丹朱不肖，尧以天下让诸舜，三苗之君同情丹朱，而非尧之所为。尧杀三苗之君，使后稷放帝朱于丹水，三苗余众，亦迁居于丹水以就丹朱，是为南蛮。丹朱与南蛮旋举叛旗，尧乃战之于丹水之浦。"[9]分裂，通过战争达到新的组合，这就是以血缘关系为纽带的氏族集团向以地域为中心的民族国家过渡时期人类生活画卷的基调，正是在这一特定的历史氛围中，在以江汉流域为中心的南中国广大区域内，一个新的民族——"荆楚"出现了，新的方言——"楚语"诞生了，以巫史文化为主体的民族中心也形成了。总之，"相邻的各部落的单纯联盟，已经由这些部落融合为统一的民族所代替了。"多元的楚民族一经形成，就和中原的夏民族同步进入了人类发展的新阶段——人类的"文明时代"。

二

再来看饕餮。

古籍所载的饕餮大多与楚的先祖有关。

《左传·文公十八年》："缙云氏有不才子，贪于饮食，冒于货贿，侵欲崇侈，不可盈厌，聚敛积实，不知纪极，不分孤寡，不恤穷匮。天下之民以比三凶，谓之饕餮。"杨伯峻注云："或以饕餮当《尚书》之三苗。"《史记·五帝本纪》孔安国注曰："缙云氏之后为诸侯，号'饕餮'。"可见，饕餮正如讙兜被称为"混沌"，共工被称为"穷奇"，鲧被称为"梼杌"一样，原不过是华夏部族对三苗族德行的一种诋毁恶称。

到了神话中，饕餮就衍化为半人半兽的组合怪物。《神异经·西荒经》称："西方荒中……有人面目手足皆人形，而腋下有翼，不能飞。为人饕餮，淫逸无理，名曰苗民。"（此条与《吕氏春秋·恃君》所言的饕餮，疑指放于三危的那支三苗部落）又说："西南方有人焉，身多毛，头上戴豕。贪如狼恶，好自积财，而不食人谷。强者夺老弱者，畏群而击单。名曰饕餮。""饕餮，兽名，身如牛，人面，目在腋下，食人。"《山海经·北山经》也说："钩吾之山……有兽焉，其状如羊身人面，其目在腋下，虎齿人爪，其音如婴儿，名曰狍鸮，是食人。"郭璞注云："为物贪惏，食人未尽，还害其身……《左转》所谓饕餮是也。"形象虽各有殊，贪婪残忍的本性却始终如一。

"饕餮"原来不过是对三苗族的一个形容词性的称谓，后来附会以半人半兽的形象，才成为具有贪婪凶残本性的组合怪物。对我们来说，它实在无异于一部浓缩了的原始征战史，一部凝冻了的古悲剧。恩格斯说："在没有明确和平条约的地方，部落与部落之间便存在战争，而且这种战争进行得很残酷，使别的动物无法和人类相比。"[10]不是吗？从"上帝不蠲，降咎于苗，苗民无辞于罚，乃绝厥世"[11]到"放欢兜于崇山，窜三苗于三危"[12]，从"挞彼殷武，奋伐荆楚"[13]到"宏鲁昭王，广笞楚荆"（陕西扶风出土周恭王史墙盘铭文）。征有苗，伐荆楚几可说是史不绝书。在以掠夺战争为"经常职业"的"英雄时代"，伴随楚民族形成的是残酷、野蛮、屈辱的血与火。在华夏部族眼里，它们是"顽苗""顽凶"，是"蠢尔荆蛮"，所以与氏族军事集团的战争失败相伴随的还有精神上的鞭挞和奴役：

《尚书·周书·吕刑》："鸱义奸宄，夺攘矫虔。"

《神异经》："蛮类猾夏，淫逸无理。"

《诗经·小雅·采芑》："蠢尔荆蛮，大邦为仇。"

甚至在楚国已发展为雄踞南方、企图问鼎中原的泱泱大国时，楚族仍被视为异族、蛮夷，"鴃舌之人"[14]。

所有的嫉恶与诋毁，所有的屈辱与忧郁都浓缩、凝固于那狞恶而又凄惨、威严而又凶悍的组合型纹饰造型之中。饕餮的形象到底是怎样产生的呢？"古盖有此神话，而今失传。"[15]如果说关于饕餮真有一个已经湮没无闻的神话，那么它一定是一个野蛮悲壮、动魄惊心的神话。

《太平御览》卷七八引《龙鱼河图》云："有蚩尤，兄弟八十一人，并兽身人语，铜头铁额，食沙石子，造立兵仗刀戟大弩，威振天下……天谴玄女下，授黄帝兵信神符，制伏蚩尤，以制八方。蚩尤没后，天下复扰乱不宁，黄帝遂画蚩尤形象，以威天下。"

黄帝败蚩尤而著其像的记载还见于《宣和博古图》："三代彝器多著蚩尤之像，以为贪虐者之戒，其状如兽，附以两翼。"[16]袁珂先生认为蚩尤即缙云氏"不才子"饕餮，殷周彝器所著的饕餮图形即为蚩尤形象。蚩尤与尧时被称为"饕餮"（这一称谓似乎尧以前尚无）的三苗虽均为姜姓炎帝后裔，但族系相去太远，说蚩尤即饕餮恐略为失之牵强，不过饕餮图形是以战败的楚先祖的首面作为模特，则是无须否认的史实。为了说清楚饕餮纹饰与楚族的关系，我们还有必要结合古籍对蚩尤、饕餮、驩兜（丹朱）形象的描述，琢磨一下饕餮纹饰的产生、衍变及其功能作用。《龙鱼河图》所描述的蚩尤形象尚十分概略，只有"兽身人语，铜头铁额"两句；对黄帝所著的蚩尤形象也是语焉不详，不过半人半兽的特征已经具备。《博古图》《路史》载"其状如兽"外又添上了两个翅膀。另据《述异记》所载："今冀州有乐名蚩尤戏，其民两两三三，头戴牛角而相觝。"可知蚩尤应为人面牛角的怪物，与此相比较，古籍对饕餮（三苗）的描述已很完备："其状如羊身人面，其目在腋下，虎齿人爪。"[17]"有人……有翼，名曰苗民。""面目手足皆人形，而胳下有翼，不能飞，为人饕餮。""身如牛，人面，目在腋下。""身多毛，头上戴豕。"[18]再看驩兜："南方有犬，人面鸟啄而有翼，手足扶翼而行……有翼不足以飞。"[19]"其状如犬，长毛四足，似熊而无爪，有目而不见。……人有德行而往抵触之，有凶德则往依凭之。"[20]"人面有翼，鸟啄。"[21]综上所述，三者除凶残贪婪的本性一致外，在形象上亦是由简入繁，大同小异：人面兽身（或牛、或羊），附之两翼，构成了这个怪物的主干特征。以《神异经·南荒经》对驩兜形象的描述和《神异经·西荒经》对苗民形象的描述（见以上引文中带重点部分）中有翼不能飞这个如出一辙的特征上看，饕餮形象的最后形成当在楚、苗两部族的融合完成之后。

"野蛮艺术一半是巫术魔法"[22]，制像的习俗来源于古老的巫术观念。史前的人类认定万事万物都必然具有某种神秘的力量，所以在征服自然力的过程中，以影响和利用这些神秘力量为目的的巫术活动就成为人类生活的一个重要内容。在狩猎时代，涂绘动物形象，举行巫术狩猎仪式被认为是狩猎成功的必不可少的环节。"当他们用矛刺中动物形象时，即将举行的狩猎就有了保证。"[23]后来，画像巫术活动的范围逐渐扩大，任何事物包括人自身都可成为这种活动的模特或对象。对它的浓厚兴趣仍来源于这样一个根深蒂固的观念：对绘画对象的态度可以影响或决定真人真事的命运，例如"在欧洲有些地区，一个被遗弃的姑娘半夜里用针刺她那不忠实的情人的画像。……她相信，她那薄幸的爱人一定会死亡"[24]。

到了氏族社会末期，部落战争成了"经常的职业"，这种象征型造型就主要是以战败的或敌对的氏族部落的居民为对象了。这种现象普遍存在于世界各地同水准的原始民族之间，例如，"有些美洲印第安人，按照真人形象溶制一个蜡像来'杀'他：或者把代表牺牲者的草人烧掉"[25]。而基于头部是灵魂的住所这一观念，在这类巫术活动中，牺牲者的首面又成为主要的表现对象，例如在希维罗—印第安人和新几内亚人中就存在过将杀死的敌人头颅制成木乃伊的蛮俗。饕餮著像当然也源于同一原始观念，饕餮著像，据常任侠先生考释，是原始的厌胜辟邪之具：

> 是饕餮与穷奇，关系至密，盖为古者战败之民族，放之边荒之地者矣。惟其战败，故取用厌胜，厌胜言厌敌以制胜也。取其首面，悬之于门，亦犹野蛮之俗，悬首以示众，以矜功，以威敌耳。
>
> 敌战之民，恒以丑语毁其对方，以形其恶，而饕餮之名，所由树矣。战胜

者诛锄异己，折馘杨威，榜之门户，以御不祥，此盖起于人类初有战争之际，后世铸于器用，刻于建筑，则其遗风流俗，至今犹有存者，可以上循其迹也。[26]

饕餮著像纹饰的形成、衍化是一个还未能破译的谜题，它的最终解决，或许有待于民族学、神话学、艺术学等多学科边缘的、交叉的、多功能、多层次的综合研究，但饕餮具有形敌之恶、厌敌制胜这一基本的巫术功能，应是无须置疑的。

三

饕餮形象作为纹饰镂刻于青铜彝器之上，据古籍所载最早始于夏代。《山海经·北次二经》郭璞注云："像在夏鼎。"《吕氏春秋·先识》云："周鼎著饕餮。"殷周所著饕餮的记载已为大量出土彝器证实，唯夏鼎所著尚待考古发掘的实证。不过从现已出土的殷代饕餮纹饰达到的水平看，绝非一朝一代所能为，饕餮纹饰与饕餮形象形成的传说一样，必定有一个由滥觞、定型而至盛行的衍化发展过程。我以为饕餮纹饰的滥觞期

可推至青铜时代之前，即出现于新石器时代晚期。在上承仰韶文化下启小屯文化（殷后期文化）的龙山文化遗层中，出现过"鬼脸式"陶制鼎形器，可能属于滥觞期的饕餮面纹，山东日照的两城镇遗址出土的鼎形器"器身为盆形，表面黑光，似着有外衣，三足各似兽面形，有鼻有眼"。由后冈龙山文化出土的鼎形陶器残片复原而成的"鬼脸式"陶鼎，形制与两城镇略同，三足各依三角的外脊形成尖状鼻梁，在偏上的部位附着两眼，其造型不仅与湖南宁乡出土的人面纹方鼎上具有南方人面具特征的尖削鼻梁神似，[27]而且与《山海经》中人面鸟喙的讙兜形象吻合，或许正是南蛮楚族人种某种典型化的外貌特征。关于饕餮纹饰滥觞于陶器纹饰的结论，我们还可以从辉县琉璃阁区发掘出土的早期殷墓随葬陶罍中找到证据，据《辉县发掘报告》记载：

> 罍有两式……第Ⅱ式仅在 151 号墓出土，151：013 根据碎片推测，原数当在三个以上，全体形式已不能复原，仅知其当属罍形器。壁厚 0.5 厘米。腹部印绳纹，肩部以上抹平。唯一的特点是横鼻的形式。横鼻表面磨光，中央有一竖棱，竖棱顶端的两边各附有一个圆泥饼，可能是简单化的饕餮纹……1952 年我们在河南省郑州二里冈殷代遗址中，也曾获得附有此类横鼻的陶篮残片。[28]

尽管后世的饕餮纹饰在组合造型上发生了极其繁杂的衍化，但中间那道赫然写实的觚棱鼻脊、那双冷峻严酷而传神的眼睛却顽强地保存下来，以至于饕餮趋于解体，其他部分淹没于各种抽象的装饰花纹之中时，它们还是我们判别饕餮纹的一个可靠依据。

现在我们可以看看定型与盛行期的饕餮纹饰，若据《吕氏春秋·先识》所言，饕餮纹饰应是"有首无身"的，但现已出土的殷周彝器上所镂刻的饕餮也有带着兽身的（如著名的司母戊鼎腹装饰带上的饕餮纹饰），不过饕餮是以面纹为主体的，这一点是可以肯定的。饕餮的最后定型当在晚殷（安阳小屯文化时期）和早周之交，与郭沫若殷周青铜划分的第一期（鼎盛期）的时间范围大致吻合，纹饰的风格纯朴洗练、深沉凝重，正是"未脱原始的风味，颇有近于未开化民族的图腾画"[29]。比较典型的妇好墓、安阳小屯以及相当于小屯期的辉县琉璃阁区南、北、中三区的晚殷墓葬中出土的各种青铜饕餮纹饰即是。其造型除前述的赫然有神的双眼和凸出的鼻脊外，大多数首部有一双弯曲的兽角，其弯曲方向似无定制，或外勾似牛角，或内曲似羊角，嘴多作张开状，嘴角弯曲内勾，正是"食人未尽，还自龁割"的传神写照。一般饕餮纹其实都是作正面的盘踞状，头着地，两边有一对利爪，两侧有一对飞翼，其造型特征与前述神话古籍中对蚩尤、饕餮、讙兜形象的描述几可说是全然契合！它使我对由饕餮与楚族关系的综合分析中得出的结论有了更充分的信心。

楚民族是原始社会末期由两个不同部族融合而成的地域性人类共同体，这一融合过程由于史籍与考古发掘的限制，我们还不能把它详尽地描述出来，所以从一个角度讲，作为这一过程的一个物态化史证，饕餮形象对我们显得尤为可贵。经过千百年历史长河的腐蚀、冲击，饕餮形象本来具有的那些确定的象征内涵已经模糊、泯灭，它的原型也已变形、硬化，后人难以从这纯形式的观照中再去体会它产生时的某种特定背景和抽象意义，但当我们把它与楚民族形成这一问题联系起来时，就获得了一种柳暗花明的感觉，不是吗？

1983 年

注释：

[1]本文原载《新美术》，1989 年第 1 期。——编者注

[2]"已、董、彭、秃、妘、曹、斟、芈八姓，原来是六个或八个互有血缘关系的氏族，他们经过悠长的历史阶段，分散到各地，形成一系列大国小国。"这个结论是可信的。（见李学勤，《谈祝融八姓》，载《汉江论坛》，1980 年第 2 期。）

[3]"丹水"据《中国古今地名大辞典》："俗称丹河，发源于陕西商县西北家岭山。东南流经商南县，又东入河南。经内乡、淅川，东会淅水，又东南称均水，折西南至湖北均县入于汉水，亦称丹渊，又称丹江。尧战丹水之蒲，以服苗蛮。舜封尧子丹朱于丹水，皆即此。""崇山"史载及注皆不详。《尚书疏》云："不知其处，盖在衡岭之南也。"《通典》："澧阳县有崇山，即放讙兜之所。"《清一统志》："此崇山非放讙兜处。"又《神异经·南荒经》："南方有人，人面鸟喙旦有翼，手足扶翼而行，食海中鱼，有翼不足以飞，一名'讙兜'，《书》曰：'放讙兜于崇山。'"存此备考。

[4]《马克思恩格斯全集》第二十一卷，北京：人民出版社，1965 年，第 348 页。

[5]《山海经·大荒北经》："苗民釐姓"，釐即黎，为部族名（依朱芳圃考）。又郑玄注云："苗氏即九黎之后。"（《国语·楚语下》："三苗复九黎之德。"可知三苗九黎关系神秘，实为一族。）

[6]《路史·后纪四·蚩尤传》："蚩尤，姜姓，炎帝之裔也。"可知蚩尤所领的九黎族部落联盟原属姜姓炎帝系。

[7]《战国策·魏策》。

[8]马克思，《摩尔根〈古代社会〉一书摘要》，中国科学院历史研究所翻译组译，北京：人民出版社，1965 年，第 115 页。

[9]袁珂，《山海经校注·海外南经》。

[10]恩格斯，《家庭、私有制和国家的起源》，北京：人民出版社，1972 年，第 95 页。

[11]《尚书·周书·吕刑》。

[12]《尚书·虞书·舜典》。

[13]《诗经·商颂·殷武》。

[14]《孟子·滕文公上》。

[15]郭沫若，《彝器形象学试探》。

[16]《路史·蚩尤传》罗苹注也有相同的记载。

[17]《山海经·北山经》

[18]《神异经·西荒经》。

[19]《神异经·南荒经》

[20]《神异经·西南荒经》。

[21]《山海经·海外南经》。

[22]乔治·桑塔耶纳，《审美趣味的衡量标准》，载马奇主编，《西方美学史资料选编（下卷）》，上海：上海人民出版社，1987 年，第 974 页。

[23]利普斯，《事物的起源》，汪宁生译，成都：四川民族出版社，1982 年，第 326 页。

[24]同上，第 331—332 页。

[25]同上，第 333 页。

[26]常任侠，《饕餮终葵神荼郁垒石敢当考》，载《说文月刊》，1940 年第 2 卷第 9 期。

[27]《"商文化不过长江"辨》一文称："湖南宁乡出土人面纹方鼎上的人面，近方形，鼻梁尖削，与中原的人面具和司母戊大方鼎上的人像的脸型和鼻子较圆不同。"可能属于饕餮纹在具象写实滥觞期的模式。

[28]中国科学院考古研究所编著，《辉县发掘报告》，北京：科学出版社，1956 年，第 19—20 页。

[29]郭沫若，《青铜时代》。

中国绘画"传神说"的哲学渊源[1]

"传神"的美学要求在六朝画论中出现，对于中国绘画艺术的发展确是件非同小可的事情。作为起点，它规范着以后千百年中国绘画以表现、抒情为特征的美学风貌，左右着中国绘画对造型特点、品评标准、欣赏趣味乃至装饰效果的追求；作为终点，它又是上古绘画艺术中民族审美意识的提炼和总结，是先秦两汉哲学思潮在绘画美学领域里的折射。探究先秦两汉形成的哲学思想对中国绘画"传神说"产生的影响，可以从一个侧面帮助我们把握这一美学理论。

先秦以上，初民们观念中的"神"只具有神话学和宗教史的意义。神是人们自我力量的超自我形态的虚幻反映，"神的本质就是清除和摆脱了个人局限的人的本质"（普列汉诺夫），它是"人的无意识的自我意识"（费尔巴哈）。神一产生，就以人格化、变异化的形态与人尖锐对立。造型艺术中那以人眼为中心、面目狞厉的饕餮，[2]那人面蛇身、神态飞扬的女娲（或烛龙，或羲和），正是这种形神观念的审美反映。

由对异己的神的陶醉到自我意识的觉醒，由宗教而至哲学，这是人类思想发展史的常规历程。在中国，这一转机是以先秦两汉的哲学思辨开其端倪的。

先秦至两汉既未出现专门的绘画理论，也几无出类拔萃的绘画大家。这是一个哲学的时代：以老子的道论开启先河，终于形成了中国历史上第一次思想解放的洪涛。恣纵不傥的庄周，精深驳杂的荀、韩，时乖命蹇的刘安，聪明过人的桓谭，执着不羁的王充，等等，荦荦大者则是理性精神的苏醒、神权地位的动摇。（谈先秦理性主义只谈孔儒太狭隘了！）

似乎还来不及对绘画艺术品味玩赏、探讨研究，这一时期有关"形神"关系的讨论主要是哲学的而非美学的。不过，正如本期绘画从造型的形式因素上为中国传统绘画奠定了基础一样，哲学意义上的形神观从理论上为绘画"传神说"建起了赫然可见的构架。

先秦两汉哲学首先从本体论上把自然万物的生息变化归结为自然界本身的机制，改变了"神"这一概念的超自然属性。

老、庄创造了一个超绝时空的本体——道，它"自本自根，未有天地，自古以固存，神鬼神帝，生天生地"[3]。老子讲道则更玄妙：

> 道之为物，惟恍惟惚；惚兮恍兮。其中有象；恍兮惚兮，其中有物；窈兮冥兮，其中有精。其精甚真，其中有信。[4]

老夫子在那里"恍兮惚兮"了半天，荀子几句话就讲得清清楚楚了：

> 列星随旋，日月递照，四时代御，阴阳大化。风雨博施，万物各得其和以生，各得其养以成，不见其事而见其功，夫是之谓神。[5]

"神"就是自然界自身生化、演幻运动的"一种生机"（郭沫若）。它充溢于宇宙万物之间，通过万物的形态显示出来，[6]"夫天宙然示人神矣，夫地佗然示人明矣"[7]。刘安把形神关系讲得更加明了："夫形者，生之舍也，气者，生之充也，神者，生之制也。一失位，则三者伤矣。"[8]就自然界而言，神不再是以人格化或怪力形式出现的异己力量，而直接是自然界自生自息的内在活动，在万物的形神关系上，神居主宰支配的地位，"以神为主者，形从而利；以形为制者，神从而害"[9]。两者是互相制约、相得益彰的。

对自身人格价值的肯定是先秦两汉理性主义的另一个中心内容。如果说，在前述的宗教意识里，人是通过神无意识地感觉到自我的存在，那么，先秦两汉理性思维中的人则开始有意识地肯定自我的存在。不过，这种肯定既与西方文艺复兴时期的人文主义有着完全不同的时代内涵，也与现代西方哲学中孤立于自然、社会之外的"自我价值""自为的存在"有着迥然相异的特质属性。在这里，人道观与自然观、认识论与本体论密不可分，人的生命、人的精神、人的形骸首先是作为直接的自然存在物被承认、被肯定的。"天地与我并生，而万物与我为一。"[10]这不仅因为人与自然万物都源于道、化于阴阳二气，而且因为人在形神上都有可与自然万物会应交感的特质，"头之圆也象天，足之方也象地。天有四时，五行，九解，三百六十六日，人亦有四支，五藏，九窍，三百六十六节。天有风雨寒暑，人亦有取与喜怒。故胆为云，肺为气，肝为风，肾为雨，脾为雷，以与天地相参也，而心为之主"[11]。讲的是这样荒诞离奇、不近情理，反映的却正好是人对自我本质的一种虽直观朴素却又有深刻意味的意识，它确乎体现了马克思所说的把整个自然界变成人的无机身体的这种"人的万能"。和万物有其内在的生命活力一样，人也有其主宰形骸的神——精神，"精神居形体，犹火之燃烛矣"[12]，是须臾不能离的，[13]因为"凡人所生者神也，所托者形也……形神离则死……神者生之本也，形者生之具也。"[14]只有"心全于中"，才有"形全于外"。精神存于形骸，却不倨傲万物；驰骋于宇宙万物之间，却须归质返璞，收视反听，"外与物化而内不失其情……时骋而要其宿"[15]。和化生万物的道、元气一样，神对形的主宰、人与自然的精神交融也都是自然纯朴、无为而为的。

孟子说："我善养吾浩然之气……其为气也，至大至刚，以直养而无害，则塞于天地之间。"[16]这里的"气"相当于主客体交融了的神，它是主观的又不纯是主观的。郭沫若分析道："这种'浩然之气'，就是人心中的神，人性中的天。天是无所不在的，天在人外，也在人之内。……人与天本是一体，把人扩大起来便是天，便是神，体验得自然界之理法的知道天神就是自己。故尔他说：

'万物皆备于我。''君子所过者化，所存者神，上下与天地同流。'"[17]两汉之际的扬雄把人的神直接理解为心，讲的也是这种客体作用于主体，主客体密不可分的交融统一过程："或问'神'。曰：'心。'请问之，曰：'潜天而天，潜地而地。天地，神明而不测者也。心之潜也，犹将测之，况于人乎？况于事伦乎？'"[18]又是自然万物的神，又是人的神；又是形骸与神明的统一，又是自然与人的交融，正是自然观与人道观、本体论与认识论的这种统一，构成了先秦两汉唯物论哲学的基调。

马克思说："实际上，人的万能正是表现在他把整个自然界——首先就它是人的直接的生活资料而言，其次就它是人的生命活动的资料、对象和工具而言——变成人的无机的身体。……人靠自然界来生活。这就是说，自然界是人为了不致死而必须与之形影不离的身体，说人的物质生活和精神生活同自然界不可分离，这就等于说，自然界同自己本身不可分离，因为人是自然界的一部分。"[19]人在自己的物质生产中利用自然、改造自然，并在自然对象中直观、认识到人的这种本质力量，这就是所谓的自然的人化，人的本质的对象化。它体现的是人与自然、人与人、主体与对象（客体）的统一，人道主义与自然主义的统一（朱光潜）。而它的本质的中间环节就是人类感性的实践活动——劳动。劳动不仅使自然界成为人类"过活"的手段和工具，也使自然变为人的"精神食粮"。人类的感性实践活动改造自然和人本身，人类的理性实践活动——意识，则把握、认识、肯定着劳动的结果：人化了的自然和对象化的人，"在一个由他创造的世界中直观着自己本身"。先秦两汉哲学从主客体的统一上说明问题，强调主体精神与意识对象的一致，追求精神活动中那种"乘云气，御飞龙，而游乎四海之外"的自由境界，认定这种自由源于人与自然在本体来源上的一致，这些都体现着一种质朴的唯物辩证的思维特征，直观地反映了人要求在对象世界中把握认识自己的本质，进行"自由自在"的生命活动的这种人的"类的特性"。但这一哲学一个最为突出的缺陷就是根本没有认识到人类感性实践活动在人与自然、精神与形骸统一中的重大价值，"人生而静，天之性也……是故达于道者，反于清静；究于物者，终于无为。以恬养性，以漠处神，

则入于天门"[20]。把主体认识客体，精神能动地作用于自然的过程，理解为静观的活动，这就从认识论上削弱了这一思想体系的唯物主义光泽。

毋庸置疑，先秦两汉哲学正是从这正反两个方面影响着中国古典美学体系。本体论体现在美学上是"物色之动，心亦摇焉""情以物迁，辞以情发""精骛八极，心游万仞""情瞳胧而弥鲜，物昭晰而互进"；认识论反映到创作观上是"陶钧文思，贵在虚静""神闲意定，然后为之""如虫蚀木，偶尔成文"等。不是审美客体千姿万态的自然形态，也不是审美主体千变万化的心理情状，而是主体生命感受融会客体生命所产生的"神思"，是美、美感的真正来源。在艺术理论和实践上，不是自然万物有差异的形态特征，而是其中统一的精神质地；不是对形、声的外在模拟，而是对神的心灵感受；不是含有雕琢痕迹的艺术效果，而是自然而然的"天成之致"[21]成为中国艺术家全心着意的美学思索。"神与物游""用志不分，乃凝于神"的精神境地，"游刃无伤""操舟若神""解衣磅礴"的风范气度，"望秋云，神飞扬，临春风，思浩荡"的体验感受，则成为贯穿于创作欣赏

全过程的美学追求。中国艺术家一往情深地亲近自然、眷恋自然、歌颂自然，追求审美主体与客体的"凝神""化神""神合"，这与先秦两汉的哲学思辨恰好是息息相通的。

绘画，同人类其他艺术活动一样，也是人本质力量的一种感觉（视觉）的肯定形式，是人与自然能动关系的精神表现。它通过形、形的结构方式（造型的形式因素）反映一定的审美意念（对人本质力量不同角度的审美肯定），前者是后者的存在方式，后者是前者的实际内容，两者的有机统一是不同民族审美心理的积淀和漫长艺术实践的产物。从这个意义上讲，"以形写神""形神兼备"就不仅是中国绘画也应是其他地区民族绘画艺术的美学特征了。有形而无神或有神而无形的"绘画"都是对绘画艺术的否定。所以，把"传神"作为中国绘画的特点是一种似是而非、毫无意义的同义反复，问题的关键不在于绘画传不传神，而在于传什么神，怎样传神。

"传神"首先是作为人物画的美学要求提出来的。产生于东晋的这段著名文字是：

> 凡生人亡有手揖眼视而前亡所对者，以形写神而空其实对，荃生之用乖，

传神之趋失矣。空其实对则大失，对而不正则小失，不可不察也。一像之明昧，不若悟对之通神也。[22]

起首一句讲现实生活中的人：没有无对象的主体，这点可通过人的视觉活动得到证明。接着讲绘画要表现的人。在顾恺之看来，人物画的关键在于能否通过画中人物的眼传达出主体与对象顾盼交融的神态特征，这就是形要写的神，即所谓的"传神写照，正在阿堵中"，不是人的主观性的精神状态，更不仅仅是人物外貌特征的肖似，而是人与客体对象交往时流露出的情思神仪成为中国人物画苦心琢磨的要旨所在，"目送归鸿难"，难就难在仅仅对眼的一勾一画就必须反映出主客体交融的精神情状。"征神见貌，则情发于目"[23]，从《洛神赋图》中洛神与曹植遥遥顾盼的眼睛中传达出的那种你中有我、我中有你、缠绵悱恻的动人情状，从《折槛图》中汉成帝与朱云怒目互视、紧张复杂的矛盾气氛中，我们不是可以明晰地察觉到这些传神高手的良苦用心吗？

"一像之明昧，不若悟对之通神也"，这既是对画面人物的美学要求，也是对画家构思传达过程的美学要求。只有画家"悟

对""通神"，才有画面人物的"悟对""通神"。宋人陈郁在《藏一话腴》中讲："写形不难……盖写其形必传其神，必写其心。"为什么"写心惟难"？[24] 因为绘画对象的"神仪"是通过与外物心灵情感的交融获得的，恍惚无形的"神"只有固定在确定的外形特征上，才可能成为视觉的审美对象，如果画家在构思创作过程中对对象的"神""心"没有心领神会的体验，也就无从用绘画来"传神"，要想传神先要"通神"，这确非易事，《赵氏家法笔记·传神心法》载：

> 研琴非比木匠，写神不是画工。传神者写人之精神，清奇古怪英雄相貌，移于片幅之间，非得之于心，应之于目，露之于手者，其能然乎？

传人物之神如此，传自然对象（无定形的水波烟云、山石竹木，有定形的台榭楼阁、飞禽走兽、花鸟草虫）之神亦如此。早期两篇绘画专论就明确地提出过自然对象"传神"的意义。

> 夫以应目会心为理者，类之成巧，则目亦同应，心亦俱会。应会感神，神超理得……又神本亡端，栖形感类，

> 理入影迹。诚能妙写，亦诚尽矣。[25]

> 夫言绘画者，竟求容势而已。……融灵而动变者心也。灵亡所见，故所托不动，目有所极，故所见不周。于是乎以一管之笔，拟太虚之体，以判躯之状，画寸眸之明……[26]

这里的"神""灵"就是自然审美对象内在的无穷生机——韵律。画家以自己的全部精神情感与之应令交融，并通过捕捉自然万物的外形传达出这种主客体融为一体的精神情状，这"心"会了的"神"，"神"化了的心。"天有是权，能变山川之精灵；地有是衡，能运山川之气脉。我有是一画，能贯山川之形神。"[27] 千百年来，中国的画家们正是以这样恢宏精深的气质探求着"传神"的妙谛，追寻着"气韵"的奥秘的。

"传神"作为美学要求贯穿于绘画创作的每一环节。在绘画的构思中，画家首先须饱游于万物之间，通过感知，静心体验万物的神韵情性，渐而达到"沉思中与神会"的精神佳界，非"其人胸中先有千岩万壑者，孰能神融意适，收景象于毫芒咫尺之间哉"[28]"写画凡未落笔，先以神会"[29]。只有经过这番主客体应会交融的"神思"过程，

画家胸中有了"神融意适"的自然万物，才可"于一滴墨水中，吐吞天地山川之变"，这个过程叫"凝神""化神"。《宣和画谱》载范宽："卜居于终南、太华岩隈林麓之间，而览其云烟惨淡，风月阴霁，难状之景，默与神遇……"讲的就是这一构思过程。它体现的是心灵感受与理性思维的统一，自由想象力与深刻理解力的统一，生活经验与创作激情的统一。

"形象表现的方式正是他的感受和知觉的方式"（黑格尔），与中国绘画特有的构思方式相伴随是其特有的传达方式，"气韵本乎游心，神采生于用笔"[30]"神凝智解，得于心者，必发于外"[31]，进入创作状态的画家只有达到融我入物、物我两忘的精神境地，才有可能真实生动地传达出那内蕴的神、神的物外观。画草虫则"不知我之为草虫耶，草虫之为我耶"，画竹则"嗒忘予之与竹""默契神会，不知然而然也"，只有这种物我皆忘的精神境地才能使画家将高度提炼的审美情状凝注在艺术作品之中，创造出物中有我、我中有物的美的形象。也只有这样的作品才能使欣赏者"披图幽对，坐究四荒，不违天励之藂，独应无人之野……万趣融其神

思"[32]，达到审美主体与艺术作品心心相印的"畅神"的目的。"望秋云，神飞扬，临春风，思浩荡……此画之情也。"[33]千百年来，中国绘画追求、神往的不就是这种"情往似赠，兴来如答"的美的意境吗？而这炽盛的美学追求，不又正是从"天地与我并生，而万物与我为一"的哲学思辨中获得启迪的吗？

中外不少美术史家喜欢把中国绘画的美学特质归结为"主观的""象征的"，这种表述是可商榷的。美国学者蒋彝说："中国画本质上是主观的；它的目的不在于科学地描绘客观事物的真实形态，而是通过画家本人心目中的透镜所看到的形态去描绘这些客观事物。"[34]国内有些同志也认为"追求主体精神境界的自觉表现"是中国古典绘画的基本美学特征。"实际上，就作为自然对象的山水花鸟本身而言，本无所谓'神'的，（绘画的）气质神韵只属于作为审美主体的人，而非属于作为审美对象的物。"[35]他们虽然也承认审美活动中"物我交感"的心理活动，承认自然对象的特征与主体精神状态的"凑然合拍""吻合"，却认为这种活动、状态的本质都在于"加剧某种感情的冲动和释放"，"主体从自然对象中获得了某种精

神对象化的发现"[36]。总之，自然对象在中国绘画中不过是主体气质情操的托物、精神境界的象征。全面探讨中国古典绘画的美学特质不是本文的任务，这里只想结合在中国哲学思想影响下产生的绘画"传神"理论，谈谈对这一问题的理解。

中国画论与中国哲学一样，有许多言简意赅的范畴观点。意赅，反映了我们民族恢宏精深、独具匠心的思维特点；言简为后人留下了许多难以索解、易于胶柱鼓瑟的地方。的确，中国画论中有不少谈"心"、谈"我"的地方，张璪讲"外师造化，中得心源"，韩拙讲"画者，笔也，斯乃心运也"[37]，石涛也讲"夫画者，从于心者也"[38]"我自发我之肺腑"[39]。问题的关键在于这里的"心""我"是否就是单纯的主观精神境界或主体的审美感情。从中国画论的整体表述来看，"心""我"除在极少数场合下指画家主观的创造因素外，绝大部分是指审美客体作用于审美主体，两者"神合""凝神"后的精神境界。主客体精神情状的融合最后都要通过人的心理机制来完成，这是人类精神能动作用的一个表现，融聚后的审美情感称为"心""我"，并非指单纯的主体情感。

"外师造化，中得心源"指的是一个递进的构思、传达过程。用人的感觉、知觉去体验，融合自然审美客体的无穷生机，这主客体融为一体的心理情状就成为艺术创作内在的真正源泉。只有"遗去机巧，意冥元化""气交冲漠，与神为徒""得于心，用于手"，才有"孤姿绝状，触毫而出"，才有"投笔而起，为之四顾，若雷雨之澄霁，见万物之情性"[40]。"心源"显然并非指主观的精神境界。韩拙的"心运"指的则是绘画构思过程中客体交会感应而成的"神思"，"索之于未状之前，得之于仪则之后。默契造化，与道同机，握筦而潜万象，挥毫而扫千里"[41]。至于石涛讲的"从心""写我"就更不单纯指利用自然景物抒发主观自我情性的象征手法了，"山川使予代山川而言也。山川脱胎于予也，予脱胎于山川也。搜尽奇峰打草稿也，山川与予神遇而迹化也"[42]。你可以说自然对象"无所谓神"，或可以说它只是画家主观审美情感的象征吗？

的确，中国历史上有不少"托物见志""缘物寄情"的绘画高手，象征的艺术手法在中国古典艺术的各个领域都有深刻广泛的运用，尤其随北宋文人画的兴起，"画以适吾意"更成为文人画画家们津津乐道的时尚。我们不否认有以象征为表现手法的绘画艺术，"子瞻作枯木，枝干虬屈无端，石皴硬，亦怪怪奇奇无端，如其胸中盘郁也"[43]。同样，我们也不否认在特定历史环境和审美心理氛围中，这种表现手法对深化中国绘画意境的深刻作用（如部分文人画画家的作品），但从总体的美学特征上看，中国绘画从来没有把自然对象仅仅看作反映自身某种主观精神境界和情感的外在因素。把中国绘画的美学特质本质地规定为表现主观的精神境界，正好有碍于我们对这一特征的把握。《广川画跋》在谈到李成的绘画艺术时有一段十分生动、精微的描述：

> 咸熙盖稷下诸生，其于山林泉石，岩栖而谷隐。层峦叠嶂，嵌敧崒嵂，盖其生而好也。积好在心，久则化之，凝念不释，殆与物忘。则磊落奇特，蟠于胸中，不得遁而藏也。他日忽见群山横于前者，累累相负而出矣。岚光霁烟，与——而下上，慢然放乎外而不可收也。盖心术之变化，有时出则托于画以寄其放，故云烟风雨，雷霆变怪，亦随以至。方其时忽乎忘四肢形体，则举天机而见者，皆山也。故能尽其道。[44]

这几乎是对中国绘画"传神"创作过程的一个完整的形象说明。"合于天造，厌于人意"才是中国绘画"传神"说的真谛所在。比较那些把绘画作为克服我与自然、内心和外界距离的现代西方哲人[45]，东方的夫子们或许更接近真理？

1983 年 12 月—1984 年 2 月

注释：

[1]原文载《美术理论文稿》，1984 年 4 月。——编者注
[2]一般认为饕餮纹似乎是组合型的兽面纹，我却更倾向于把它看作半人半兽的组合造型，此说待另文阐释。
[3]《庄子·内篇·大宗师》。
[4]《道德经》第二十一章。
[5]《荀子·天论》。
[6]本体的道以后又称"元气""精气"，使这一哲学本体论具有更确定的一元唯物论的性质。
[7]扬雄，《太玄·玄摛》。
[8]《淮南子·原道训》。

[9]同上。

[10]《庄子·内篇·齐物论》。

[11]《淮南子·精神训》。

[12]桓谭，《新论·形神》。

[13]应该指出，这里的精神主要指包括人的心理机制和生理机制在内的生命活动，而非单纯的主观意识，形则指受精神作用的外部形体、器官（如"孔窍者精神之户牖也"）。王充甚至用接近生理学的观点，谈到了这种形神关系："人之所以生者，精气也，死而精气灭。能为精气者，血脉也。人死血脉竭，竭而精气灭，灭而形体朽，朽而成灰土，何用为鬼？"（《论衡·卷二是·论死》）这种观点为南齐范缜的"神灭论"所发展，是一元的唯物论。

[14]司马谈，《论六家要旨》。

[15]《淮南子·原道训》。

[16]《孟子·公孙丑上》。

[17]郭沫若，《先秦天道观之进展》，载《郭沫若全集·历史编》卷一，北京：人民出版社，1982年，第369页。

[18]扬雄，《法言·问神》。

[19]马克思，《1844年经济学—哲学手稿》，刘丕坤译，北京：人民出版社，1979年，第49页。

[20]《淮南子·原道训》。

[21]中国古代对绘画艺术起源的解释就体现了这种自然观的影响："或曰：'太平之应，河出图，洛出书。不画不就，不为不成。天地出之，有为之验也。'……曰：'此皆自然也。夫天安得以笔墨而为图书乎？天道自然，故图书自成。'"（王充《论衡·卷十八·自然》）。

[22]顾恺之，《魏晋胜流画赞》。

[23]刘劭，《人物志·九征》。

[24]这里的"心""神"与扬雄讲的"心""神"类似，可参阅前述。

[25]宗炳，《画山水序》。

[26]王微，《叙画》。

[27]石涛，《画语录·山川章》。

[28]汪珂玉，《珊瑚网》。

[29]石涛，《设色云山图》跋。

[30]郭若虚，《图画见闻志·卷一》。

[31]董逌，《广川画跋·书范宽山水图》。

[32]宗炳，《画山水序》。

[33]王微，《叙画》。

[34]蒋彝，《书法与中国其他艺术形式的关系》，载《书法研究》，1983年第2期。

[35]《试论中国古典绘画的抽象审美意识》，载《美术》，1983年第4期，着重号为引者加。

[36]同上。

[37]韩拙，《山水纯全集》。

[38]石涛，《画语录·画章》。

[39]石涛，《画语录·变化章》。

[40]符载，《江陵陆侍御宅宴集观张员外画松石序》。

[41]韩拙，《山水纯全集》。

[42]石涛，《画语录·山川章》，着重号为引者加。

[43]米芾，《画史》。

[44]董逌，《广川画跋·书李成画后》。

[45]参阅瓦尔特·赫斯，《欧洲现代画派画论选》，宗白华译，北京：人民美术出版社，1980年。

从文化价值体系看中国画的现实发展[1]

这里是罗陀斯，

就在这里跳吧！

——《伊索寓言》之《说大话的人》

的确，如果把美术史仅仅看成一部风格式样史（事实上，否定或肯定中国画生存价值的各方，都是以对它的风格式样的分析作为自己的逻辑起点和终点的），那么，我们几乎可以在它的每一个断面上看到那种永无休止的循环运动：一种风格演变为一种程式，一种程式又最终断送了一种风格，由新的风格起而代之，而当风格被规定为某种时代精神或审美理想的表现时，艺术的价值仿佛仅仅取决于艺术家对某种时代精神的把握或对某种绘画式样的选择，他们也因此成为第一次的悲剧人物或第二次的喜剧人物（我们醉心的"国画创新"或对国画命运的种种裁决，多少都是以这个逻辑为依据的）。但是，只要了解到这种选择并不可能仅仅依靠个人的胆识和才力，而必须以整个历史、文化的背景为依托，我们就会深深地体会到这种选择的困难！要知道，历史对选择者的

赐予总是嘲弄多于赞誉：仿佛每个成功者都仅仅得益于机遇！

极端封闭顽强的自律性和这种自律性在敞开了的人类总体文化中发展的可能性，构成了中国画现实发展的一种双重形态的矛盾：作为一种主体性的文化形态，当它把自己设定为自身价值体系的逻辑发展的现实环节，又必须以对这种体系的超脱作为前提，显然，把中国画作为某种历史存在的价值体系，而不是视为某种显现时代精神或美学原则的艺术种类，自我批判的意义就远远大于自身否定的意义。

应该承认，在敞开着的人类文化背景中，中国画与世界文化的关系尚处在"交流"层次而未及"对话"层次，即它是作为某种历史的风格式样，而不是作为某种现实的文化心态为世界所接受和认可的。但是，同样应该承认，"对话"已具有了现实的可能，我曾在另一篇文章中谈道："当胆大的劳森伯格把他的'垃圾'搬进中国的美术圣殿时，我们正在严肃地思考民族绘画的生存价值，这是一种具有特别意味的偶合。它第一次不

是从美术的风格样式上，而是从其赖以存在的价值尺度上，把东西方两种艺术完全不同的视觉化方式的生存问题统一在一个确定的时空中，这或许是自利玛窦以来，中西文化在美术领域对话的真正开始。"[2] 显然，这种可能性提供的文化价值学的意义远远大于美术形态学的意义。所谓国画危机的深刻性就在于，某种封闭的价值系统中的绘画式样在开放的文化背景中获得了一种超越自身发展的要求，这一点无疑是积极的，正如发烧在生理上引起的痛苦，必然会为它在临床治疗上获得的积极意义所补偿一样。

绘画是运用有限的物质媒介对人类历史的视觉感受的一种肯定和超越，从本体论上讲，这无疑是对的，但这种超越过程又因不同的文化心态和价值趋向而体现出不同质的规定。价值是主客间一种能动的认识关系，它是主体的能动选择和客观的意向限定在矛盾状态中构成的一种历史的逐进运动。在绘画发展的历程中，价值观体现为这种主体性文化形态与整个文化背景的互动关系的认识上，诸如绘画与生活、绘画与宗教、绘画与非艺术、绘画的传达过程与物化的作品、绘画与他类艺术门类等的关系，以及归

根结底对"绘画是什么"这个本体论问题的回答，都是价值体系的内涵。

就西方绘画的价值体系看，绘画的渐进运动首先表现出对本体论的浓厚兴趣。如果说，新古典主义以前，西方绘画都是对"美"（无论是自然的、宗教的还是人文的）这个单纯的本位目的的追求的话，那么，整个西方近现代美术则表现出对视觉对象的客体结构和主体能动功能的兴趣，"现代派美术产生于这种自信，即从视觉范围内将与生俱有的混乱感觉变成有结构的秩序（塞尚），却终结于这种自信趋于极端的表达方式——抽象表现主义的实验"[3]。后现代主义从绘画性自身否定了绘画，但它也不过是另一种形态上对"绘画是什么"这个本体论问题的回答。可以看出，对绘画本体论的追求，在西方绘画史上是通过技术手段的（或绘画性的，即绘画自身语言的）完善来实现的。希腊罗马文艺复兴对黄金律的兴趣，印象派对色彩的兴趣，后印象派、立体主义对结构的兴趣以及后现代主义对媒介性质的兴趣，等等，艺术作为异化的主体，具有很确定的物质形态和客观意义。在确定绘画在整个文化形态中的地位和它与他类文化样式的关

系时，西方绘画又表现出极其强烈的自立性品质。在西方美学理论中对诗、画关系的研究，见异的兴趣远远超过认同的兴趣。画家独立地位的确立是绘画独立地位确立的标尺，吉尔伯特在谈到美术如何随着文艺复兴价值观念的形成而由卑贱低下的手艺上升到自由职业时，这样写道："在文艺复兴时期，艺术中世俗精神的出现……是随着科学和古典学识对宗教精神的不断侵占而出现的。……诗人和画家们清楚地看到，他们要恢复自己职业的声誉，就要获得广博而深刻的知识，就要显示出创作方法的力量，显示出熟练的技巧。……事物的价值决定于耗用的劳动量，这似乎成了公理。'欣赏艺术就是欣赏对困难的克服；一幅画就是以其出色的技巧来吸引观众的。在这里，所耗用的劳动，及所必需的科学知识，甚至于成了决定艺术的东西。''作品的艺术性在于，在创作作品的过程中，艺术家耗费了大量劳动，大大地运用了他的天才；而作品的非艺术性则在于，在创作作品的过程中，艺术家没有大量运用敏锐的天才，因为非艺术性的东西本身就能为普通的智力所识破。'……在关于什么艺术最重要——是绘画还是雕刻，是

绘画还是诗歌——的争论中，有这种或有那种困难的论据起了重要作用。如阿尔伯蒂在其绘画高于诗歌的论述中，就运用了这种论据。由于画家所用的媒介物是最复杂的，因此画家的天才是最高的。"[4] 我们马上将看到在另一个价值体系中有关这类关系的完全相反的结论——西方绘画始终与整个社会文化背景保持着一种世俗的、开放性的联系，无论是作品价值和画家社会地位的那种技术性的世俗标准，还是"展览"这种社会性的欣赏方式，都是以对艺术的普遍性感受特征的肯定为前提的，可以说，西方绘画价值观是一种艺术本位的价值观。

与之比较，中国传统绘画价值观则可称为人伦本位的价值观，这一点与中国儒学人伦文化的特质有关。一般来说，中国文化中具体门类上诗、书、画这样一个地位的排定，并不是依据它们技术上的难度或美学品质上的特征，而是由儒家对事物的感受方式和对艺术的价值态度决定的。在儒家看来，作为一门技艺的艺术，只有当它成为士大夫完善自身伦理人格的某种形而下器时，才具有真实的美学价值，"尽善"的才能"尽美"。"'志于道，据于德，依于仁，游于艺。'艺

也者，虽志道之士所不能忘，然特游之而已。"[5] 拘泥于某项专门的技艺，不仅不能"据于德""游于艺"——在一种超绝日常感性事物的气氛中"不滞于物"地把某种情绪心理、人格品质流露出来——反而会直接损害这种品质，所谓"士人以文章德义为贵，若技艺多一不如少一，不惟受役，兼自损品"[6]。而在所有文化形态中，诗、乐、书都是以抽象的情绪符号传导某种特定的思想情感而不需要滞留于日常感知经验的媒介上，它更适合"游于艺"这种观照态度和价值要求。绘画则不然，由"应物象形，随类赋彩"这个基本品质所决定，它的所有形式因素——线条、色彩、结构、布局都必须首先服从对客观物象造型的这个基本目的。对物质媒介的这种依赖，使"不滞于物"地传导某种心灵情绪的功能大大削弱，"笔墨之迹，托于有形，有形则有弊"（苏轼）。要使绘画像诗、乐、书等一样成为士大夫们寄托心绪情怀、人格品行，调节儒家伦理与他们的实际境遇之间矛盾的一种方式，就必须在绘画的固有品质和文人的价值态度之间确立一种新的绘画价值观和艺术表达方式。

如果说，宋元以前，绘画的伦理功能是外在的、社会的、开放的，那么，随文人画价值观的确立，这种功能就转而为内在的、心理的和封闭的了。绘画直接面向民众的社会性世俗社会的教化功能，随着文人画这种玩赏性艺术的产生而退居次要地位。文人画产生以前，"六法论""传神说""四品"标准的出现都是对绘画艺术自身的美学内涵和造型规律的理论总结，文人画价值观的出现改变了这些理论体系艺术本位的品质，北宋郭若虚的"气韵非师说"就是一个典范："六法精论，万古不移。然而骨法用笔以下，五者可学。如其气韵，必在生知，固不可以巧密得，复不可以岁月到。默契神会，不知然而然也。尝试论之，窃观自古奇迹，多是轩冕才贤，岩穴上士。依仁游艺，探赜钩深，高雅之情，一寄于画。人品既已高矣，气韵不得不高。气韵既已高矣，生动不得不至。所谓神之又神，而能精焉。凡画必周气韵，方号世珍。不尔虽竭巧思，止同众工之事。虽曰画而非画。"[7] 绘画的艺术价值完全取决于人品的高下，"古之工画者，非名公巨卿，即高人逸士，未有品不高而能画者"[8]，甚至"笔墨亦由人品为高下者"[9]。随着这种价值标准的变化，逸品这个在唐朝用以规范

"不拘常格"画法的艺术品评标准，在五代一跃而为四品之首，成为实际上的人格品评标准。"看画本士大夫适兴寄意而已"（汤垕），"看画以林泉之心临之则高，以骄侈之目临之则卑"（沈颢）。所以，"画不遇识，如客行于途，无分于善恶也"[10]。"若中国之画，扬中陶情养心最妙之物，春秋佳日，明窗净几，得二三良友，沦茗谈心，然后出数轴古画悬之，共相评骘，试问人生乐趣，得此有几遇也。"[11]绘画的鉴赏方式也表现出极大的封闭性。在与他类文化形态的关系上，绘画又总是处于附属、依存地位，不过是"士大夫词翰之余，适一时之兴趣"的玩赏性艺术，王维几乎是文人画一个无可置疑的宗师起祖，但明代李日华却说："王摩诘玉琢才情，若非是吟得数首诗，则琵琶伶人，水墨画匠而已。"的确，为了使绘画在功能上成为士大夫这一特殊文化阶层完善自身伦理人格的一种形而下器，文人画的理论家们一方面极力渲染绘画那种游于艺的形而上的价值功能，另一方面又极力贬抑绘画作为一种技艺的世俗属性，从而使文人画成为高度完备而又极端封闭的语言系统。

中国封建社会绘画在"高艺术"（文人画）和"非艺术"（民间绘画）这两种自转系统中萎缩发展，是受制于人伦本位价值系统的结果，它不仅极大地限制了绘画在整个文化背景中社会化过程的深度和广度，也使中国绘画缺乏一个对艺术本体品质和造型规律进行系统研究的环节。

文人画随文人这一特殊阶层的消亡而消亡了，但传统的人伦本位的价值系统作为某种文化心态，仍具有历史的和现实的双重品质，它规定着中国画的发展现实，并且就是这个现实的一部分，成为绘画现代形态转变过程中的惰性环节。如果这种品质规定的只是封闭的文化心态下的绘画，那么，绘画的锐变顶多只会表现为风格式样的更替，但如果它面临的是一个敞开的文化背景，那么，它自身所面临的更替就成为不以风格的更替为标志的必然。一方面是现实存在的必然，一方面是历史超越的必然，正是这双重的必然性使国画的现实发展获得了历史的悲剧感。我们面临的不是画种的兴衰存亡，而是价值的环节更替，我们缺乏的不是更替的勇气，而是对更替对象的现实合理性和更替环节的必然性这一矛盾的意识。其实，在特定历史阶段和文化氛围中，无为而为比投袂而起更富历史感，这样说，决不是对现实规定性的妥协和认可，因为它是以对价值的自我批判和深层认知为前提的。

如果缺乏对现实中介环节必然性的认识，那么，那些"穷途末路"的断言和"走向世界"的誓愿就充其量不过是一种儒学的冲动。

1987 年

注释：

[1]原文载《新美术》，1987 年第 4 期。——编者注

[2]黄专，《波普的启示》，载严善錞、黄专，《当代艺术问题》，成都：四川美术出版社，1992 年，第 42 页。

[3]同上。

[4]《美术史》。

[5]《宣和画谱·卷一》。

[6]李日华，《竹懒墨君题语》。

[7]郭若虚，《图画见闻志·卷一》。

[8]邹一桂，《小山画谱》。

[9]方薰，《山静居画论》。

[10]韩拙，《山水纯全集》。

[11]林纾，《春觉斋论画》。

中国文人画史上的"董巨逸轨"[1]

缺乏一种传统的人喜欢有一种传统……

——维特根斯坦

所谓"文人之（山水）画，自王右丞始"，实则应为自董巨而始，董其昌在那里虚晃一枪，接着便道："董源、巨然、李成、范宽为嫡子。李龙眠、王晋卿、米南宫及虎儿皆从董巨得来。""巨然学北苑，元章学北苑，黄子久学北苑，倪迂学北苑。学一北苑耳，而各各不相似。"其实，北苑为文人画之宗师起祖的见解并不始于董其昌，米芾称董源之山水"平淡天真多，唐无此品……格高无与比也"[2]，可谓这种见解的端倪。元代汤垕援引米氏这段评语说："此米元章议论唐画山水至宋始备，如元又在诸公之上……元之后有钟陵僧巨然与刘道士……要皆各得元之一体，至米氏父子，用其遗法，别出新意，自成一家，然得元之正传者，巨然为最也。"[3]元四家之一的黄公望说："作山水者，必以董为师法，如吟诗之学杜也。"[4]到了明代，这种议论就更为风行："前辈画山水皆高人逸士……至黄子久则脱卸几尽，然不过渊源董元。"[5]至清，这种说法几成为不易之论，"画之有董巨，如书之有钟王，舍此则为外道"[6]。"画之有董巨，犹吾儒之有孔颜也。"[7]"子久之苍浑，云林之澹寂，仲圭之渊劲，叔明之深秀，虽同趋北苑而变化悬殊。……董文敏起一代之衰，扶董巨之精，后学风靡。"[8]而使这种对董巨艺术的推崇真正获得了某种历史意识的，则是王时敏的这样一句话："书画之道，以时代为盛衰。故钟王妙迹，历世罕逮；董巨逸轨，后学竞宗。"[9]

其实，董、巨并非真正意义上的文人，他们的艺术也很难以后世文人画的标准规范，那么，他们这种宗师起祖的历史地位是怎么获得的呢？这确是个耐人寻味的问题。

"寄乐于画"：
文人画的价值学意义

对自然山水的历史—哲学层次的感受在中国文化中具有极为特殊的地位，这与传统的"天人合一"的自然观有密切联系。"仁者乐山，智者乐水。"[10]"夫衣食人生之所资，山水性分之所适。"[11] 这里，山水作为转换主客体意义关系的符号，显然已经蕴含着某种历史的、社会的基因。异于西方以"人体"作为绘画的基本母题（motif），中国传统绘画在发展的中晚期选择了"山水"作为自己的基本母题，不能不说是以这种哲学自然观为其历史依托的。

要说明董巨的艺术何以在文人画山水中获得那种宗师起祖的地位，必须首先了解一下中国文人对事物的感受方式和对艺术的价值态度。以儒家人伦哲学为思想主导的传统中国文化中，各类具体文化形态在地位上有这样一个序列：德、文、诗、书、画。这一点与儒家对艺术的价值态度有关，在儒家看来，作为一门技艺的艺术，只有当它成为士大夫完善自身伦理人格的某种形而下器时，才具有真实的美学价值，"尽善"的才能"尽美"。"'志于道，据于德，依于仁，游于艺。'艺也者，虽志道之士所不能忘，然特游之而已。"[12] 拘泥于某项专门的技艺，在儒家看来，不仅不能"据于德""游于艺"，即在一种超绝日常感性事物的气氛中让某种情绪心理、人格品质流露出来，还会直接损害这种品质，所谓"士人以文章德义为贵，若技艺多一不如少一，不惟受役，兼自损品"[13]。而在所有具体的文化形态中，文、诗、乐、书都是以抽象的情绪符号传导某种特定的思想情感而不需要滞留于日常感知经验的物质媒介上，更适合于"游于艺"的这种价值态度。绘画则不同，由"应物象形"这个基本品质所决定，它的所有形式因素——线条色彩、结构布置都必须首先服从对客观物象造型的这个基本目的，对物质媒介的这种依赖，使"不滞于物"地传导某种心灵情绪的功能大大削弱。苏轼曾写道："笔墨之迹，托于有形，有形则有弊。苟不至于无而自乐于一时，聊寓其心，忘忧晚岁，则犹贤于博弈也。"[14] 五代至宋，随着封建文化的不断发展，宋代文人士大夫在政治、文化上处于前所未有的优越地位，确立一种为文人士大夫独有的绘画式样成为可能。文人画产生的逻辑起点是：通过注入高贵的品行使绘画这门世俗行当改变它的"粗俗"品质，像诗、文、书、乐一样成为士大夫们寄托心绪情感、人格品行，调节儒家伦理和他们的实际境遇之间矛盾的一种方式。

如果说，宋元以前绘画的伦理功能是外在的、开放的，那么，随宋元文人画价值观的确立，这种功能就转为内在的、心理的和封闭的了，绘画成为以儒教为精神支柱的士大夫们完善自身人格的某种形而下器，成为"士大夫词翰之余，适一时之兴趣"的玩赏性艺术。董其昌说："寄乐于画，自黄公望始开此门庭耳。"其实，开此门庭者宋已有之，"窃观自古奇迹，多是轩冕才贤，岩穴上士。依仁游艺，探赜钩深，高雅之情，一寄于画……不尔虽竭巧思，止同众工之事。虽曰画，而非画"[15]。宋元之后，大量的众工之画（甚至包括属于再现体系的文人绘画）被排斥在"画"之外，成为与文人画这种"高艺术"格格不入的"亚艺术""非艺术"，是中国绘画发展晚期的特征之一。如果说宋代画院对这两种绘画语言还起到某种中和调剂作用，那么，在明清画院的这种功能消失之后，中国绘画艺术就相对地失去了魏晋以来再现形态的山水画中"艺"和"术"这两种因素并进的正常发展（当然，这并非指文人画的形式语言不具有很高的美学价值），"画之为艺，世之专门名家者，多能曲尽其形似，而至其意态情性之所聚、天机之所寓，

悠然不可探索者，非雅人胜士，超然有见乎尘俗之外者，莫之能至"[16]。"人间诸事尚能，独画事一种以能品为下。"[17] 一方面极力渲染绘画形而上的价值功能，另一方面极力贬抑绘画作为一种技艺的"世俗性"特征。与之适应，人格（品）标准被提到最主要的地位，"古之工画者，非名公巨卿，即高人逸士，未有品不高而能画者"[18]，甚至"笔墨亦由人品为高下者"[19]。这种价值观产生的一个基本的美术社会学的事实是，与西方绘画大家相比，中国文人心目中大家的基本条件是非职业画家。诚如西方人所言："中国文化是世界上唯一从早期就有了完整的业余艺术家这一概念的文化，并把从事艺术活动看作学者和绅士的自然而恰当的消遣。在西方，业余艺术家这个概念的形成是在十八世纪因受浪漫主义的暗示而产生的'天才'的概念之后。"[20]

东晋的"传神说"、齐梁的"六法论"是中国绘画美学原则基本确立的标志。宋元之后，文人画家画论中对这些基本范畴、品评标准的一系列神秘化、玄学化的加工、阐释，是文人画价值观形成的另一个特点。"气韵非师说"就是这种"六经注我"态度的典范。

"六法精论，万古不移。然而骨法用笔以下，五者可学。如其气韵，必在生知，固不可以巧密得，复不可以岁月到。默契神会，不知然而然也。"[21] 把六条具有内在有机联系的艺术品评标准割裂开来，从理论上加强了这一价值体系的完整性。在绘画的品评方面，唐代出现的"逸"格，在五代一跃而为四品之首，它事实上不再是单纯的风格等级的品评标准，而成为实际的人格品评标准。

在中国文化的特殊土壤中产生的文人画的价值观，以及一系列新的风格式样、母题结构和视觉感觉方式，开始改变中国绘画，当然也包括山水画的发展进程，这就产生了一条本文将要探讨的"董巨逸轨"的历史线索。

"淡墨轻岚为一体"：董巨山水与北宋传统

清代唐岱在他的《绘事发微》中曾说："画家得名者有二。有因画而传人者，有因人而传画者。如王右丞、李将军、荆、关、董、巨、李成、范宽、郭熙辈，以画传人也。……学问之渊博，品望之高雅，如文与可、苏子瞻诸公，以人传画也。"的确，董源和巨然，一个南唐北苑副使，一个北宋汴京开宝寺沙门，生平事业虽史载语焉不详，但与文、苏、二米比较，他们的文章人品恐难入高士一流，因此，他们的艺术不是因"人品既高画品不得不高"的原则存世的。董巨的艺术与吉光片羽的王维比较，不仅有较为翔实的文献记载，而且有流传有绪的几幅真迹存世，这些对我们从绘画艺术本身探讨董巨的艺术对文人画这一新的绘画因素所产生的影响无疑是大有帮助的。

关于董源的画法，《图画见闻志》曾载："水墨类王维，著色如李思训。"另据《宣和画谱》："大抵元所画山水，下笔雄伟，有崭绝峥嵘之势，重峦绝壁，使人观而壮之……画家止以著色山水誉之，谓景物富丽，宛然有李思训风格。今考元所画，信然。盖当时著色山水未多，能效思训者亦少也，故特以此得名于时。至其出自胸臆，写山水江湖、风雨溪谷、峰峦晦明、林霏烟云，与夫千岩万壑、重汀绝岸，使鉴者得之，真若寓目于其处。而足以助骚客词人之吟思，则有不可形容者。"可见董源在当时为人称道的是鲜为后人所知的李思训风格的著色山水。元代汤垕也说:"董源山水有二种,一样水墨矾头,疏林远树,平远幽深,山石作麻皮皴。一样着色,皴纹甚少,用色秾古。人物多用红青衣,人面亦用红粉者。二种皆佳作也。"[22] 对两种画风似无轩轾。从现存董源的可靠遗作来看,确是两种风格并存。《溪岸图》《龙宿郊民图》《潇湘图》属着色一路,《夏山图》《夏景山口待渡图》《寒林重汀图》则属水墨一路。谢稚柳先生曾对这些作品做了时期上的判定:"董源画腊的行程,《溪岸图》是前期的风貌,此后是《龙宿郊民图》,而《潇湘》等三图则为后期的变体,骨体的三变,笼罩董源艺术的一生。"[23] 这种推断虽尚缺乏充足的论据,不过从逻辑上讲,着色一路是唐代装饰风写实画法的继承,与董氏"天真烂漫,平澹多奇,唐无此品"的典型风格尚有一定距离,断定为他早期的风格还是可信的。他的艺术为后世文人所推崇的自然是"淡墨轻岚"的一路。巨然画风似没有明显的时期转换,不过米芾说他"少年时多作矾头,老年平淡趣高"[24],也是有一个渐进进程的。显然,后世所谓的"董巨逸轨"当是就"江南董源僧巨然,淡墨轻岚为一体"而言的,所以,探讨董巨对文人画

的影响不能不以他们的这路画风为起点。

"董巨峰峦,多属金陵一带……从来笔墨之探奇,必系山川之写照。"[25] 事实上,从认知层次上讲,董巨的山水并没有超逸出同时代"北方三家"再现自然的写实传统。

五代至宋,笔墨效果上皴、擦、点、染的综合性技法程式的出现,使山水画从技法上摆脱了隋唐空钩无皴的阶段,也为山水画尚嫌呆板概念的装饰风向更为逼真的写实风的发展提供了可能。荆浩的《笔法记》不啻为一篇写实主义的宣言,它已经很有分寸地将艺术世界的"真实"与单纯客观的"真似"区别开来,"画者,画也。度物象而取其真。……若不知术,苟似可也,图真不可及也。"他追求的是自然山水内蕴的精神质地,他把这种追求的实现寄托在对自然山水的观察感受之中,寄托在"凡数万本,方如其真"的摹写过程之中。北宋山水画已蔚为大观,写实系统的山水在关(仝)、李(成)、范(宽)这"北方三家"手里达到了一个新的高峰。无论在表现山水的体积结构、外形质感上,还是在构成画面的空间气氛、虚实关系上,笔墨技巧的运用达到了再现自然的完美境地。范宽的《溪山行旅图》可以作为

我们论证写实主义视觉特点和艺术价值的经典作品。这幅画，从构图布置上看，承袭荆关"上突巍峰，下瞰穷谷"的格式。迎面主峰耸立，气势逼人，令人仰止。峰脚霭气茫茫，悬崖紧偎。整幅画面由一条明显的中轴线纵向贯穿，造成一种紧凑向上的律动，而右边一线飞流直下的山泉和近景中部的一抱清溪以及横穿而过的山路，又使这种向上的律动造成的紧张感得到某种缓解，整幅因此在结构上趋于平衡。笔墨的运用都服从于对岩面外在形态的界定和树石山峦、烟霭流水等空间关系的渲染。范宽的用笔是"刻削穷丝发而行笔坚硬，有铁屋石人之喻……界画如铁线"[26]，"抢笔俱均，人屋皆质"[27]，尤其是那极有力度而又极富变化的"雨点皴"，不仅使线条勾勒出的岩面结构质地显得更为峻厚，也使得嶙峋山峦和茂密树丛的关系更为深邃、丰富。总之，稳定坚挺的山石结构、紧张静穆的虚实关系、层次分明的笔墨韵律，构成一个相对闭合的视觉空间，形成强大的内聚力，达到所谓"远望不离座外"的视觉效果。它是符合在观察自然和表现自然之间建立一种确定的对应关系这个写实主义的理想原则的。

荆关董巨这四家山水的南北之分，主要就他们的山水母题的自然地貌特征而言。的确，与石体坚凝、山高水险的自然地貌比较，董巨面对的是山势平缓、烟水缥缈的另一番景象，这种地貌上的差异，在视觉和心理上首先就会造成不同性质的感应。如果说前者带给人的视觉感受更多是凝固的、稳定的，后者则更多是灵动的、松弛的，"宋画至董源、巨然，脱尽廉纤刻画之习"[28]，除了趣味、笔墨运用上的变化，主要应是得于对自然母题的这些客观质地的观察。

先从董巨的画面结构上看看它所蕴含的写意性因素。董源的画面结构在整体气势上是横向的延伸，典型的格局是：前景第一组是平直的滩洲、树木，中景第二组是圆润的山峦，第二组风景单位远交苍茫的水天云山。各风景单位间多以湖水一带相隔（水势已不做网中法的勾画）。在空间关系上，各组风景单位间不太明确的结构联系、渐远渐疏的山水布局，使整幅画面在节奏韵律上更加灵动、轻松、深邃，真是"不作奇峰峭壁，皆长山复岭，远树茂林，一派平淡幽深，具苍茫浑厚之气，其远近明晦处更无穷尽"[29]。相对松弛的结构布置、疏密有致的空间关系，在一定程度上消弭了稳定的山势结构带来的紧张感，造成视觉感受上一种开放的、富于变幻的律动。巨然的构图布景与董源一样源于江南山水，在格局上有两种，一种接近董源，在整体气势上作横向延伸，但层次不及董源的丰富[30]；另一种是依山势作纵向开合，这类作品典型的有《秋山问道图》《万壑松风图》，山谷幽深而不迫塞，泉水急下而趋平缓。《南田画跋》论及董巨的师承关系云："北苑嫡派，独推巨然。北苑骨法，至巨公而该备，故董巨并称焉。巨公又小变师法，行笔取势，渐入阔远，以阔远通其沉厚。"进阔远而为沉厚，这确是巨然在结构上较董有差别的地方。

和结构取势一样，董巨的山水在笔墨等形式因素上的运用和变化也是源于"再现感觉自然"的愿望。黄公望说："董源坡脚下多有碎石，乃画建康山势。董石谓之麻皮皴，坡脚先向笔画边皴起，然后用淡墨破其深凹处……董源小山石谓之'矾头'。山中有云气，此皆金陵山景。"[31]的确，山势造型上麻皮(披麻)皴和"矾头"的运用(巨然变之为更加丰富的长短披麻皴)，是对江南平缓的山脉脉纹和圆润松柔的山石质地的一种"模仿"，

也是构成董巨艺术那种"平淡天真"风格趣味的主要造型手段。史载董源"蚤年矾头颇多，暮年一洗旧习"[32]，巨然也是"少年时多作矾头，老年平淡趣高"[33]，从现存遗迹看，的确有不少以点簇(苔)代替"矾头"的地方。"点簇"这种更加不经意、更具写意和书法意味的形式因素，在构成董巨画面那种"峰峦出没，云雾显晦，不装巧趣，皆得天真"的空间氛围上起到了极大的作用。"点"的运用在北方三家山水中已很常见，范宽所谓的"雨点皴"，在造型功能上主要是加强北方山石的厚峻感，范宽皴山石用笔以微秃的中锋为主(关仝则以尖笔中锋为主)，下笔均直，形如稻谷，密点攒簇，并参以短条的笔道，加以"抢笔"的用笔法，入骨地刻画出北方石质的风骨。[34]而在董巨这里，点簇的运用似乎具有更广泛的功能。作为造型手段，它或者代替矾头表示山顶的碎石薛苔，或者"作小树，但只远望之似树，其实凭点缀成形者"[35]。而在更大程度上，那些似不经意的点簇能使山峦岩面间的空间关系获得更为柔润和不确定的视觉效果，从而使山石的质感和山势趋于灵动。与范宽注重山石外形界定的"点"比较，董巨的点簇似更注

重某种感觉和气氛。在视觉效果上，北方山水侧重山石流水的质地关系，所以"远望不离座外"；董巨山水则正相反，"大体源及巨然画笔，皆宜远观，其用笔甚草草，近视之，几不类物象，远观则景物粲然，幽情远思，如睹异境"[36]。而这种写意效果正是通过点、皴、渲染等形式手段的组合作用而达到的。

我们知道，作为绘画母题，山水在文人画那里不过是诱导、表达某种特定情绪的契机，山水的内涵已延伸到视觉感受背后的历史—社会层次中去。作为"游于艺"这种价值态度的一种表达方式，对山水外观质地界定的兴趣，更多地为对山水的写意气氛和感觉的内在界说所代替。从绘画形态上讲，就是表现、写意性因素逐渐居于主导。董巨的艺术，无论从它所依托的价值态度，还是观察、表达自然的迹化方式，应该说并未超越五代北宋再现系统的绘画。但它体现出的某些结构方式、形式表现却无意识地契合了文人画对山水的价值要求和心态特征，"世之笃论，谓山水有可行者，有可望者，有可游者，有可居者。画凡至此，皆入妙品。但可行可望不如可居可游之为得……君子之所以渴慕林泉者，正谓此佳处故也。故画者当以此意造，而鉴者又当以此意穷之"[37]。董巨的山水在结构造型上的那种灵动、轻松的空间效果，的确为观者提供了一个"可居可游"的理想环境，它在视觉和心理上都契合了文人士大夫对待自然山水的那种"不滞于物"的观照态度和"寓乐于画"的价值要求。董源横向延伸和巨然纵向开合的典型构图，由于在视觉感受上为文人的表现性绘画提供了一个可能的框架，而成为后世文人画山水构图中的一个程式。传为米芾的《溪山雨霁图》、米友仁的《潇湘奇观图》、黄公望的《富春山居图》、董其昌的《昇州图》、原济的《余杭看山图》都与董巨的构图有直接的承袭关系，尤其是元代倪瓒那一抹远山，几株近树的简淡构图，实在可以说就是《夏山图》《寒林重汀图》的推进、放大和简化。

"画适吾意"与"不事绳墨"：苏米异同

由对董巨艺术的综合分析，我们可以得出这样的结论：董巨山水是在"传神说"和"六法论"这样一些传统理论基础上形成的绘画式样，它与宋代渐趋成熟的文人画价值观并没有本质的联系。从绘画形态上讲，它并没有超逸出隋唐以来再现性绘画的轨道。但董巨绘画的构图特点及其他形式要素却从视觉效果上契合了文人对自然山水的观照态度和感受方式，为后世文人画提供了一个可供阐释的对象。从历史的观点讲，是文人画选择了董巨，而不是董巨开创了文人画。和文同、苏轼或二米对文人画的历史作用相比，董巨对文人画的作用是被动的、客观的和心理效应上的，所谓"董巨逸轨"应该是就它的历史效果而不是主观品质而言的。

一种价值观左右下的趣味、风尚在美术史上怎样形成一种风格，并在晚明经过一些有意识的人发起的开宗立派的运动，形成一种新的、具有正统意味的规范，从而从根本意义上改变了中国绘画的面貌，这才是一个更为深刻有趣的题目，在这个问题面前，我们前面做的只能算是个起点。

我们曾经谈到：宋代文人画在文化上的优越地位，使得确立一种为士大夫阶层所独有的绘画式样成为可能。但在绘画的固有品质和文人们的价值态度之间确立一种新的艺术表达方式，或者说得准确一点，建立一种与唐五代传统不同的新的山水画语言的

努力，至少在整个宋代还没有明晰的结果。苏轼是中国文人画理论的始创者，他在理论上的地位和在文人画发展中起了多么大的作用，完全可以从后世文人那些无须置疑的誉辞中看出，但事实上，他所做的不过是肯定了文人画的某些价值原则，如"文以达吾心，画以适吾意""能文而不求举，善画而不求售""凡物之可喜，足以悦人而不足以移人者，莫若书与画。然至其留意而不释，则其祸有不可胜言者"[38]。他并没有为文人趣味（"清丽""清敦""清新"）规定一种风格上的标准，在他眼里，"振笔直遂""兔起鹘落"的墨竹可以是文人画，"施为巧赡，位置渊深"的山水也可以是文人画，他的标准是态度、趣味、诗意气氛上的，不是风格、技法上的。正因为苏轼的文人画"在题材、格局、手段、技法等方面与'画工'画并没有什么显著的不同，所以苏轼才特别强调要在气质、意趣等方面严格分辨二者的区别"[39]，他所谓的"出新意于法度之中，寄妙理于豪放之外""合于天造，厌于人意"都还是以传统的实诣、功力、格法标准来要求绘画的。他之推"笔法超绝为百代画圣"的吴道子为画之极致，他之称"为轶妙而造

神,能于道子之外探顾陆古意"的李公麟"其神与万物交,其智与百工通",都说明他尚未意识到有必要改变传统的绘画程式来达到表现新趣味的目的。后世文人津津乐道于苏轼对自己那几笔朱竹或无节竹的颇有解嘲意味的抢白,却不愿注意这样一个基本的史实:苏轼对自己的那几笔竹木是并不自负的,在他的画竹老师文同面前,他坦白地说:"予……心识其所以然而不能然者,内外不一,心手不相应,不学之过也。"[40] 他的好友黄山谷也公允地说过:"东坡画竹多成林棘,是其所短,无一点俗气,是其所长。"显然,所谓"墨戏"文人画在宋代可以说还是一种没有确定语言规范的非正宗的画风,一种本来意义上的逸品画,即一种"格外不拘常法"的绘画。

旧的传统,新的趣味,这一时代特点还可以从韩拙对两类文人画的划分中看出:"今有名卿士大夫之画,自得优游闲暇之余,握管濡毫,落笔有意,多求简易而取清逸,出于自然之性,无一点俗气,以世之格法,所在勿识也。古之名流士大夫,皆从格法。圣朝以来,李成、郭熙、范宽、燕穆之、李伯时、王晋卿亦然。"[41] 他虽也推崇"多求简易而

取清逸""无一点俗气"的文人画,但意识到这种无格法可依的绘画面临一个基本的困境和危险:"昔人冠冕正士,晏闲余暇,以此为清幽自适之乐……今之学者往往以画高业,以利为图金,自坠九流之风,不修术士之体,岂不为自轻其术者哉?故不精之由良以此也,真所谓弃其本而逐其末矣,且人之无学者谓之无格,无格者谓之无前人之格法也,岂落格法而自为超越古今名贤者欤?所谓寡学之士则多性狂。"[42] 一种无格法可依的简率画法可能具有很高的品味价值,但也可能成为欺世盗名者的一种骗术,这种危险一旦被揭示出来,就成为纠缠后世文人的魔魅,并成为晚明那场确立新绘画原则的变革运动的一个基本动因。那些试图将传统绘画式样与新的趣味风尚调和起来的文人们遇到的麻烦,很真实地反映在《宣和画谱》这部文献中:"自唐至本朝,以画山水得名者,类非画家者流,而多出于缙绅士大夫。然得其气韵者,或乏笔法,或得笔法者,多失位置,兼众妙而有之者,亦世难其人。"于是,它将在山水画领域里遇到的这种两难困境巧妙地转移到一个比较不重要的画科——墨竹中(这也是文人画纵逸画风实验的最早园

地），它鼓励那些尚无真功实能而又醉心于以画自适的业余文人画家，不妨在这里试试身手："绘事之求形似，舍丹青、朱黄、铅粉则失之，是岂知画之贵乎？有笔不在夫丹青、朱黄、铅粉之工也。故有以淡墨挥扫，整整斜斜，不专于形似而独得于象外者，往往不出于画史而多出于词人墨卿之所作，盖胸中所得固已吞云梦之八九，而文章翰墨形容所不逮，故一寄于毫楮，则拂云而高寒，傲雪而玉立，与夫招月吟风之状，虽执热使人呕挟纩也。至于布景致思，不盈咫尺而万里可论，则又岂俗工所能到哉！"这种机灵的态度和调和方式与将逸品置于神、妙之间的品评标准真有异曲同工之妙！而这种方式的诱惑力至少使北宋至元初出现了一大批专工墨竹的"文人画家"。

当然，宋代也有不屑于这种调和方式者——我指的是米氏父子和他们的墨戏云山。米氏山水在整个宋代所具有的地位如此独特，使得我们几乎只有在它对后世的影响中才能把握它的价值，后人称米芾"山水其源出董源"[43]，但这种源出与其说是技法形式上的，倒不如说主要是意趣和整体气氛上的。米芾对董巨艺术的赞誉也都是侧重这方面的，他称董巨山水"岚气清润，布景得天真""平淡趣高""峰峦出没，云雾显晦，不装巧趣，皆得天真""峰顶不工，绝涧危径，幽壑荒迥，率多真意"[44]，都是从整体气氛着眼的。如果以为米芾企图在传统的山水画中寻找什么适于表达的东西，那就是小看他了："山水古今相师，少有出尘格者，因信笔作之，多烟云掩映，树石不取细，意似便已。"[45]事实上，他虽有临摹"至乱真不可辨"的本领，却还是热衷于"不蹈袭前人轨辙""画山水人物，自名一家"[46]，他的目的显然是寻找一种与他那"天资高迈""不偶于俗"的胸次相对应的绘画语言。为此，他不惜蔑视一切他以为是"尘格"的传统。董其昌称"董北苑画树……凭点缀以成形者，余谓此即米氏落茄之源委"，其实"点"这个形式因素在董巨山水中的意义与在米家山水中的意义已大不相同。在董源山水画中，疏密有致的簇点或者作为披麻皴的辅助因素，以加强山峦凹凸部分的质感，减缓山体轮廓的刃性效果，或直接作为表达远山丛树的方法，造成幽淡深远的空气透视效果，点簇与密皴、晕染构成融为一体的综合因素，服从表现对象自然质地的需要。巨然在董源点簇的基础上，发展了一种焦墨点苔方法，主要施于矾头及山体轮廓上，造成山体疏朗有致、层次分明的视觉效果。如果说，董源画面中点的因素与其他造型手段一起构成了某种写意的整体气氛，那么，巨然施于山体（尤其是峦头）上的焦墨点苔就使笔墨本身具有了某种独立意味的写意效果，不过这并没有改变它受制于造型目的的性质，它的写意性还是需要通过画面的整体气氛才能显示出来。在米芾笔下，点已多少成为独立造型的因素，所谓"落茄皴"是一种以点为皴的写意画法，"用圆深凝重的横点错落排列，连点成线，以点代皴，积点成片，泼、破、积、溃、干、湿并用，辅以渲染表现出山体、树木的形象和云烟的神态"[47]，完全放弃钩、皴、点、擦结合的造型方法，直接通过卧笔中锋变化造成干湿、疏密的随意偶然效果来表现山势树木，这无疑从另一方面加强了山水画的表现难度。这种不拘常法、不事绳墨的写意画法使后世那些才力不足的习得者往往不知所措，也使得那些善于在画面上"做效果"的势利之徒有可乘之机。事实上，二米的这种"不用世法""无町畦之行"[48]的实验在当代并没有获得多少积极

的回应，甚至遭到过"解作无根树，能描濛鸿云；如今供御也，不肯与闲人"[49]的"众嘲"，"人往往谓之狂生"[50]。如果借用《文心雕龙·定势》中一句论文的话，米家云山在宋代可说是一种"苟异者以失体成怪"的艺术，一种以奇反正的艺术。

视觉经验告诉我们：当我们着手画或欣赏一幅画时，总有某种先在的知识在暗示我们。如在皴法刚刚完备起来的时候，韩拙就告诉我们："有披麻皴者，有点错皴者……一画一点，各有古今家数。"[51]郭熙不是也告诉我们四时山景应如何看，四方山景该如何写吗？因为缺乏一种传统的参照，在一种尚未定型的样式面前，我们只能附庸风雅地点头称道，或者只好老实地承认自己的无能，而对新样式提出风格上的诘难，倒应该是一件合乎情理的事。其实，真正了解了整个宋代绘画的风尚大势，我们对这种诘难就更不会感到惊诧了。这种情形使我记起张彦远在《历代名画记》中谈到类似墨戏画法时的态度："'古人画云，未为臻妙，若能沾湿绢素，点缀轻粉，纵口吹之，谓之吹云。'此得天理，虽曰妙解，不见笔踪，故不谓之画。如山水家有泼墨，亦不谓之画，不堪仿效。"的确，

如果此后的中国画史上多几个热心于"生漆点睛"的文化皇帝，少几个嗜好"逸笔草草"的儒雅文人，谁能保证米家云山不会成为一种过眼云烟的把戏呢？谁又能保证来世的史家不会用张彦远那样的口吻来谈论这种信手为之的艺术呢？

米家云山并没有使宋代文人的价值态度获得一种新的对应画风，换句话说，自娱、玩赏的态度，清敦淡泊的趣味与简率放逸的画风之间还是分离的、不协调的。一种简易而放纵的逸品画风如果缺乏确定的图式系统和规范语言（虽然这两者本身就是矛盾的），在那些风格的诘难面前，它是不大可能成为一种左右时尚的绘画样式的。事实上，虽然"画适吾意"在宋代已成为时髦的话题，但左右士大夫欣赏趣味的仍然是那些既能体现诗兴、意趣，又能达到传统技法要求的绘画。既然一幅画风严谨、精细的山水同样可以具有清新逸雅的效果，那么有什么必要"师心独创"地选择另一种绘画语言来达到这个目的呢？可以说，支配宋代文人山水画发展大势的仍是在"六法""传神"这样一些美学标准和真实再现自然愿望基础上确立的绘画传统，在这个强大的传统面前，任

何新的尝试都显得那么微不足道。而在"齐鲁之士惟摹营丘，关陕之士惟摹范宽"[52]的风气中，不仅二米，就连董巨也还没有什么值得炫耀的地位。

"笔精墨妙心更苦"：高克恭的实验

在"不滞于物""适吾意耳"的价值态度与"多求简易而取清逸"的画风之间建立一种确定的对应关系，在宋代为时过早。二米过去了，两宋汉人统治区域内学米的画家恐怕只有个意义不大的龚开；而南宋所谓"刘、李、马、夏一变"，不过是人人营丘、家家范宽这种风尚的一种宫廷化的延续。令人不解的是在金人统治下的北方出现了一个学米氏父子而称名的王氏父子。史载："子端（王庭筠）诗文有师法，高出时辈之右，字画学米元章，其得意处颇能似之。"[53]"论者谓胸次不在米元章下"[54]，不过要讨论这种画风在多大程度上承袭了米氏传统已很困难，好在我们还会在元代一个有影响的画家那里看到它的沿承性作用（北宋文人画风经过金而影响元，这在中国文人画史上是一

个极为深刻有趣而鲜为人重视的题目）。

中国画史上某个看起来极不显眼的细节、某个偶然出现的差错，甚至某个画家的一时好恶，都可能成为历史演进过程中重大结局的原因，这已不是什么绝无仅有的事。朱景玄把逸品轻描淡写地放入他的评品标准中去时，他会料到今后有推崇逸品的时代吗？赵孟頫在信手涂抹完《秀石疏林图》（这样的作品在他的画囊中屈指可数）后，他会料到"石如飞白木如籀，写竹还应八法通"的兴到之语会带来一个以"八法"代"六法"的时代，并且成为今人还在津津乐道的"审美理想"吗？那么，那种简率放逸的画风作为体现文人画价值态度的一种具有正宗意味的绘画样式的起点在哪里呢？

依董其昌的说法："元季诸君子画，惟两派。一为董源，一为李成……然黄倪吴王四大家，皆以董巨起家成名，至今双行海内。"[55] 董巨山水在元季的确是逐渐红运大走。当然，如果说董巨的画法已取得了什么正统的地位，那是晚明人的说法，事实上，元代学董者多是融董法入他法，或是融他法入董法。而在元代这类画家中，对晚明那场"董巨逸轨"的变革有实质性影响的人物是融董巨法入米氏云山的高克恭。在中国文人画史上，高克恭算不上什么开宗立派的人物，但从某种意义上讲，正是高克恭的实验使得晚明董其昌辈所建立的新的绘画原则获得了某种技术上的保证。

本来，就其身世而言，高克恭并不具有继承南方文人画传统的优越条件。高的祖先为西域人，占籍大同，他父亲是一位"大究于《易》《诗》《书》《春秋》及关洛诸先生绪言"[56] 而且"雅不乐仕"的文人。高克恭早年随父亲学习，"于经籍奥义、靡不口诵心研，务极源委，识悟弘深。"元至元二十七年（1290 年），他已开始游仕江南，而且是"平时四海作宦游，高兴最爱江南秋"[57]。在几十年的宦游生涯和与南方士大夫的频繁交往中，他获得了一个南方士大夫所必须具备的一切修养、品行、学识、气质、趣味和嗜好，"公性极坦易，然与世落落寡合。遇知己则倾肝膈与交，终身亦不复疑贰。在杭爱其山水清丽，公退即命僮挈榼，杖屦适山中，世虑冰释，竟日忘归……为诗不尚钩棘，自得天趣。尝见公作画时，虽贵交在侧，或不暇顾，有指谓公简傲者，久乃识其真。浙江所在多豪门右族，或飞语污公，公亦不为辨"[58]。他是以色目人身份仕元的,在道德气节上似乎也没有什么值得让人指责的地方,而且由于他为官廉平,所以一时颇为江南文学之士所推重。从柳贯的《柳待制文集》中,我们可以了解高克恭在游仕江南的生涯中与南方士大夫交往的情况:

> 至元、大德间,儒生、学士搜讲艺文绍隆制作礼乐之事,盖彬彬乎太平极盛之观矣。然北汴、南杭,皆宋故都,黎献耆长,往往犹在,有能参稽互订交证所闻,则起绝鉴于败缣残楮之中,寄至音于清琴雅瑟之外,虽道山藏室奉常礼寺亦将资之以为饰治之黼黻。若予所识张君君锡,杜君行简则以汴人而皆客杭最久,于时梁集贤贡父、高尚书彦敬、鲜于都曹伯几、赵承旨子昂、乔饶州仲山、邓侍讲善之,尤鉴古有清裁。[59]

又载:

> 异时论至元间中州人物极盛,由去金亡未远,而宋之故老遗民,往往多在。方车书大同,弓旌四出,蔽遮江淮,无复限制,风流文献,盖交相景慕,惟恐不得一日睹也。故游仕于南而最爱钱塘山水者,予及识其五人焉,曰李仲芳、高彦敬、梁贡父、鲜于伯机、郭祐之。仲芳、彦敬兴至,时作竹石林峦,伯机行、草书入能品,贡父、祐之与三君俱嗜吟,喜鉴定法书、名画、古器物,而吴越之士因之引重亦数人。……时赵子昂解齐州归吴兴,颇亦来从诸君宴集。[60]

元代的统一并没有如后来画史所常言的那样,仅仅造成了文化的"衰敝状态",割断了汉文化的发展。事实上在一定的程度上,这种统一恰好为南宋以后就已基本中断了的南北士大夫的文化交往提供了一个可能的环境,像上述那样一个"搜讲艺文绍隆制作礼乐之事"的文化圈,就是南北士大夫进行文化交流的一个实例。可以想见,正是在那无数次气氛热烈的研讨玩味中,两宋(以及金)幸存下来的那些书画文献才得以在元代南北士大夫中获得新的发现、新的估价、新的阐释。"参稽互订交证所闻""起绝鉴于败缣残楮之中",也许正是在这个文化圈中,高克恭才有可能思考那些令宋人困惑不解的难题,才有可能开始融董巨格法入米氏云山的实验。后人习惯将元代的所谓放逸、尚气韵之风归于它所处的那个异族入主的时代，仿佛真是那个时代造就了这样一种"写愁寄恨"的艺术，一种因"写愁寄恨"而变得"狂怪""野逸""简略"的艺术，而学米的高克恭则自然成为这种艺术的一个开宗立派的领袖[61]，这实在是一个令人困惑的误解。而这种误解多多少少已经成为我们学习元代画史这一节时的一个不证自明的常识，这就更令人困惑了。

其实，高克恭的身世和绘画经历本身就可以使这种说法陷入窘境。高克恭的山水画风并非仅只林峦烟雨、简率放逸一路，据张羽《静居集》记载，高也画过太平兴国仙宫之类界画风格的山水："艺高一代谁颉颃，只数吴兴赵公子。当时弭节匡庐峰，曾写太平兴国之神宫；五峰却立疑争雄，台殿突兀纷青红，中有云气如游龙……笔精墨妙心更苦，安得再有前贤风。"另据《松雪斋集》题高克恭《夜山图》云："戏拈小笔写微茫，只尺分明见吴越，楼中美人列仙臒，爱之自言天下无。"《草堂雅集》张翥题《山水》云："居然真境开九琐，中有美人茅屋间，羽人访道不辞远，一剑江湖游未返。"可知高克恭对人物的画法也是熟悉的。提出这些，主要是

想说明元初高尚书之所以能取得与赵孟頫相颉颃的地位，并非像后人所说的是因他那可与赵、陈（琳）辈的"高古细润"之作相抗峙的"笔墨益形简逸"的米氏山水。事实上，高克恭是一位集大成的画家，只不过他的融董巨法入米氏云山的画法对后世影响更大。在解释这种画风及其影响时，我们与其先入为主地将它们说成时代的产物，倒不如在文人画趣味风尚形成的逻辑历程中去寻找些虽不那么庄重堂皇却实在得多的原因，高克恭"初用二米法写林峦烟雨，晚更出入董北苑"的经历在《柳待制文集》《巴西文集》《图绘宝鉴》中均有记载，所谓"尚书意匠悟三昧，笔力固与常人殊"[62]，即指高克恭学董巨二米是经历了一个"笔精墨妙心更苦"的研习过程的，据载他甚至还有过学米家画法的专著："元人高房山辈曾著论专辨二米写山法，俱从实地起其精思。"[63]至于有人认为"房山（山水）得法黄华（王庭筠）山"[64]"高尚书之所祖述（黄华父子）而能冰寒于水与"[65]，也应是情理中事。王氏父子学二米而颇得其法，高克恭从其遗作中窥究米家渊源是很有可能的。

《雨山图》和《春山晴雨图》是高克恭

的两幅比较可靠的传世作品。前者年代不详，从风格看似应初学二米时的作品；后者有李衎题识："彦敬侍御为予画此幅……大德己亥夏四月，息斋道人书。"知为高克恭五十一岁时（大德三年，即 1299 年）所作，是比较成熟的作品。二者比较，一是水墨淋漓，笔法简逸，云烟溟蒙，林峦苍浑，多存二米风范；一是干湿相间，笔法俊雅，山峰积翠，林木葱郁，更得董巨遗规。与董巨二米比较，高克恭的画面已有了比较明确的形式结构，中央主峰构成的中轴线与下部林木、窠石、溪流等因素穿插形成的对角线运动构成一种颇有法度的张力效果和形式意味，山形坡石已有了由墨线组成的明确轮廓，山峦隐隐由披麻皴造型，山峦间的层次结构明显流露出董源的痕迹。而在点的运用上，他分离、简化、缩小了作为米氏云山主要造型因素的落茄点（后也有人把这种手法称为"豆瓣皴"），通过卧笔中锋的干湿、焦渍变化，使点的因素既能达到表现山峦层次的效果，又成为具有某种独立趣味的形式因素。它已不在于为"树石幽润""峰峦清深"的金陵山川写照，不在于为"平展沙角""墨沈淋漓"的潇湘云景造境，与董巨二米比较，在高克

恭笔下已很难找到明确的自然对象，他似乎有意识地使这些点簇避开母题的束缚，从而加强笔墨本身的趣味效果，细细体味（"感受"和"体味"也是北宋传统山水和以后的文人画逸品山水在欣赏方式上的一个重大差异），我们甚至可以从画面里想见高克恭在层层铺设这些点簇时那种怡然自得的玩味神情。他关心的也许不再是如何将点作为界定对象质地的因素，而是它独立的表现功能，在风景中，点不再主要是构造对象的有机成分，而成为多少有些概念意味的独立因素。他发展了董巨二米艺术中点的写意性品质，又谨慎地避免其因为过分简易放纵而流入无法度可依的"墨戏"。他希望通过"笔精墨妙"的表现达到简洁闲逸的效果。如果说，董巨以真实布景达到了这种效果，二米通过某种墨戏态度和母题选择达到了这个目的的话，那么高克恭至少在一点上是划时代的：他力图以笔墨形式本身的表现力达到这个目的。通过在董巨的格法和二米的放纵态度之间寻找某种谐调方式，他使得二米山水中那些具有很大游离、偶然性质的形式因素多少成为一种可以习得掌握的绘画程式，"趣味"不再是游离于画面之外，主要为观赏者的诗

兴、情绪所左右的因素，而是因笔墨自身的表现所达到的某种相对稳定的效果。在高克恭这里，以奇反正的米氏云山作为一种新的"正势"，获得了某种技术上的保证。"我爱高侯得天趣，所见历历穷秋毫。米家父子称好手，率意尚复遭讥嘲。"[66] 这的确是高与二米的优劣所在。所以，与其说高克恭发展了二米的放逸之风，不如更准确地说，他使这种画风具有了某种规范的性质。正是高克恭的实践，使宋代文人山水画那种玩赏态度、闲逸意趣与无法可依的简率画法之间出现了一线曙光。也正是从这里开始，文人画作者才产生了一个前所未有的意识：从笔墨本身而不是通过画面体现的诗意内容（如王维、董巨、王诜）或游戏翰墨的偶然效果（如二米）出发去寻找与价值态度和欣赏趣味相适应的语言规范，而这可能正是元代文人画对后世文人画做出的最有价值的贡献。当然与元代稍后一些的文人比较，高克恭的实验还明显处于草创阶段，在点皴关系的处理上还显得暧昧，林木的画法还具有较生硬的调和痕迹。一直到元四家，尤其是到学董源而"得其骨"的黄公望那里，董巨山水中的形式因素才通过笔墨本身的表现达到完美和

几乎难以企及的境地。不妨看看《富春山居图》，那超绝自然母题的幽淡空灵的画面气氛，那虽疏简而具骨力、存气韵而不散逸的笔墨表现，本身就是一个实现了的梦境。

"虽纵而有法"：
董其昌的正宗观

"一个时代误解另一个时代，一个小小的时代以自己的可恶方式误解其他一切时代。"[67] 如果说"董巨逸轨"的说法从根本上讲就是一种误解，那么寻找这种误解的起源则可以帮助我们发现无数新的视点，重新认识那些支配文人画发展的东西，这种寻找时常使我困惑、焦躁甚至痛苦。在文化价值、欣赏趣味、绘画图式和那些时尚媒介的相互关联的思索中，我不得不重新去看那些已熟识了的作品、文献和常识，一次次地排斥、修正、调整那些由某种固定的暗示作用造成的、根深蒂固地附着于这些作品和文献的"客观性"，去造成一次次新的"误解"。"误解"实际上是一种选择，一种阐释，一种富有历史感的历史沿承方式。"董巨逸轨"就是中国文人画史上无数个"小小的时代"

用它们各自的方式去误解那个伟大时代的一个巨大的结果。正是那一次次的误解，董巨艺术才具有了某种开放性的、超越一般风格发展史的意义；也正是这种"误解"，才使得对"董巨逸轨"这个历史现象的研究从一开始就产生了某种文化的意味。现在该来看看晚明那场由小小时代里小小人物发起的理论变革，瞧瞧他们是通过什么"可恶方式误解其他一切时代"了。

王世贞在《觚不觚录》中说："画当重宋，而三十年来忽重元人。"是书为王氏晚成之作（据《四库全书总目提要》），可知明代尚元之风的兴起最早不超过隆庆、万历之际。晚明谢肇淛《五杂俎》也称："古人善画者必能写真，盖时尚画人物故也。国初犹然……今画者以写真为别技矣。"而据清人冯仙湜《图绘宝鉴续纂》，我们几乎可以肯定董其昌是这股有预谋的风气甚嚣尘上的导演和传播者之一。《续纂》称他："如闻元之黄、王、倪、吴、二米真迹，以重价购之。元人画贵，乃其作始。"而这与晚明文坛的风习正相吻合，"隆万以后，运趋末造，风气日偷。道学侈称卓老，务讲禅宗。山人竞述眉公，矫言幽尚"[68]。"盖明之末年，士大夫……竞尚狂禅。以潦草脱略为高尚，不复以精审为事。"[69] 董其昌鼓噪尚元的基本动机是希图以简洁高逸的画风作为文人画山水的正宗语言，取替"刻画细谨"的院体末流和由南宋马夏发展而来的有"纵横习气"的浙派，但这种把文人画界定在一个十分有限的范围之内的做法并不能保证文人画的"高洁"，相反，与文坛中以简率为高尚一样，"简洁高逸"马上使人联想到一种无须实诣功力的方便而讨好的画法，而这种误会很快就变成一种新的诱惑，变成一种率意为之的风尚。前面我们曾提到唐宋时期那种无格法可依的逸品画所遇到的麻烦，而晚明这种麻烦，是以一种新的、更令人焦虑的方式出现的。首先，这种风尚是在元人已经从实践上确立了一套与文人的绘画态度和欣赏趣味相一致的规范语言之后发生的，它直接造成了新的语汇秩序的混乱；其次，它是在晚明商品经济"侵蚀"和"毒化"的过程中发生的，直接动摇了文人画的传统价值，使文人画逐渐丧失了它那高贵的精神品质和纯洁的"女儿身"。"近习疏莽，绝无映带宾主，一切逃之荒诡偪塞，而动以元格自掩也。"[70]"今绘事自元习取韵之风流行，而晋宋唐隋之法与天地、虫鱼、人物、口鼻手足，路途、轮舆自然之数。悉推而纳之蓬渤溟涬之中，不可复问矣。……元人气韵萧疏之品贵，而屏幛卷轴写山貌水与各状一物，真工实能之迹，尽充下驷。此亦千古不平之案。"[71]"今吴人目不识一字，不见一古人真迹，而辄师心自创，惟涂抹一山一水，一草一木，即悬之市中，以易斗米，画那得佳耶？"[72]"今人画以意趣为宗……要亦取其省而不费目力。"[73]这种人心不古之论反映了一种普遍的焦虑心理，苏轼倡导的那些"寓意于物而不可以留意于物""能文不求举，善画不求售""适吾意耳"的价值原则，逐渐成为那些不肖子孙欺世盗名的玩意，而逸品画本身也日益成为一种毫无精神内容的败兴的世俗把戏，唐志契称它为"逸之变态"："山水之妙，苍古奇峭，圆浑韵动则易知，唯逸之一字最难分解。盖逸有清逸，有雅逸，有俊逸，有隐逸，有沈逸。逸纵不同，从未有逸而浊，逸而俗，逸而模棱卑鄙者，以此想之，则逸之变态尽矣！"[74]而"逸之变态"的原因在他看来罪不在元人的放纵，也不在今人的无能，而在于今人的作画态度和动机已不同于他们的前辈了："宋

元人画愈玩愈佳，岂今人遂不及宋元哉？正以宋元人虽解衣盘礴，任意挥洒为之，然下笔一笔不苟，若今人多以画糊口，朝写即欲暮完，虽规格似之，然而蕴藉非矣，即或丘壑过之，然而丰韵非矣。又常见有为俗子催逼而率意应酬者，那得有好笔法出来？始信十日一水，五日一石，良有以也。""逸之变态"的现实深深刺激着一种纯净文人画的愿望，如何使文人画成为一种具有高尚精神内容和普遍欣赏价值而又不失于信手涂抹的绘画式样，于是，一种恢复传统格法的要求被提了出来："学书者不学晋辙，终成下品，惟画亦然，宋元诸名家如荆关董范，下逮子久、叔明、巨然、子昂，矩法森然，画家之宗工巨匠也。……吴人何不追溯衡山之祖师而法之乎？"[75]沈灏在稍晚更正了那种以为简洁高逸即无实诣的误会："今见画之简洁高逸曰：士大夫画也，以为无实诣也。实诣指行家法耳，不知王维、李成、范宽、米氏父子、苏子瞻、晁无咎、李伯时辈，皆士大夫也，无实诣乎？行家乎？"[76]为简洁高逸这种纯净的文人画确立一套绘画原则，正是董其昌倡导的理论变革的直接和功利的动机之一。

如果说明代的文学批评特征一般表现为"偏胜"和"空疏"（郭绍虞），那么这种风气表现在绘画批评上就主要是晚明董其昌的偏尚元格，但这种偏尚并不一般地表现为"空疏"和"狂放"，这是因为在建立一种纯正文人画原则的角斗中，董其昌面前的对手不是一个，不是两个，而是三个。他以"寄乐于画"的态度嘲笑那些"刻画细谨为造物役"的习者之流（院体），以"天真幽淡"的画风摈斥"纵横习气"（浙派），又以"穷工极研"的要求对付那些"点笔便自称米家山"的"护短者"（伪逸品）；他称赞二米"一正画家谬习"，又自谓"雅不学米画"；他告诫人们"大李将军之派非吾曹当学"，又认真地说过"李昭道一派……精工之极，又有士气"；他激赏"以简为贵"，又鼓噪"集其大成"……态度、实诣、趣味、功力、风格，这些题目像无法挣脱的魔魅在董其昌思想中旋转，充斥着无休止的矛盾，也正是在这种困境中，董巨的意义再一次被提出来；"宋人院体，皆用圆皴，北苑独稍纵，故为一小变。倪云林、黄子久、王叔明皆从北苑起祖。"[77] "唐人画法至宋乃畅，至米家又一变耳。余雅不学米画，恐流入率易，兹一

戏仿之，犹不敢失董巨意。""不师北苑，乌能梦见南宫耶？""元季四家画者，直溯其源委，归之董巨。""倪迂……以天真幽淡为宗……若不从北苑筑基，不容易到耳。"在董其昌眼里，董巨的意义在于他们为后世那些以"天真幽淡""以简为贵"作为趣味特征和风格标准的正宗文人画确立了一个基本的格法框架和一个可供下学上达的习得途径。他虽肯定"一超直入如来地"的艺术，却并不一般地否定通过某种下学上达的途径达到这种境地的可能："画家以神品为宗极，又有以逸品加于神品之上者，曰失于自然而后神也。此诚笃论，恐护短者窜入其中，士大夫当穷工极研，师友造化，能为摩诘而后为王洽之泼墨，能为营邱而后为二米之云山，乃足关画师之口而供赏音之耳目也。"他对后人"信手点抹"而"自谓米家山"深为不满，以为"此如仿颠张之草圣而不从郎官壁记入门，真无本之学也"[78]。而在回答袁中郎于近代名家有无古人笔意的发问时，他曾以机锋式的口吻说道："近代高手，无一笔不肖古人者，夫无不肖，即无肖也，谓之无画可也。"[79] 在他看来，在传统格法与画家自主性感悟之间并不存在无法调和的

矛盾，相反，一种趣味只有在与这种趣味相关联的一定的形式框架中才可能成为一种表达确切的语言，问题的关键是如何阐释性地选择一种法度，并使之与主观性品质有机融合。在这一点上，他显然没有忘记高克恭的实验对他所要确立的绘画原则的诱导作用，在他的"正统观"中，高克恭具有很特殊的地位："诗至少陵，书至鲁公，画至二米，古今之变，天下之能事毕矣。独高彦敬兼有众长，出新意于法度之中，寄妙理于豪放之外，所谓游刃有余，运斤成风，古今一人而已。"所谓"出新意于法度之中，寄妙理于豪放之外"是苏轼运用唐宋时代传统的技术标准评价吴道子时的说法，董其昌沿用这种说法来评价高克恭，其背后一层的意思是：文人画作为一种独立的绘画式样，从董巨开始也有技术尺度和格法标准上的保证，而融董巨格法入米氏云山的高克恭，正是将文人画的格法与趣味完美结合的典范。董其昌显然对董巨经二米到高克恭以来的线索有过风格上的比较，而对高克恭的实验也是熟悉的，他说："董源、巨然、米芾、高克恭，三家合并，虽纵而有法。""高乃一生学米，有不及无过也。""纵而有法""无过"都是对超越

常法画风的一种适度的把握，例如沈周学倪画，"其师赵同鲁见辄呼之曰：又过矣，又过矣"。董其昌解释道："盖迂翁妙处实不可学，启南力胜于韵，故相去犹隔一尘也。"在董其昌看来，一种具有幽淡简雅趣味的画风只有从董巨的特定格法"筑基"才可避免落入廉纤刻画的习者之流，也才可以区别于率易学米的俗子。从历史的线索中重新发现董巨艺术中那些形式因素的意义，成为董其昌借古以开今的文人画理论的一个基点。

虽然在确立正宗体系的文人画理论中，董其昌对自己那条"论画当以目见者为准"的原则并不那么认真，但对董巨艺术的形式分析中，这条原则却可以说是贯彻始终的。从文献看，董其昌对董巨真迹的鉴藏兴趣几乎毕其终身：

隆庆六年（1572 年），董其昌得见董源《夏山图》。

万历元年（1573 年），得收董源《秋江行旅图》及巨然小幅。

万历二十四年（1596 年），得藏董源《潇湘图》（此卷为董其昌定名）。

万历三十二年（1604 年），得观董源《夏口待渡图》。

另外收有董源的《蜀江图》《商人图》等。

（据《夏山图》董氏三跋及《画禅室随笔》《画眼》《珊瑚网》）

而据他自己的描绘，可知他对董源艺术的兴趣事实上已超出一般玩赏的范围："悬北苑于堂中，兼以倪黄诸迹，无复于北苑着眼者，正自不知元人来处耳。"用一句时髦的话说，这简直就是在进行"比较研究"了。在董源画已"世如星凤"的时代，董其昌的所见所得自然使得他对董巨艺术的解释具有某种权威的性质。

董其昌绘画理论的一个被人忽略的特点就是它对作品的形式分析，不妨说他的正宗文人画的历史框架正是建筑在这种阐释性的分析之上的。后人所辑的九十四条《画旨》中，纯粹讨论笔墨、皴法、树法、构图法等形式因素的分析就达三十多条。中国画论中有过涉及山水画形式技法内容的著作（如《画云台山记》《历代名画记》《林泉高致》《山水纯全集》）甚至专著（如《山水诀》之类的书），但以董巨画法为中轴线索，以元四家为主要对象，旨在确立正宗文人画语言而进行系统的形式分析，这还是第一次。董其昌这种形式分析的主要内容有：

第一，董巨改变了传统山水画廉纤刻画的基本风格，从形式上走出了由画匠山水到文人山水的第一步，"宋画至董源巨然，脱尽廉纤刻画之习"，从绘画形式上讲，文人画的真正起点是董源，而从玩赏态度上肯定了文人画价值原则的则是黄公望，"寄乐于画，自黄公望始"。

第二，这种转变的形式基础是文人画笔法、墨法、树石法和构图法程式的确立。"作云林画，须用侧笔，有轻有重，不得用圆笔。其佳处，在笔法秀峭耳。宋人院体，皆用圆皴，北苑独稍纵，故为一小变。""北苑画杂树，但只露根，而以点叶高下肥瘦，取其成形，此即米画之祖，最为高雅，不在斤斤细巧。""董北苑、僧巨然，都以墨染云气，有吐吞变灭之势。米氏父子宗董巨法，稍删其繁复。""董北苑画树，多有不作小树者，如《秋山行旅》是也。又有作小树，但只远望之似树，其实凭点缀以成形者。余谓此即米氏落茄之源委。""画树木各有分别，如画《潇湘图》，意在荒远灭没，即不当作大树及近景丛木。""云山不始于米元章，盖自唐时王洽泼墨便已有其意。董北苑好作烟景，烟云变没，即米画也。"他正是企图以这样的分析来"金针度人"的。

第三，董其昌所确立的形式框架尚具有较大的宽容度，对与简洁高逸的正宗画法相悖的画风，他并不一般地排斥，对"非吾曹所学"的院体山水，他说过"李昭道一派为赵伯驹、伯骕，精工之极，又有士气，后人仿之者，得其工不能得其雅"。而对浙派，他也显得比他的后继者大度："苦浙派日就澌灭，不当以甜邪俗赖者，尽系之彼中也。"所以一般地说董其昌反对院体、浙派，并不是一种可靠的说法。

董其昌的正宗文人画理论是将建树新传统与扭转时弊集于一身，其实质意义是在形式分析的基础上，确立一种以董巨为格法框架、以高逸淡雅趣味为风格标准的正宗文人画，正是在这个意义上，他提出了一个将价值、趣味、风格和功力、实诣有机谐调的说法："赵令穰、伯驹、承旨三家合并，虽妍而不甜。董源、巨然、米芾、高克恭，三家合并，虽纵而有法。两家法门，如鸟双翼。吾将老焉。"

今人对董其昌的研究兴趣，焦点往往集中在对"南北宗"这个容易引起争议说法的"考""辨"上。在董其昌的理论中，确有许多有意识或无意识"误解其他一切时代"之处，"南北宗"就是一个典型的例子。但提出"南北宗"与其说是打起建立某种宗派的旗号，不如说是一种借用的说法。禅宗在晚明，在很大程度上已成为无实际内容的一种口头禅，可以想象，如果当时流行的是别的什么宗派或学说，那么中国画史也许根本不会存在"南北宗"一说。可以说，"南北宗"说在董其昌的批评中并无必然性和实质性的意义。至于将它的"基本精神"说成攻击南宋画院画家李、刘、马、夏或"对付浙派"（俞剑华、童书业），那就更难说董其昌的理论仅仅是一种宗派学说，因为据前面分析，董其昌在建立新的绘画原则的角斗中，对手不仅仅是浙派。总之，要深入探讨董其昌在画史上的地位与其纠缠在对"口头禅"逻辑矛盾的"辨考"上，倒不如多多考虑一下这种解释历史的方式所展示的更为深刻的文化内容。

董其昌的文人画论是"董巨逸轨"这一历史过程在价值、风格、趣味方面的一次全面的总结，旨在建立一种新的文人画传统，它对后世最大也最直接的影响是：随着逸品文人画正宗地位的确立，文人画，甚至整个中国画，由于他的偏重形式分析而走上了一条更为概念化的途径；又由于他的偏尚元格，走上了一条更为狭窄的途径。董其昌在使逸品文人画成为一种有确定形式系统和语言规范的正宗样式的同时，实际上已经断送了这种绘画所依据的价值学原则，所以事实上，他做了一件和他的对手相同的事。文人画的这种富有悲剧色彩的结局，正是文人画史上玩赏态度与绘画自律性因素矛盾发展的一个合乎逻辑的归宿。

由"董巨逸轨"的历史线索，我们可以看到文化传统和文化运动是如何在文人画史中起作用的，而这正是长期以来我们研究文人画时所忽略的，"董巨逸轨"本身就是对传统不断进行阐释的那种能动过程的一个巨大结果。我们企图把这个过程简化为董巨、二米、高克恭至董其昌这样一条线索，将这个过程的多样动因简化为价值、趣味、风格这样三种互动的因素，来展示这一过程丰富的文化容量。事实上，由于中国文化的特质，在文人画史中，我们很难找到一条纯粹形态学或风格史的线索，就像喜欢用风格来统治历史的美术史家们所讲的，一条"纯可视性"原则支配的线索；也难得找到一条由单纯观念支配的线索（如埃及艺术）。在中国山水画史中，风格形式本身总是多多少少地具有某种超越形态学本身的素质。谈起"披麻皴"，你首先想到的并不是构造山石结构或质地的方法，而是某种空灵淡泊的气象和韵度，正如谈到"斧劈皴"能使你联想到"纵横习气"一样。同此道理，"平远"并不单纯是"平视的透视法"，而是一种闲逸的视野。文人画史的大部分时间就是在价值和风格的相互超越中去阐释历史、塑造现实和向往未来的，而联系两者的中介则是一个具有极大弹性和游离功能的东西；趣味，它在历史中扮演的角色有些像那些左右逢源的媒人，而在三者中，价值态度是起决定作用的因素。想象一下，如果那些飘逸潇洒的儒雅文人，看到后人竟在供玩赏的小技上去寻找审美理想、时代精神或是别的什么且神情庄重，一定会忍俊不禁。不过没办法，世界变了，价值变了，人们开始需要一种新的传统……

1987 年 12 月

武汉

注释：

[1]原文载《朵云》，1988 年 3 期。——编者注

[2]米芾，《画史》。

[3]汤垕，《画鉴》。

[4]孙岳颁，《佩文斋书画谱·卷十六·张子政画山水跋》。

[5]王肯堂，《郁冈斋笔尘·卷二》。

[6]王鉴，《染香庵跋画》。

[7]王原祁，《雨窗漫笔》。

[8]王翚，《清晖画跋》。

[9]王时敏，《西庐画跋》。

[10]《论语·雍也》。

[11]谢灵运，《〈游名山志〉序》。

[12]《宣和画谱·卷一》。

[13]李日华，《竹懒墨君题语》。

[14]苏轼，《论书》。

[15]郭若虚，《图画见闻志·卷一》。

[16]练子宁，《金川玉屑集》。

[17]高士奇，《江村销夏录·文休承溪山幽远卷》。

[18]邹一桂，《小山画谱》。

[19]方薰，《山静居画论》。

[20]《牛津艺术指南·艺术家》。

[21]郭若虚，《图画见闻志·卷一》。

[22]汤垕，《画鉴》。

[23]谢稚柳编，《董源巨然合集·叙论》。(按.《潇湘图》其实属着色 路，见安岐《墨缘汇观》)

[24]米芾，《画史》。

[25]笪重光，《画筌》。

[26]孙星衍，《平津馆鉴藏书画记》。

[27]郭若虚，《图画见闻志·卷一》。

[28]董其昌，《画禅室随笔》。

[29]安岐，《墨缘汇观》。

[30]见《溪山图》。

[31]黄公望，《写山水诀》。

[32]汤垕，《画鉴》。

[33]米芾，《画史》。

[34]黄廷海，《历代名家山水画要析》。

[35]董其昌，《画禅室随笔·卷二》。

[36]沈括，《梦溪笔谈·卷十七》。

[37]郭熙，《林泉高致》。

[38]苏轼，《宝绘堂记》。

[39]阮璞，《苏轼的文人画观论辩 (续)》，载《美术研究》，1983 年第 4 期。

[40]苏轼，《文与可画筼筜谷偃竹记》。

[41]韩拙，《山水纯全集·论观画别识》。

[42]韩拙，《山水纯全集·论古今学者》。

[43]夏文彦，《图绘宝鉴·卷四》。

[44]米芾，《画史》。

[45]同上。

[46]《宋史·卷四百四十四》。

[47]黄廷海，《历代名家山水画要析》。

[48]黄庭坚，《豫章黄先生文集·卷二十五》。

[49]邓椿，《画继·卷三·轩冕才贤》。

[50]黄庭坚，《豫章黄先生文集·卷二十五》。

[51]韩拙，《山水纯全集·论石》。

[52]郭熙，《林泉高致集》。

[53]元好问，《中州集·卷三》。

[54]夏文彦，《图绘宝鉴·卷四》。

[55]董其昌，《画禅室随笔·卷二》。

[56]邓文原，《巴西文集·故大中大夫刑部尚书高公行状》。

[57]高启，《高太史大全集·卷九·题高彦敬云山图》。

[58]邓文原，《巴西文集·故大中大夫刑部尚书高公行状》。

[59]柳贯，《柳待制文集·卷十一·夷门老人杜君行简墓碣铭》。

[60]柳贯，《柳待制文集·卷十八·跋鲜于伯机与仇彦中小帖》。

[61]郑午昌，《中国画学全史》；潘天寿，《中国绘画史》。

[62]王冕，《卫生画山水》。

[63]李日华，《味水轩日记·卷四》。

[64]张羽，《草堂雅集·卷四》。

[65]倪瓒，《清閟阁集·卷七》。

[66]贡奎，《云林集·卷三》。

[67]维特根斯坦，《文化与价值》。

[68]《四库全书总目提要·续说郛》。

[69]朱谋垔，《画史会要》。

[70]李日华，《六研斋笔记》。

[71]李日华，《六研斋三笔·卷一》。

[72]范允临，《输寥馆集》。

[73]谢肇淛，《五杂俎·卷七·人部三》。

[74]唐志契，《绘事微言》，下同。

[75]范允临，《输寥馆集》。

[76]沈灏，《画尘》。

[77]本文所用董其昌言论除注明，余皆引自《画禅室随笔》《画眼》。

[78]高士奇，《江村销夏录·董其昌跋宋米南宫云山图》。

[79]袁宏道，《袁中郎全集·卷十·叙竹林集》。

李日华绘画思想研究[1]

引 言

在考察研究晚明文人画理论时，我们的视野一直为董其昌这个庞然大物所遮掩，更确切地说是为他的"南北宗"说所遮掩。从某种意义上讲，我们视野中传统文人画的发展面貌几乎都是在董其昌的影响下被塑造的，这一点也许可以解释为什么在讨论中国画传统，尤其是讨论晚明文人画理论时，我们总是不自觉地将"南北宗"说所虚构的历史框架置于研究的中心。长期以来，对晚明绘画理论以"南北宗"说一言以蔽之的倾向，不仅妨碍着我们对传统中国画发展脉络的把握，也使得大批具有史学研究价值的人物及其思想封存在历史的尘埃之中，李日华就是其中一位具有突出意义的人物。

在晚明文人画界，李日华曾是显赫一时的风流儒雅之士，论者称他："书画亚于玄宰（案：董其昌），博雅亚于损仲（案：王惟俭），而微兼二公之长。落落穆穆，韵度颓然，可谓名士矣。"[2] "画山水用笔矜贵，格韵兼胜，时与董文敏方驾，无能轩轾。"[3]

李日华一生，在绘画理论上崇实黜虚，不偶时俗，力倡恢复以"依仁游艺"为目的、以"真工实能"为大家正格的文人画批评传统，以矫晚明画风偏尚意趣、疏脱简率之流弊。在绘画批评方法上，他以广鉴博识、考订精审为根底，力避晚明画论出奴入主、空泛放诞之陋习，是明末绘画界古学复兴思潮的重要人物。其绘画思想代表着传统文人画论中的另一条思想线索。对晚明文人画论中这样一个具有独立品质的理论体系，后人一直缺乏系统研究。正是这个事实本身，成为决定本文选题的动机，笔者相信对李日华绘画思想进行全面系统的研究，对于我们重新估价文人画的理论传统及对中国画理论、实践的发展都将是不无裨益的。限于学识才力，本文的研究只能是尝试性的，更为深入的探讨尚俟诸大方之家。

一、李日华生平事略

李日华，字君实，号九疑，别号竹懒，浙

江嘉兴人。嘉兴历来为风俗淳秀、人文荟萃之地，据载："嘉禾之俗，人士好文而崇学，衣冠文物焕然可观。"[4] 这样的人文环境对于李日华的学术思想、生活态度自然具有潜移默化的作用。李日华一生所历嘉靖、隆庆、万历、泰昌、天启、崇祯六朝，正是中国封建社会晚期政治、经济、思想、文化全面变乱的时期。隆万之际，照张居正的说法，明朝是"其外癃然，丹青赭垩，未易其旧，而中则蠹矣"[5]。这时的明朝，一方面是俺答的抄掠，倭寇的骚扰，后金的崛起，祸患频繁；一方面是朝纲的紊乱，财政的亏空，流民的哀鸿遍野，阉宦的倒行逆施，内乱不止，时局岌岌可殆。东南商品生产发达地区迅速滋生的资本主义萌芽并没有诱发一个启蒙运动，或造就一个马丁·路德，该腐朽的在更加迅速地腐朽，该兴盛的却迟迟没能兴盛。伴随传统伦理道德的沦丧，南宋以来一直作为官方学术和旧伦理秩序象征的程朱理学已是运趋末造，王阳明以"正心"救世为旨的心学应运而生，成为明中叶以后的显学。心学既怀疑传统伦理规范默契的可靠性（孔孟伦理之学），也否定程朱理学以抽象的"理"支配具体历史活动的权威性，提倡"目空千古""修治心术""发明本心"以达到"致良知"的目的。但心学的代兴并没有延缓明朝的衰落，反而从客观上加深了封建社会的伦理危机，尤其是在王学左派一意通禅的风尚大势下，士大夫们或者成为放言无忌的狂人，或者成为寄意玄虚的清客，心禅之学的盛行使晚明社会弥漫着浮躁不安而又无可奈何的时代情绪。

与剧烈动荡的文化背景相比，李日华的一生显得十分平静，除了在九江府任推官时，因遭按察使媒孽而左调汝州外，他的宦海生涯大致还算平顺。身处明末乱世，他虽憎恶"珰焰（宦官干政）日炽，士大夫懦者濡染，强者摧折"[6] 的严酷现实，也同情那些不惧党锢之祸的正义之士，然而没有丝毫迹象表明李日华曾有意于扶正祛邪的事功，他理想的生活乃是："但得终身啖白饭羹鱼，法酒精茗，家有藏书万卷，石刻千种。长年不出户，亦不引一俗汉来见，如此七八十年，即极乐国人也。"[7] 这样的生活态度几乎左右着他半隐半仕的一生。因此，"和易安雅，恬于仕进""薄附趋，轻名宠""恬淡和易，与物无忤""难进易退"，就成了后世文人谈到李日华时常用的溢美之词。

事实上，"和易安雅"并不足以概括李日华的全貌。正如大多数在儒家修身、齐家、治国、平天下的人格理想熏陶下的文人士大夫一样，李日华也有过经世济民的抱负和政绩。据说他少时即有至性，研读文章词句，几能过目不忘，对《史记》《汉书》推崇的意气、节操、人格典范等深为敬服。十岁就曾做过应诏疏，讽议朝政，指斥时相，"大义荦如"。十四岁起，他开始作为生员接受正规的儒学教育，"时治经生者辄诚旁涉，先生独矢意学问，有敦古薄今之怀"[8]。这一段潜心苦读、广搜博览的经历，对他以后的学问思想、生活态度无疑具有基础性的影响。万历二十年（1592年），李日华中进士，不久即选授九江府推官（司理），专司刑狱之事。在任五年，无论是稽查核算各类赋税、承办大小诉讼之事，还是惩治玩弄法律条文以行奸诈的地方胥吏，他都能廉正清明，绝不徇情枉法。这样一位执法不阿、忠鲠廉洁的地方官自然不能见容于世。时隔不久，按察使贪污案发，李日华因不徇私情，遭到媒孽，被贬谪汝州。据说李日华左调的消息一传开，"士民赴愬上官，乞留者数万"。这一次打击，使李日华产生了消极思想，起了辞官归隐的念头。万历二十九年，李日华移知西华县令。西华地处开封境内，三面据河，年年都遭黄泛之苦，民不聊生，"岌岌几鱼"。李日华上任后，一方面大兴水利，设仓积粮；一方面严治猾胥刁讼。据说由于李日华为政严明，周围各邑时常将积压的讼案移请西华县承办。万历三十二年（1604年），因其母病故，李日华奔丧回乡，并具疏乞请归田终养老父，从此结束了他一生仅有的十多年外吏生涯，开始了长达二十四年的家居生活。

促使李日华放弃自己的政治抱负，选择这条半隐半仕生活道路的，也许并不仅仅是他躬行孝道的伦理原则。从晚明政治的变化可以看出，这种选择是别有其真正动机的。万历中叶以后，明朝政治日益昏暗，朝野上下，党派林立，在野的东林党要求开明政治，改良社会，与在朝的浙党、齐党、宣党、昆党所代表的腐朽势力激烈抗争。天启时，客氏和魏忠贤干预朝政，明朝政治中最黑暗腐朽的一面——阉宦势力已达到权倾帝王的地步。士大夫阶层与阉党势力的矛盾至此发展为你死我活的争斗。显然，在酷烈的现实中，李日华既缺乏誓与恶势力抗争、不惜杀身成仁的勇气，又无法理解他人那种"处众争之地，为不保旦夕之谋"[9] 的作为，那么，但求守身清正也就自然而然地成为他这类士大夫最明智的选择了。在二十多年的退隐生涯中，李日华一面沉湎于耽书嗜古、焚香煮茗、浪迹湖山、纵情吟咏的安闲生活，一面潜心于法书名画的鉴识研究。嘉兴历代书画收藏极富，被称为"收藏之富，为江南最"的项元汴就是嘉兴人。元汴之孙项圣谟（字孔彰）不仅与李日华有姻亲关系（项圣谟之女为李日华孙媳），而且结有书画之谊，李日华亲见的许多书画名迹多出自项氏所藏。另外嘉兴虽距苏州、杭州、华亭都不甚远，但晚明画坛出奴入主、分宗立派的风习对嘉兴影响却不大，这些都为李日华广搜博采、鉴真识伪、考镜源流，以客观的态度研讨书画创造了有利条件。李日华的大部分著述，尤其是以绘画理论为主的著述，如《紫桃轩杂缀》及《又缀》《味水轩日记》都成书于这段时期。二十四年的家居生涯，李日华冷却了"民生攸系则奋笔争之"的激情，抛弃了经世济民的抱负，却为中国画论留下了一笔不算绵薄的遗产。

万历四十五年（1617 年），起补南京礼部仪制司主事令下，李日华再次疏请终养。

天启四年（1624 年）六月起擢北膳司主事，十二月更升为尚宝司丞。时值父亡，他只得在次年二月依依不舍地启行赴命。天启四年，东林党杨涟上疏参奏阉党首领魏忠贤二十四"大奸恶"，一时弹劾魏珰之议风起。次年，阉党借故狂肆反扑，冤狱大兴，东林党人"生者削籍，死者追夺"[10]。一般士大夫也动辄得咎，明代阉党专权至此已达极点。李日华在《玺召录》中描述他此时趋命受事的心境是："真如就维之鹿，入笼之鸟，其抡掷决骤盖不胜其苦也。"又说："嘻，清流之祸自此烈矣，将无褰裳濡足乎？"受事五月后，他设法乞得经管沐黔国葬的差使，借此离开朝廷，返回故里，以逃避珰焰之灾。但三年之后，一场突然发生的政治变故，使这位年逾花甲、心灰意懒的人重新燃起希望的火焰。1628 年，崇祯帝登基，剪除魏忠贤及其朋党，"大憝尽歼，王路斯廓"，似乎给气息奄奄的明朝带来了转机，在黑暗政治重压下陷入绝望困境的文人士子也仿佛看到了一线光明。李日华正是怀着这样乐观的心情寄希望于崇祯这位"中兴之帝"的。据说在听到崇祯入主的消息后，李日华马上办毕黔国葬差，欣然北上。"时清目明，可出矣！"他的兴奋已溢于言表，这与三年前趋命入都的李日华简直判若两人。到京后，他被任为太仆寺少卿，这也是他一生得到的最高官职。在朝期间，他陈言佐政，以"代言、进言、法言、立言"四条上疏崇祯，希望新皇帝在朝典文事上力避"编辑谀辞，务极骈丽""叫邻骂坐，讥谤互形"之流弊；主张"选颁唐宋内外二制，悬为体式，俾千载见皇明之典谟"，提倡严明典章法制，以防地方猾胥舞文其间。并请敕各省学臣，禁毁"淫艳怪诞，非圣之书"；倡言各郡府编辑山川、形胜、户口、人物、畜产、田亩成帙，送达礼部，以为"纂修天下图经张本"，"其中所载河防、庱警、菟屯、刍挽、冶铸、监策等类，皆得联络贯串，以备掌故，为兴起实学之权舆"，所谓"实学"即"经世致用"之学，这种思想，与晚明士子中"不知职掌何事"[11]"问钱谷不知，问甲兵不知"[12]的劣习和王学末流"束书不观，游谈无根"的风尚可谓大相径庭，而与明清之际刘宗周、黄宗羲、顾炎武、王夫之等人的"经世致用"思想最为接近。二十多年家居生活并没有完全泯灭他以学问事君救世的政治理想，他晚年这种回光返照

似的激情，似乎是对他明哲保身的归隐生活的一种追悔，又似乎是他"力行孝悌明王之道"人生理想的一种表白。可惜为时不久，他因染腹疾，不得不再次具疏乞归，在家乡度过了他一生最后七年的田园生活。这七年中，他一面究心诗文，游戏翰墨，一面仍关心着浙西嘉兴一带的水利农事。崇祯八年（1635 年），李日华已是旧疾缠身卧床不起。这时的明朝在一阵回光返照的兴旺后，以更快的速度走向溃亡，日益壮大的皇太极清军在北方疆域频繁侵扰，边事日紧。一日，李日华闻邮牍中有"虏骑道大同"之语。就枕口占《虏退志喜》七言长律一章，诗中有"壁坚细柳回车辇，捷奏长杨拜冕旒"之句，遂成绝笔。两天后，李日华谢世，时年七十一岁。次年，皇太极在沈阳称帝，改国号"大清"，这预示着李日华曾寄予厚望的"中兴之帝"和整个明王朝的寿终正寝已为期不远。

李日华一生读书著述颇勤，据说在地方为官都是"大抵在官操削吏牍与篝灯读古人书分半"。其学问知识范围也广，"治经、治史、治百家、治方言、稗说与竺乾、柱漆之书"，几乎无所不览。其著述有《紫桃轩

杂缀》及《又缀》共八卷，《六研斋笔记》及《二笔》《三笔》共十二卷，《礼白岳记》《玺召录》《蓟旋录》《竹懒画媵》《墨君题语》共八卷，《雅笑录》十卷，《倭变志》一卷，《味水轩日记》二十卷，《书画想象录》四十卷，《挂角编》四卷，《槜李丛谈》四卷。另外，后人将其生前未及成帙的著述汇编成为四十卷本的《恬致堂集》。今尚存世的《味水轩日记》《紫桃轩杂缀》及《又缀》，《六研斋笔记》及《二笔》《三笔》《墨君题语》《画媵》等几种，比较集中地保存了李日华画学主张的大量言论，是研究李日华绘画思想的主要材料。

二、李日华绘画思想述要

（一）传统绘画的批评标准及其在晚明的变化

马克思说："人们自己创造自己的历史，但是他们并不是随心所欲地创造，并不是在他们自己选定的条件下创造，而是在直接碰到的、既定的、从过去承继下来的条件下创造。"[13] 艺术理论的建树也如同人们创造的历史一样，是特定文化环境和传统思想材料共同作用的结果。为了更准确地把握李日华的人文画观，我们有必要首先了解一下这个理论"直接碰到的、既定的、从过去承继下来的条件"。

崇祯庚午（1630 年），李日华从友人处见到宋人《耕织图》粉本，"毅然"题下一篇长跋。长跋在对这幅"树石分疏，屋舍曲折与人物意态种种俱绝"[14] 的风俗画进行了翔实的描述和考订后写道：

> 今绘事自元习，取韵之风流行，而晋宋唐隋之法，与天地虫鱼、人物口鼻手足、路迳、轮舆自然之数，悉推而纳之蓬渤溟涬之中，不可复问矣。……元人气韵萧疏之品贵，而屏幛卷轴，写山貌水，与各状一物，真工实能之迹，尽充下驷。此亦千古不平之案。具大眼孔、大胸腑、实容古今出没者，遇此等物及粪堆堆中偶获先世所遗一颗宝珠也。

这种言论，既可看作李日华对晚明绘画现状的基本评价，也可视为他文人画观的历史出发点。

那么，作为传统"六法"之一的"气韵生动"，怎么会演变为与"晋宋唐隋之法""自然之数"相分离的"取韵之风",又怎么会演变为与"真工实能之迹"相立的"气韵萧疏之品"呢?我们发现,传统中国绘画批评实际上存在由偏重作品成就到偏重作者品格,最后到偏重笔墨趣味这样一个在批评标准上不断更迭的历程,它是产生于中国文化土壤之中、随着历史演变而来的特殊现象。下面简要回顾一下这段历程。

齐梁时谢赫系统总结的"六法"是一个具有内在逻辑联系的绘画品评标准,"气韵生动"是指作品中起主导作用的美学气氛,它是衡量作品水准的中心尺度,但并不是一个可以凌驾于其他造型法则(用笔、象形、赋彩、位置、模写)之上的最高标准。具体考察其在"六法"中的位置和特性,可以知道,第一,"气韵生动"与法度概念是分不开的,谢赫将"穷理尽性,事绝言象"的陆探微列入最高品,是因为他六法"备该",并没有强调"气韵生动"是陆探微的唯一成就,更没有另列一个法外之品,说明"气韵生动"仍不过是法中之法(这实际上已开以神品为最高标准的先河)。第二,与"骨法用笔"一样,"气韵生动"是采用拟人的手法来评画,其对象是作品不是人品,所谓"体韵道

举""情韵连绵"都是言画而非言人。最后,从整体上看,以"六法"标准评画,画家的作画态度和其人的品格都尚未成为排列等次时所考虑的因素,如"变古则今""皆创新意"的顾骏之与"志守师法,更无新意"的袁蒨同列第二品,而"迹非准的,意足师放"的宗炳与"非不精谨,乏于生气"的丁光同列第六品。总之,以"六法"标准品画,作品最终的艺术效果成为品评绘画水准的唯一尺度。唐代张彦远在《历代名画记》中对"六法"进行了最接近原意的第一次综合阐释。这种阐释的突出贡献就是将"六法"这个品评规范引入实践领域。在这里,"气韵生动"作为一个整体的美学要求,是通过创作过程中立意、象形("形似须全其骨气")、用笔和对画面结构的整体布局("经营位置则画之总要")达到的,这就使得仅仅用于评价作品次第的批评规范成为可以直接影响创作实践的绘画法度,而"气韵"概念仍然依存于"法"的概念之中,"六法"作为造型规范的技术品质也没有改变(当然,张彦远在具体品评画家时也有些枝节性的变化,如他对谢赫将宗炳列入第六品颇为不满,理由是"宗公,高士也,飘然物外情,

不可以俗画传其意旨"。这里显然已含有以人品品画的意味）。我们将这种以作品成就为中心，偏重造型技能的综合批评尺度，称为"偏重作品成就的标准"，它是对所有绘画普遍适用的艺术准则或法度。这种标准在齐梁至北宋以前居于绝对主导的地位。

降及北宋，随着士大夫阶层在政治上地位的上升，他们开始将自己的人格理想、生活方式、趣味风尚尽其所能地带到他们能够施展影响的每一个文化角落，也正是在这时，绘画才日益成为士大夫文化生活的一个有机组成部分。在儒家看来，作为一门技艺的艺术，只有当它成为士大夫完善自身伦理人格的某种形而下之器时，才具有真实的美学价值，只有"尽善"才可能"尽美"，绘画自然也不例外。"'志于道，据于德，依于仁，游于艺'。艺也者，虽志道之士所不能忘，然特游之而已。画亦艺也，进乎妙，则不知艺之为道，道之为艺。"[15]文人画理论的"始作俑者"苏轼把这种抽象的道理转化为具体的实践态度，来说明绘画在文人文化生活中的地位："君子可以寓意于物，而不可留意于物……凡物之可喜，足以悦人而不足以移人者，莫若书与画。然至其留意而不释，则其祸有不可胜言者。"[16]绘画具有"适意""悦人"，陶情养性的价值功能，但这种功能必须"据于德"，并且只有在抱定一种"寓意于物"或"游于艺"的超脱态度时才能显现。反之，如果拘泥于某项专门的技能（如绘画），则不仅不能"不滞于物"地将人格品质、情感意趣流露出来，反而会直接损害这种品质。士大夫们希望绘画能像文、诗、书那样成为他们寄托心绪情怀、人格品性，调节儒家伦理原则与他们实际境遇之间矛盾的一种手段和方式，但又希望在绘画所要求的各种造型技能和常规法度中保持一种超然的态度，正是在这种思想背景中，绘画理论上出现郭若虚对"六法"的第二次综合阐释。这一阐释，使本来作为作品成就评价标准的"六法"发生了实质意义上的转变。郭若虚在《图画见闻志·论气韵非师》中指出："六法精论，万古不移（其实他这里就已开始"移"了）。然而骨法用笔以下，五者可学。如其气韵，必在生知，固不可以巧密得，复不可以岁月到。默契神会，不知然而然也。尝试论之：窃观自古奇迹，多是轩冕才贤，岩穴上士。依仁游艺，探赜钩深，高雅之情，一寄于画。人品既已高矣，气韵不得不高；气韵既已高矣，生动不得不至。所谓神之又神，而能精焉。凡画必周气韵，方号世珍。不尔虽竭巧思，止同众工之事。虽曰画，而非画。"这里，"气韵"不仅转变为某种特定的人格属性，而且成为与专业技能（众工之事）完全不同的另一种品质的品位标准。我们将这种由作品转向人品，以人品为中心，以"依仁游艺"、寓意寄兴为目的，不拘于绘画的造型技能和常规法度的绘画批评尺度，称为"重视作者品格的标准"，它是文人画这一特殊样式独有的批评尺度。

值得回味和思索的是：人品品格标准产生的时代正好是大倡"画理""格法"的时代。无论是荆浩对"六要""四势"的阐说，还是郭熙对"三远""八法"的生发，也无论是刘道醇对"六要""六长"的解释，还是苏轼对"常形""常理"的辩说，我们都能感觉到宋人对画理、画法的浓厚兴趣。究其原因，第一，在北宋，士大夫们的精神状况与他们政治上的地位一样，正处于上升阶段，儒学正统文艺观成为支配他们绘画创作的主导思想，这一方面固然决定了他们"依仁游艺""以画寄兴"的基本旨趣，但另一方面，"下学上达"和"大雅""正声"

这样一些传统观念，又决定着他们以务学求实的严谨态度去对待文艺创作，以大家、正格的眼光去评量绘画。韩拙就说过："古人以务学而开其性……且人之无学者，谓之无格，无格者谓之无，前人之法也。岂落格法而自为超越。"[17]所以他认为画之病以"俗"病为最大，而他所谓的"俗"病，却是指"昧乎格法之大，动作无规，乱推取逸"。也正是本着这种态度，他的批评宗旨是："先看风势气韵，次究格法高低者，为前贤家法规矩用度也。傥生意纯而物理顺，用度备而格法高，固得其格者也。"从创作态度上看，像郭熙这样的山水画大家，绘事每每都是"已营之又彻之，已增之又润之，一之可矣又再之，再之可矣又复之"[18]，绝不草草从事。即使像文同这样以"水墨为戏"，擅长单项技能的墨竹画家，作画也是"于筼筜谷构亭其上，为朝夕游处之地，故于画竹愈工"[19]。所以宋人所谓的"弄笔自娱"不过是言对绘画这门技艺"托物寓性"的态度，而非像后人理解的那样，仅指"逸笔草草"、不重形似、不究格法的墨戏。从批评标准上看，吴道子、李公麟这样一些六法兼全、以真工实能取胜的画家，在当时仍被视为大家、正格,画之极致。第二,画院的存在和帝王"专尚法度"对上述两种论画标准起到了平衡和调节的作用。宋代虽已有了"画工画"和"士夫画"的明确划分,画院内也是"仍分士流、杂流,别其斋以居之"[20]。但在题材手法、趣味风格和品评标准上,院内院外、士流、杂流无不是互为切磋、相得益彰的。像李成这样既有"弄笔自娱"的雅兴,又有"笔势颖脱、墨法精绝"[21]功力的文人画家,之所以能为院内、院外共推为"古今一人",正说明宋代的批评标准有一个基本一致的流向。而像李公麟这样的文人画家,在专业技能上甚至超过"世俗画工",代表宫廷趣味的《宣和画谱》称他:"立意为先,布置缘饰为次。其成染精致,俗工或可学焉,至率略简易处,则终不近也。盖深得杜甫作诗体制而移于画。"[22]说明这时文人画与画工画的主要区别不在选材、构图、布局及笔墨表现等技术环节上,而在通过这些技巧表达体现出的诗意气氛和文学修养上。宋代画工画与士夫画分流发展的局面由于有了画院这个中和调节环节,在批评标准上不至于发生大的偏向(宋以后画院的这种调节机制就基本消失了)。所有这些条件都使得文人在

强调绘画"依仁游艺""托物寄兴"的价值功能的同时,并不轻易拒绝或抛弃传统的造型技能和常规法度。从宋代文人画内部看,虽然已有"以世之格法在所勿识"和"皆从格法"这样两类文人画,但从大的趋向上言,"格外不拘常法"的"墨戏"文人画在宋代还是一种不具有确定性的非正规画风,一种本来意义上的逸品画。而那种既能体现传统功力格法,又能表现文人特有意趣的文人画在宋代则居于正统的地位。重视作品成就的标准与重视作者人品的标准平衡发展,成为这一时期文人画批评的主流。元人汤垕《画鉴》提出了两种观画标准:"观画之法,先观气韵,次观笔意、骨法、位置、傅染,然后形似,此六法也。若看山水、墨竹、梅兰、枯木、奇石、墨花、墨禽等游戏翰墨,高人胜士寄兴写意者,慎不可以形似求之。"以这两种标准品画,则"吴道子笔法超绝,为百代画圣",而"王右丞……胸次萧洒,意之所至,落笔便与庸史不同"。前者是以画品人,后者则是以人品画,两种标准并行不悖。元代写意文人画大兴,但就批评标准而言,两种批评标准并没有发生根本意义上的对立,吴道子尚能居于"画圣"地位就说明

了这一点。这种局面一直延续到明代中叶。

批评标准的天平真正倾向一侧是在晚明，而这种变化，又与中国封建社会晚期文化思想史上传统儒学思想的衰退和心禅之学的代兴有着密切的联系。在晚明日益动荡纷乱的社会现实和封建文化日益衰败没落的大趋势中，士大夫们逐渐丧失了昔日积极进取的伦理热情和雄肆博大的精神气质。倡言发明本心、目空千古、单刀直入的心禅之学，便开始对晚明文化产生深刻而广泛的影响了。士大夫们希望在心禅之学所许诺的空灵、虚无、神秘的内心直觉世界中去寻找精神的平衡和安慰，他们的审美口味也变得更加狭窄、单调和偏激。"中和""雅正"的传统美学原则已无法引起他们的审美兴味，而绘画中"萧条淡泊"的意境风格、放逸简率的笔墨趣味则成为传达士大夫们枯寂黯然心境幻象的最恰当媒介。随之而来，在文人画批评理论中出现了对"六法"原则的新阐释，这种阐释使"气韵生动"进一步从"六法"中分离出来，而"六法""气韵"又日益缩小为特定题材范围、风格和笔墨趣味的品评尺度。在这里，"气韵生动"的含义有时成为笔墨的代称："或曰：'子久之画少气韵'，

不知气韵即在笔而不在墨也。"[23] 有时特指逸品品格的写意山水："画以气韵为胜，故第逸品于神品之上。"[24] "至彦敬等直以写意取气韵而已……宜登逸品。"[25] 有时指墨戏山水画的墨法效果："然山水中，当着意烟云，不可用粉染。当以墨渍出，令如气蒸，冉冉欲堕，乃可称生动之韵。"[26] 有时则仅仅指萧散简远的特定风格："盖迂翁妙处实不可学，启南力胜于韵，故相去犹隔一尘也。逊之为迂翁，萧疏简贵。"大致而言，晚明"气韵生动"已成为具有特定题材（写意山水）、特定风格（萧散淡泊）和特定笔墨技法（水墨）的绘画式样的品评标准。而在一定范围内，"法"的概念也尚存在，董其昌说："董源、米芾、高克恭三家合并，虽纵而有法"，"岂有舍古法而独创者乎？"[27] 但这里的"法"，其实也仅指笔墨之法："夫学画者，每念惜墨泼墨四字，于六法三品，思过半矣"，"士人作画，当以草隶奇字为之"。[28] 作为绘画造型整体规范的"六法"至此已成为"惜墨泼墨"之法，甚至成为"草隶奇字"之法。陈继儒更直截了当地说，"文人之画，不在蹊径，而在笔墨"[29]。文人画至此也就成了笔墨的代称；而作为"六法"之一的"气韵

生动"至此彻底与"晋宋唐隋之法""自然之数""真工实能"的概念分离，演变为"取韵之风"和"气韵萧疏之品"。我们将这种以"萧条淡泊"的特定风格为中心，偏尚单纯笔墨趣味的绘画批评尺度，称为"偏尚笔墨趣味的标准"。它是文人画发展到晚期的特定产物，也是文人画走向衰亡的征兆。

以"依仁游艺"的伦理情感为基础的人品品格标准和以"发明本心"的直觉感悟为基础的笔墨趣味标准，是中国文人画发展过程中先后形成的两种不同的批评标准。这反映了处于封建文化上升和衰落这两个不同历史时期中，文人士大夫对绘画基本目的的不同认识和追求。

晚明，随着逸品画风地位的上升，笔墨趣味标准逐渐成为居于主导地位的批评尺度，这从根本上改变了中国文人画的传统批评格局。这种局面日益引起晚明不少"明识之士"的不安和不满，在李日华之前和之后已出现了不少要求恢复以"六法"为基础的传统批评标准，提倡以神品、大家救弊的呼声。文学界后七子领袖之一的王世贞，就针对绘画"雅道尚存，实德则病""去俗者别为鉴藏，喜易者务争点缀，六法渐湮"的现

实，提出恢复"以顾、陆为圣，而以道子为神"的批评传统，主张以神品为绘画的最高品格，反对置逸品于神品之上的批评尺度。他认为："画家中目无前辈，高自标树，毋如米元章。此君虽有气韵，不过一端之学，半日之功耳。""大小米、高彦敬以简略取韵，倪瓒以雅弱取姿，宜登逸品，未是当家。"[30] 显然，他是视逸品画风为画中别调偏格的。张丑也对晚明人偏尚高、倪提出异议："品画以元人为最，而元人中尤以子昂、子久、叔明为得其神。如彦敬、仲圭、元镇辈，今世饼金悬购，然余详观熟玩，有独诣，无全能也。"[31] 谢肇淛则针对"今人任意师心，卤莽灭裂，动辄托之写意而止"的风习，明确提出以师古来救弊的主张："人之技巧，至于画而极，可谓夺天地之工，泄造化之秘……然古人之画，细入毫发，飞走之态，罔不穷极，故能通灵入圣，役使鬼神。今人画者，动曰取态，堆墨劈斧，仅得崖略，谓之游戏笔墨则可耳，必欲诣境造极，非师古不得也。"[32] 李日华正是晚明这股不合时宜的绘画古学复兴思潮中的一个突出代表人物。他从传统儒学"依仁游艺""以画寄兴"的绘画原则出发，更为系统地从创作到批评

的各个环节提出了他旨在恢复传统文人画的理论主张。

（二）"德"与"艺"——李日华绘画思想的基点

李日华经世济民的政治抱负只能扭曲地反映在他的生活态度上，但作为他人格理想的一个侧面，"文以载道""依仁游艺"的儒学正统文艺观几乎无时不流露在他的绘画思想里，成为他绘画思想的一个基础的和主导的方面。

"德"与"艺"的关系（它们的中介是意、志、情、性）是中国古典文艺批评理论中一个弥久而常新的命题。从孔子的"有德者必有言"到韩愈的"文以载道"；从白居易的"文章合为时而著，歌诗合为事而作"到苏轼的"与可之文，其德之糟粕"，莫不贯穿着"德成而上，艺成而下"的思想主旨。几乎每当风雅不作之时，我们总能看到几个"明识之士"扶持大雅、征圣宗经。李日华生活的时代，正是"一超直入"的南宗绘画被推拥到正宗地位的时代。晚明人所谓的"寄乐于画""以意趣为宗"，实际上已失去传统文人画中"寓

意""思致"所包含的丰富、深刻的伦理内容，成为趣味空洞的笔墨游戏，这是因为它的思想基础已不再是言志、寓性的儒学文艺观，而是束书不观、游谈无根的心禅之学。以儒学卫道士的眼光审视晚明的绘画现实，李日华得出的结论是："今天下画道零落"[33]。"余尝谓：苏黄米蔡与董巨荆关在今日皮毛之遗，徒见珍异，而命脉之断久矣。"[34] 他将晚明尚元之风置于心禅之学盛行的文化背景中去观察，指出"性命玄虚之谈胜，而礼乐名物、圣人经世之具悉成钝置；禅宗棒喝之教行，而六度、万行、三乘薰炼之学皆委虚文。元人气韵萧疏之品贵，而屏幛卷轴，写山貌水，与各状一物，真工实能之迹，尽充下驷。此亦千古不平之案"[35]。在他看来，绘画的衰落与传统儒学人伦原则的沦丧和心禅之学的兴起有着逻辑上的深刻联系（李日华对逸品之风与心禅之学两者间关系的这种认识，就其明确性和独特性而言，也许只有后来的李修易可以与之比拟，在《小蓬莱阁画鉴》中，李修易说："佛者苦梵网之密，逃而为禅；仙者苦金丹之难，逃而为玄；儒者苦经传之博，逃而为心学；画者苦门户之繁，逃而为逸品。"不过李修易离李日华生活的时代已

晚了将近两个世纪）。

画道既已零落，那么，当仁不让就成为李日华的必然选择了。他针对造成这种局面的症结，重新阐发"依仁游艺"的传统文人画观。他指出："士人以文章德义为贵，若技艺多一不如少一，不惟受役，兼亦损品……余尝谓王摩诘玉琢才情，若非是吟得数首诗，则琵琶伶人，水墨画匠而已。"[36]在德、文、诗、书、画五者关系的摆列上，他明显沿袭了苏轼品评文同时的说法。德是艺的根本，艺是德的发露："道剖而器，德降而艺，既为世资，亦用资世。"[37]这正是传统儒学文艺观的基本旨趣。在强调德对艺的主导支配作用的前提下，他进一步提出了博览群书、条贯古今，以固德行之本的主张。"德降而艺"，而博学多闻又是"蓄德"的根本途径。为什么"今天下散人逸民攻绘日多而绘道益不振"呢？李日华认为究其原因就在于明人读书太少，见闻不博，又"嗜奇不甚原理"，所以，他说："余常泛论学画必在能书，方知用笔。其学书，又须胸中先有古今。欲博古今作淹通之儒，非忠信笃敬，植立根本，则枝叶不附。"[38]他又说："余昔与沈无回论画曰：必先多读书，读书多，见古今事变多，

不狃于狭劣见闻，自然胸次浩荡，山川灵奇透入性地，时一洒落，何患不臻妙耶？"[39]这样，他就将"德"与"艺"的抽象关系具体化为艺术实践的几个有机环节：读书→博通古今→立德→能书→能画。

对"德"与"艺"关系的解释，是李日华的儒学人格理想在他的绘画观上的一种演绎。把握这一点，是我们认识李日华绘画批评思想的一个必要前提。

（三）"胸中实有"与"形、势、韵、性"——李日华的批评观

由重视作品成就的标准与重视作者人品的标准相协调的批评到偏尚笔墨趣味的批评，这种转变，一方面极大地淡化了文人画的伦理内容；另一方面，也极大地限制了文人画的表现能力，这无疑是晚明文人画理论的病根所在。李日华的批评观正是在这个基点上提出问题的。

从儒家正统文艺观出发，他针对晚明画坛"嗜奇而不甚原理"的现实，提出"绘事不必求奇，不必循格，要在胸中实有，吐出便是矣"[40]。所谓"胸中实有"，就是"忠

信笃敬"的伦理内容；所谓"吐出便是"，就是绘画过程中意、志、情、性的自然发露。如果说在"德"与"艺"的关系上，多读书、博通古今是立德的根本途径，那么，在"德降而艺"的艺术创作过程中，意、志、情、性则是艺术作品成功的关键因素，"降"绝不是"德"的简单外露。李日华说："子瞻雄才大略，终日读书，终日谈道，论天下事。元章终日弄奇石古物，与可亦博雅嗜古，工作篆隶，非区区习绘事者，止因胸次高朗，涵浸古人道趣多，山川灵秀百物之妙，乘其激兀恣肆时，咸来凑其丹府，有触即尔迸出，如石中爆火，岂有意取奇哉！"[41]"胸次高朗"正是"情"的来源，"激兀恣肆"正是"情"的发露。在李日华眼里，苏轼、米芾都算不上真正意义上的"画手"（详后），他们的艺术不过是"借才豪挥霍"，缺乏绘画所必需的严格造型规范和专业技能，但他们的艺术可贵之处，在于表现的是胸中实有的情性，是"适吾意"的产物，这就使其从根本上区别于后世那些"有意取奇"的"墨戏"。他还这样评价文同的艺术："文与可，世但称其墨竹擅千古之妙，然其词笔瑰丽，亦非秦、黄以下人……固知风梢雪干，洒洒腾空，

皆从锦胸中跃出，断非凡手腕可追者。余尝与一友人论绘事，必在多读书，初时溟涬其语，久乃相信，以其证入渐深耳。"[42]"画"仅仅是文同全人格在"艺"上的一种发露，明人既不务读书识理，又不讲修养情性，只从笔墨趣味入手，尚奇主怪，所以，求趣只能是远离趣，求意也只能是远离意。在李日华看来，"翰墨游戏。贵适天真，蕴能不吐与兴不属而强为，皆非也"[43]。晚明画界可以说以"兴不属而强为"者居多，所以李日华在强调绘画要将"实有吐出"的同时，一再强调绘画还要因性而作。因性而作既指表现对象时的"得性"，如画"《六君子图》，更想象古人，以志景行云"，"长楸挺峙似鲁仲连，孤松轩俋似孔北海，老柏沉秀似庞德公，古槐偃蹇似嵇叔夜，高梧萧爽似陶元亮，疏杉冷峭似王无功"[44]，也指表现主体自身的"得性"，他说："有酒肠磊块者，堪写石；有节目劲挺者，堪写寒林；文思郁浡者，堪写烟云草树；胸吞云梦八九者，堪写沙水渺迷"[45]。周臣的绘画本以"工密而苍老"见长，但受时风沾染，作了一些笔意粗率的作品，李日华对此颇不以为然，他著录周臣一幅长卷云："笔意甚粗率，是真而非工者，

凡草草率意之笔，非石田、白阳不能入妙，若东村辈正以工致得名耳，舍所长而效步，未有不匍匐者也。"[46]而沈周的画法虽较周臣为率意，但较倪瓒则"性"又自有不同："石田画法宗北苑，近代则黄子久、王叔明、吴仲圭，三家其所醉心，他则旁及而已。以故仿倪之作，往往纵横有余而幽澹不足，亦所自歉而不能强者。"[47]舍长效步，"兴不属而强为"都是失性。失其性，情也就无从发起。所以在他看来，是否有情而发与因性而作成为判断作品水平高低的基本标准。

如果说李日华提出"胸中实有，吐出便是"旨在恢复文人画以伦理人格为基础的传统价值和"依仁游艺"寓意寄兴的基本功能，那么，他同样没有忘记作为一门绘画艺术，文人画必须具备的一些基本造型品质和技术基础，李日华将绘画过程归纳为"形、势、韵、性"四个递进的层次：

> 凡状物者，得其形不若得其势，得其势不若得其韵，得其韵不若得其性。形者，方圆平扁之类，可以笔取者也；势者，转折趋向之态，可以笔取，不可以笔尽取，参以意象，必有笔所不到者焉；韵者，生动之趣，可以神游意会，

陡然得之，不可以驻思而得也；性者，物自然之天，技艺之熟，熟极而自呈，不容措意者也。[48]

首先，李日华提出绘画的基本品质是"状物"，因此，"得其形"也就成为绘画的基本要求，而"得其形"又是"笔取之"的结果，所以这里讲的实质上是"应物象形"与"骨法用笔"之间的关系。所谓"得其势"即指在合理的笔墨造型的基础上，画面所达到的整体布局效果，"得其势"主要谈绘画中"骨法用笔"和"经营位置"间的有机联系。李日华著录黄公望一幅山水画说明"得势"与"失势"的区别："此幅山作屏幛，下多石台，体格俱方，以笔腮拖下，取刷丝飞白之势，而以淡墨笼之……然亦由石壁峻峭者，其棱脉粗壮，正可三四笔取之，若稍繁絮，即失势矣。今人用以写斜坡圆峦，岂能得妙？"[49]可见"得其势"即指画面合理的笔墨造型。"得其形"与"得其势"是绘画过程的两个最基本的造型要求，它涉及传统文人画尤其是晚明文人画批评中"常形"与"常理"、笔墨表现与造型规范等一系列基本问题。明人唐志契《绘事微言》论"苏松品格同异"有云："苏州画

论理，松江画论笔。理之所在，如高下大小适宜，向背安放不失，此法家准绳也。笔之所在，如风神秀逸，韵致清婉，此士大夫气味也。"虽然将"理"与"笔"这样生硬地分开并不能真正说明苏松两派的同异，但理与笔墨的关系的确是晚明文人画论争议的一个中心问题。这个争论的症结是：笔墨到底是绘画造型手段的一个有机部分，它的表现应该服从画面整体格局的需要，还是相反，笔墨本身就是一种独立的绘画表现形式，绘画的立意布局必须服从笔墨技法的表现？如果是前者，那么衡量作品艺术水准的尺度就应是绘画造型的各个环节，如立意、构图、赋彩和笔墨表现能否有机地服从画面意境的需要；如果是后者，那么笔墨技法的高低就成为衡量作品艺术水准的唯一尺度。

笔墨的确是中国画的主要造型手段，它自身也确有某些独立的审美特性，但完全脱离造型目的或绘画意境的笔墨技巧，只能是一种空洞的趣味游戏。李日华曾通过对比古今，说明笔墨在绘画造型中的地位，他说："今画家……徒知草草阅其气韵、笔法，而于布置处不甚留心……古人于一树一石，必分背

面正昃，无一笔苟下。至于数重之林，几曲之径，峦麓之单复，借云气为开遮；沙水之纡回，表滩碛为远近。语其墨晕之酣，深厚如不可测，而定意观之，支分缕析，实无一丝之梦。是以境地愈稳，生趣愈流，多不致逼塞，寡不致凋疏，浓不致浊秽，淡不致荒幻，是曰灵空，曰空妙，以其显现出没，全得造化真机耳。"[50] 李日华认为笔墨是造型的基本手段，它受制于画面整体布局的需要。以米氏云山为例，董其昌认为"老米画难于浑厚，但用淡墨、浓墨、泼墨、破墨、积墨、焦墨，尽得之矣"[51]。李日华则以为："米元晖泼墨妙处，在作树株。向背取态，与山势相映，然后以浓淡积染分出层数，其连云合雾，汹涌兴没，一任其自然而为之，所以有高山大川之象。若夫布置段落，视营丘、摩诘辈入细之作更严也。……今人效之，类推而纳之荒烟勃烧中，岂复有米法哉！"[52] 同是对于米家云山，董其昌只见到墨，李日华则见到了"墨晕之酣""深厚如不可测"后面的"布置段落"，见到了所谓"境地愈稳，生趣愈流"，"生趣"来源于受到构图布局制约的合理的笔墨表现，而不来源于单纯的笔墨趣味本身，笔墨表现的"多""寡""浓""淡"都

必须服从画面意境的需要，即达到"显现出没，全得造化真机"的目的，达到"多不致逼塞，寡不致凋疏，浓不致浊秽，淡不致荒幻"的艺术效果。在绘画风格上，李日华既激赏"磅礴雄肆"，能"助人雄思"的意境气象，也偏爱"萧疏简淡"的风格趣味，但他认为"简""淡"并不是"若疏若淡"的笔墨技巧，而是通过综合性造型手段达到的整体气氛，"古人简而愈备，淡而愈浓"[53]。明人着意疏简，反而弄得"荒诡逼塞"，就是因为明人只单纯着眼于孤立的笔墨表现而"绝无映带宾主"的结果。他指出荆浩的画面效果之所以也能达到"萧疏简远"，正是通过"重林穿插，而一树自为一树，且修挺轩豁，不多为附枝冗干，而意自足"[54]的整体表现显现出来的。他又说："与可墨竹，枝叶干节，皆以法度胜，然其意未尝不以散逸为妙。"[55]"李成亦精工之极而入平淡者"[56]可知"散逸""平淡"都是合"理"合"法"的结果，而不是草草逸笔的结果。李日华就是这样使笔墨趣味与画理画法有机统一起来的。

在"得其形"与"得其势"的基础上，李日华进一步提出了作为绘画根本美学要求的"得其韵"与"得其性"。所谓"得其韵"就是作为谢赫"六法"中心的"气韵生动"一法，即在骨法用笔、应物象形、经营位置等造型基础上达到的富有动感和韵律的画面效果。以"六法"标准品画，这种"神游意会，怳然得之，不可以驻思而得"的"生动之趣"就应是绘画的最高美学境界，也就是所谓"神品"境界了。但为什么李日华在此之上又提出"得其性"的美学要求呢？这里涉及中国传统绘画美学中一个更为复杂的问题，即自然与神、神品与逸品的关系问题。唐代张彦远在运用"六法"标准品评画家时，盛赞吴道子"六法俱全，万象毕尽，神人假手，穷极造化"，推尊这种"集大成""圣之时"的画家为绘画的最高典范。他认为吴道子的艺术是"运思挥毫，意不在于画，故得于画矣。不滞于手，不凝于心，不知然而然"，即通过高度熟练的艺术技巧所达到的由必然王国进入自由王国的艺术境界，这与庄周笔下"所好者，道也，进乎技矣"的庖丁和"以天合天"的梓庆在精神旨趣上是完全一致的。在这里我们能够看到儒家"集大成""圣之时"的美学观与道家崇尚自然的美学观之间的微妙结合。这一点也反映在张彦远将绘画艺术性成就区分为"自然""神""妙""精""谨细"这样五个品第的标准上，他认为"自然者为上品之上，神者为上品之中"，并且指出列五等旨在"以包六法，以贯众妙"[57]。可知张彦远所谓的"自然"并不是一个超越法度和绘画技术品质的品外之品，而是建立在"六法俱全"原则和完善的造型技艺基础上的批评尺度，它既不同于朱景玄所说的"格外不拘常法"的"逸品"，也不同于后世文人画中以放逸简率的水墨写意画法为高格的"逸格"。张彦远的"自然"与"神"之间，只有品第程度上的差别，没有品质上的区别。李日华论画品画也十分重视作品自然天成的艺术效果："作画如蒸云，度空触石，一任渺弥，遮露晦明，不可预定，要不失天成之致，乃为合作。"[58]这里的"天成之致"也就是他自己所谓的"得其性"，这个绘画境界实际上也是在高度熟练的艺术技能和严格的造型规范基础上达到的。他说绘画需要"以扛九鼎之力运寸管，以营四海之目分位置，以布六奇之法妙出入，以鸾鹤冲云之势领超奇，以鱼龙狎浪之姿鼓变态，以漱雪嚼冰之韵归峻洁，以水到渠成之理还自然"[59]。显然，作为李日华绘画最高境界的"得其性"是一个以艺术技能和造型规范为基础的批评标准，它与张彦远在绘画批评中"发于自然"的美学追求在精神旨趣上是一致的。事实上，在具体的绘画批评中，李日华也是将"物自然之天，技艺之熟，熟极而自呈，不容措意"的作品为最高典范的。例如，他认为李公麟、赵孟𫖯画马的成就之所以高于一般画家就在于他们能得"马之性"："李伯时在彭蠡滨，见野马千百为群，因作《马性图》。盖谓散逸水草，蹄龁起伏，得遂其性耳。知此则平日所为金羁玉勒，圉官执策以临者，皆失马之性矣，是亦古人作曳尾龟之意。"[60]他再谈赵孟𫖯："赵文敏画马虽以伯时为师，而其古淡浑成，若无意标奇处，实得物态之自然。……元人画马，任月山太庸，龚翠岩太奇，惟子昂得马之真，盖其性喜画马，少时遇片纸辄画，而后弃去，精能之极合乎自然，非浅造者可窥也。"[61]任仁发画马过分强调马的自然形态，"肥者骨骼权奇""瘠者皮毛剥落"[62]，在李日华看来，这种拘泥形似的画法是"太庸"，而龚开一味夸张地表现画家对马的主观感受，甚而至于"尪劣非所讳"[63]，这在李日华看来是"太奇"，奇和庸都不足以尽马之性，只有赵子昂画马形神兼得而尽自然之妙，方可谓"得其性"。

"胸中实有"与"形""势""韵""性"相统一的思想，构成了李日华绘画批评的两个有机环节，目的在于确定一个既能反映文人画的特定伦理品质，又具有普遍造型法度的批评标准，它要求的绘画是既要以寄意寓性为基本目的，又要有"晋宋隋唐之法"，符合"自然之数"的"真工实能之迹"。不过，在晚明特定的文化背景中，这种要求无疑缺乏付诸实现的合理性。所以在李日华的绘画批评中，我们见得更多的是厚古薄今的浩叹。

（四）"不可定格求要是"——李日华对"元格"的再评价

在《味水轩日记》万历三十七年的一则日记中，李日华著录了一幅倪云林小景云："此画全学李营丘，无一笔作平日荒率之意，始知古人不可定格求要是。所见未广，横局夏虫之识，为深可叹耳。"[64]"不可定格求要是"是李日华绘画批评上的一个很重要的思想。这里的"格"，不是格法的"格"，而是"品格"的"格"，何以见得？李日华曾说："近

习疏莽，绝无映带宾主，一切逃之荒诡逼塞，而动以元格自掩也。"[65]"疏莽""荒诡逼塞"都是位置章法不妥所致。所以，这里的"格"特指晚明人心目中的"元格"。所谓"格"，又何谓"元格"呢？宋代以前，在绘画批评中多有用"六品""四品"来排定作品等次的。"品"与"格"在含义上原是一致的，到了北宋，黄休复《益州名画录》始将前人惯称四"品"的"逸神妙能"改称四"格"以表画艺高低，除了将逸格列居四格之首，神格次之之外，还在妙、能二格之下各又分别三品，"格"与"品"的概念至此便迥然有别了。他解释"逸格"是："拙规矩于方圆，鄙精研于彩绘，笔简形具，得之自然，莫可楷模。出于意表，故目之曰'逸格'尔。""逸格"即指难以用常规的技术标准评品的绘画式样。"格"与"品"的分离与"气韵生动"从"六法"中分离出来具有同样的意义，即它已不再是与偏重作品成就的批评标准相配套的品第尺度，而是与偏重作者人品批评标准相吻合的品第尺度，以后，"逸格"或"逸品"逐渐成为文人画中以简率萧散为风格特征，以"笔墨"二字为全部绘画表现手段甚至全部绘画艺术特质的代称。而晚明人所谓

的"元格"就是排除元画格法的全部丰富性,仅以"荒率苍古""若疏若淡""简洁高逸"的格法目元画,并视此为文人画正宗的一种固定的趣味和模式。屠隆《画笺》于"元画"一词就明确解释道:"评者谓士大夫画,世独尚之。盖士气画者,乃士林中能作隶家画品,全法气运生动,不求物趣,以得天趣为高。观其曰'写'而不曰'画'者,盖欲脱尽画工院气故耳。"陈继儒也说:"宋人不能单刀直入,不如元画之疏。"[66] 在晚明人心目中,文人画就等于元画,也就是等于具备萧疏淡泊这种特定风格和以写代画这种特定格法的绘画。应当说,晚明人心目中的"元格"或"元画",在很大程度上都是在董其昌的倡导下形成的。董其昌推元代为"画道最盛"之时,而在整个元画之中,又划分出学李(成)、郭(熙)和学董(源)、巨(然)两条线索,斥学李、郭的朱德润、唐棣、曹知白、姚彦卿为"俱为前人蹊径所压,不能自立堂户"[67],而推学董、巨的元四家为元画正格,在四家之中,又特标"古淡天然""奇石荒率""天真幽淡""若淡若疏"的倪瓒为宗主。李日华所谓的"元人气韵萧疏之品贵",实际上就是指晚明对于这一部分元画

的偏执推崇。

李日华在晚明相竞推崇"元格","画至元代尚已"几已成为普遍定论的一时风会中,提出了他对"元格"的再评价。首先,他从两个方面分析了倪瓒的绘画及其地位。其一,从风格特征和笔墨技巧上看,李日华认为专以"荒率之意"目倪瓒是一种"横局夏虫之识",他通过对倪瓒的鉴赏、分析,说明倪画的风格和笔墨技法在不同题材、不同画面中各不相同,其笔墨是服从画面造境需要的。倪瓒的画法有时是"石法俱用勾勘取势,淡墨晕其棱,复处浓墨点苔,如遗粒可数"[68];有时则是"入细山水,皴法极异,两松树秀挺可望,坡麓间用笔精紧,又作小平坡与细树掩映联络,有千岩万壑之势"[69];有时是"仿巨然笔意,上有悬壁,旁带远岭,逶迤出没,下方作平陆,高低四五层,各作丛树,参差点缀,以分层数,亭屋居其隙,盖大入意匠者,非寂寥散笔也"[70],有时又是"大小作六树,分三重,屋后多细竹,平坡夹以奇石,远近廓落相映,容人游意其间,所以萧疏而不凋残,旷淡而有实际"[71]。所谓"萧疏而不凋残,旷淡而有实际"的确是对倪画的一种适度的评价,它说明倪画萧散

旷淡是通过意匠经营达到的一种整体气氛，而非"寂寥散笔"的结果。倪瓒萧散旷淡的画风与他的气质、性格、生活态度有直接联系，以为倪画"佳处在笔法秀峭耳"或将倪画抽象为"若淡若疏"的笔墨技巧，都是失其本而逐其末。所以李日华说："彼（倪瓒）云'自写胸中逸气'。无逸气而袭其迹，终成类狗耳。"[72] 其二，从倪瓒的师承关系、主要题材和地位上看，董其昌认为倪瓒风格是"从北苑筑基"，在元画中属于与师仿李、郭者相对峙的派别。但李日华则由对作品的具体分析得出相反的结论："古人林木窠石本与山水别行，大抵山水意高深回环，备有一时气象，而林石则草草逸笔中见偃仰亏蔽与聚散历落之致而已。李营丘特妙山水而林石更造微。倪迂源本营丘，故所作萧散简逸，盖林木窠石之派也。"[73] 宋代在题材范围上已有了"山水"与"林石"的划分，如《图画见闻志》云："若论山水、林石、花竹、禽鱼，则古不及近。"可见"山水"与"林石"在宋代就是别行的。宋人欧阳修称李成"其山水、寒林、往往人家有之"[74]。米芾《画史》也记载："山水李成，只见二本，一松石，一山水，四轴。"可见李成确有山水与

林木窠石两种题材的作品。李成的寒林窠石本来可说是山水全景的一个组成部分："成之为画，精通造化，笔尽意在。扫千里于咫尺，写万趣于指下。峰峦重叠，间露祠墅，此为最佳。至于林木稠薄，泉流深浅，如就真景。"[75] 也许为了表示不屑与"工技同处"的态度，他也专门画过一些寒林窠石，以表现"寒林远近烟暗淡，绝壑稠叠云微茫"[76] 这种特有的诗意气氛，从体裁上看，窠石寒林是介于全景山水与枯木竹石之间的一种画法，它既不似全景山水那样需要对山水布景的各个环节做严密周详的通体布局，但又不似苏轼的枯木奇石，草草数笔即可成就。在这类题材中，画面视觉的中心集中到寒林窠石，山水仅为若隐若现的陪衬。到了元代，这种局部性的山水画体裁仍得到延续，而倪瓒正是以这种体裁为主的画家。《图绘宝鉴》称倪瓒"画林木平远竹石，殊无市朝尘埃气"，而不言他"画山水"，正说明他主要是一个以"草草逸笔中见偃仰亏蔽与聚散历落之致而已"的"林石画家"，倪瓒自己也承认"图写景物曲折，能尽状其妙趣，盖我则不能之"[77]。倪瓒画法的基本格局，是前景作窠石沙脚，画面视觉中心多为三五株树木，

远景则为微茫掩映的丘陵或沙屿，从题材及构图布局上看，可以说正是沿袭了李成林石平远的画法，与"高深回环，备有一时气象"的全景山水比较，这种"草草逸笔"的林石画法在李日华看来自然是山水画的别派，所以，他一方面肯定倪瓒"以点墨代丹绿而气晕益飞动"的表现能力，另一方面也指出这种"无意工拙"的画法并不具有普遍的效仿价值，还有过分"疏野"的毛病。

对倪瓒"不可定格求要是"，对元画的面貌同样也不应定格求要是。李日华对元人"重气韵而轻位置"[78]的画法大不以为然，甚至认为像黄公望、王蒙这样的画家，虽然"苍润萧远，非不卓然可宝，而岁月渲运之法，则偷力多矣"[79]。但他也指出元人在处理笔墨与法度的关系、笔墨与意趣的关系上没有明人理解得那么狭隘。松江人金浦帆作《云山图》请李日华题跋，李日华写道："浦帆画取意空旷，绝去蹊径，然元人高房山辈曾著论专辨二米写山法，俱从实地起其精思，更苦于营丘诸家，特下手松活，巧取浮动耳，其言有理，不知浦帆曾见否？"[80]事实上，高克恭以师二米起家，的确经过了"笔精墨妙心更苦"[81]的长期研习过程。他通过将董

巨山石的布局、皴点之法触入二米云山，使二米那种尚嫌简逸放纵的墨戏成为有一定成法可依的写意画风，时人称他"我爱高侯得天趣，所见历历穷秋毫，米家父子称好手，率意尚复遭讥嘲"[82]。正可以说明他与二米的区别所在，在明人眼里，像"云山"这类题材的绘画不过是"取意空旷"的墨戏，与法度蹊径了不相干。为了澄清对元画的这种误解，李日华特别提出高克恭论二米"俱从实地起其精思，更苦于营丘诸家"的事实，说明即使"墨戏"之作也是有法可依的。其次，李日华还认为无论从风格，还是从师承关系上讲，元人多是兼综众长，不名一师的，这又与名人动辄曰"笔墨以某家为高，趣味以某家为上"的风习大相径庭。他题"黄公望小幅山水卷"云："大痴绘法以磅礴雄肆为宗，此独萧洒简逸，绝去纵横蹊径，所谓神奇之极乃造平淡者。"[83]"雄肆"与"简逸"两种趣味迥异的风格能够很好地统一在黄公望笔下，正是由于他具有兼综众长的本领，被董其昌斥为学李、郭而"不能自立堂户"的朱德润，在李日华看来，其画风也远没有晚明人想象得那么狭隘，他题朱德润《秀野轩图》云："苍润清逸，在子久、

叔明之间；又为作记，文采斌郁，字画遒丽，亦颇颉颃鲜、赵。"[84]

其实，元人绘画仍是"胸中实有，吐出便是"的产物。明人但以笔墨趣味目元人，不啻缘木求鱼。李日华认为黄公望构图布景气象宏大，"隔岸作数笔奇峦，遂分晴雨"，但"此是大夫胸怀间物，何关楮墨耶"[85]。他对云间画家将元画抽象为孤立的形式因素，仅从笔墨上仿效元画深致不满："黄大痴画三幅……其一作高杉四五株，甚秀媚，石皆层叠堆堵，乃山之以碎石胜者，公望偶一为之耳，不意近日云间遂作一派画法，使近之陂陀峄岈，远之缥渺映带尽失之，而眼中礌磈徒为碍膺物耳，可叹也。"[86]松江、华亭、云间派多从笔墨形式上吸收传统，不着眼于整体意境气氛和综合性造型法则，这种抽象形式因素的画法只能使画面成为毫无生气的笔墨拼凑，笔墨愈精，意趣愈失。这种弊端以董其昌开启端倪，为清初四王发展放大，成为中国晚期文人画最为致命的弱点。

从李日华对元画的再评价，我们可以看出他对绘画历史评价的基本旨趣。在李日华心目中，以"取韵"为主旨的元画，其地位是不及以画法画理和真工实能之迹取胜的唐宋绘画的。在李日华关于"古次第"的排列中，唐五代宋画的地位仅次于"晋唐墨迹"，居于第二（实际上是画中第一），而"元人画"则位居第五（实际上是画中第二）[87]。这与晚明将元代奉为"画道最盛"之时的一时风会是明显不同的。元画在中国文人画史上的确具有十分独特的地位，元人通过对传统绘画手段手法的选择、扬弃，创造出了与宋代文人画面貌迥然不同的绘画式样，它一方面丰富了文人画的笔墨表现能力，另一方面又缩小限制了文人画的题材范围和意境格局。到了晚明，松江画派将元画抽象成为摆脱常规造型法则的笔墨程式，这就使尚具有深刻人格背景和情感内容的元画变成了一种毫无精神内容的笔墨游戏，这正是晚明文人画与元代文人画的根本区别，也是晚明文人画面临的真正困境。在李日华看来，这种困境在很大程度上来源于对元画的误解，来源于"定格求要是"的先验之见。李日华以"不可定格求要是"的态度将他对元画的历史考辨与对晚明绘画现实的批评统一起来，重新审视了元画的本来面貌和给予应有地位，为今天全面研究晚明人心目中的元画提供了一份值得我们深入探讨的材料。

三、李日华与董其昌
绘画思想比较

前面，我们一直将李日华的绘画思想作为与董其昌绘画思想对立的一种理论体系展开论述。这一部分，我们将通过两者的进一步比较，从思想背景这个更为深广的角度，探讨李日华绘画思想的理论渊源、主要特征和批评方法。

董其昌绘画思想的理论渊源是晚明禅学，李日华绘画思想的理论渊源是传统儒学，正是这一点决定了两种理论体系各自不同的面貌特征。

董其昌的画学出自他的禅学。据董其昌自己回忆，早年为松江县学生员时，他就结识了当时的著名禅师达观真可，并自此"沉酣内典，参究宗乘"[88]（凡本章所引董其昌言论除注明出处外，余皆出自《画禅室随笔》《画旨》《画眼》，以下不再赘注出处）。达观的禅学对董其昌一生的"游戏禅悦"影响颇大，在达观遭东厂太监媒蘖，愤死狱中后，董其昌还作了《紫柏尊者达观真可大师像赞》，盛赞达观"为法忘身，高提祖印"。达观的禅学虽仍以"万物皆心""如悟本心""物能转物"[89]的道理为旨，但有鉴于晚明禅宗各门瞎棒乱喝的颓势，他的议论主张已不能不有所变化，明人顾正恭评价他的禅学是："不以释迦压孔老，不以内典废子史；于佛法中，不以宗压教，不以性废相，不以贤首废天台。"甚至"欲以文字般若作观照、实相之阶梯"[90]。达观自己也曾说："今天下学佛者，必欲排去文字，一超直入如来地，志则高矣，吾恐画饼不能忘饥也，且文字佛语也，观照佛心也，由佛语而达佛心，此从凡而至圣者也……必欲弃花觅春，非愚即狂也。"[91]这样的话出自一位禅学大师之口应该是很引人注目的，禅宗由"以心传心，不立文字"的"教外别传"蜕化为融汇禅教、性相、儒老和以文字为阶梯的禅学，充分说明禅宗各门棒喝失灵、机锋无用的局面已从内部动摇着禅宗的根基。董其昌究习佛禅典籍事实上也颇为驳杂，《般若经》《华严经》《宗镜录》等都有所射猎，甚至也仿其师生发过《般若经》中三种般若的通义："观照般若，须文字般若中入。""文字亦能熏识趣无上菩提。"董其昌以禅论艺多依违于"悟"与"学"，"悟"

与"法"两者之间，与达观禅师的影响应该不无关系。他论文，一方面大谈悟的道理，认为："作文要得解悟……只在题目腔子里思之。思之思之不已，鬼神将通之。"另一方面，却又极言法的重要："甚矣，舍法之难也……喻之于禅，达磨西来，一门超出而亿劫修持，三千相弹指了之，舌头坐断，文家三昧，宁越此哉？"当然，悟是根本，法只是悟的手段，它们之间的关系正可以"登岸舍筏"来比喻。

明人沈德符《万历野获编》曾记载董其昌有关理学、心学兴衰变迁的一段言论："程、苏之学，角立于元祐，而苏不能胜。至我明，姚江出以良知之说，变动宇内，士人靡然从之，其说非出于苏，而血脉则苏也。程朱之学几于不振，紫柏老人（达观）每言，晦翁精神止可五百年，真知言哉！"[92] 显然，和达观一样，他是将心学的代兴作为某种合乎逻辑的历史演变加以肯定的。晚明心学与禅学已基本融通成为一体，这种融通有两个基础，一是两者将自然万物的本质根源归于"心"，二是两者将致良知、得本心的根本途径归结于"悟"，自然万物、人文历史都不过是心灵顿悟、本性发明的产物。这两点

影响到艺术批评，也就从根本上改变着传统创作观对法则与意兴、客体与主体关系的解释。我们不难从公安三袁的文论、诗论中看到这种影响。公安派论及文艺的目的、功能问题时，强调"发明本心""独抒性灵"："今天下之慧人才士，始知心灵无涯，搜之愈出，相与各呈其奇而互穷其变，然后人人有一段真面目溢露于楮墨之间。"[93] 在如何认识历史传统、法度规范问题上，他们倡导"不拘格套""穷新极变"："代有升降，而法不相沿，各极其变，各穷其趣。"[94] 他们所谓的"变"和"趣"多少带有一些不可言说的"禅"味："世人所难得者惟趣。趣如山上之色，水中之味，花中之光，女中之态，虽善说者不能下一语，唯会心者知之。……夫趣，得之自然者深，得之学问者浅。当其为童子也，不知有趣，然无往而非趣也。"[95] 这种求新变、求趣韵的文学主张与董其昌以禅论画的画学主张有着思想渊源上的深刻联系。董其昌一生与袁氏三兄弟过从甚密，万历十六年，他曾和袁伯修以及当时几位知名居士同会于北京龙华寺，与憨山禅师通宵达旦地坐谈禅理，议论内容之一就是董其昌对《中庸》首章"戒惧乎其所不睹，恐惧乎

其所不闻"这句话的诘难，董认为"戒""惧"已属"睹""闻"，但既不睹不闻又何所戒惧恐惧呢？据说这种以禅诠儒式的机锋游戏使得众居士甚至憨山禅师本人都"不能商量究竟"，而袁伯修只是后来受到李贽启发，才幡然彻悟个中奥秘。这种交谈有时也直接涉及艺术。一次，袁中郎与伯修同访董其昌，伯修问董："近代画苑诸名家，如文徵仲、沈石田辈，颇有古人笔意否？"董答道："近代高手无一笔不肖古人，夫无不肖即无肖也，谓之无画可也。"据说袁中郎听后为之悚然，因而悟到"善画者师物不师人，善学者师心不师道，善为师者师森罗万象，不师先辈"[96]的道理。晚明之际，存在一个以心禅之学为精神纽带的文化圈，在这个文化圈中，如果举李贽为政治思想上的代表，举公安三袁为文学批评上的代表，那么，绘画思想上则无疑义地应举董其昌为代表。

以李日华与董其昌思想比较，最大的差异也许莫过于前者对正统儒学信条的那种有悖时风的执着态度。李日华一生读书著述颇勤，涉略颇广，不过他学问旨趣的立足点还是他自己常说的"忠信笃敬，植立根本"，作"博古今"的"淹通之儒"，与董其昌的抱负

和态度可说适相对立。李日华将晚明学术思想上"性命玄虚之谈胜，而礼乐名物、圣人经世之具悉成钝置；禅宗棒喝之教行，而六度、万行、三乘薰炼之学皆委虚文"的历史变迁作为"千古不平之案"加以否定。他对"窃法票贩内典"的心学末流和"盲棒瞎喝，未梦西来意"的禅学弊端都深致不满。这种不满也具体表现在他的文艺批评上。徐渭、袁中郎都是晚明文艺思想中力倡穷新极变的风云人物，李日华却以雅驯典正的儒学正统文艺批评尺度对他们做出了否定的评价："读徐文长集，袁中郎宏道表章之，以为当代一人，然其人肮脏，有奇气而不雅驯，若诗则俚而诡激，绝似中郎，是以有臭味之合耳。"[97]值得注意的是，李日华这种有悖时风的议论，与晚明尤其万历以后思想文化上的一些变化有着密切关联。万历末年，黑暗的宦官政治和频繁的边患不断加深着明朝的政治统治危机，王学左派一意通禅，使心学自身的逻辑体系日益空洞，其伦理功用也日渐减少。文人士大夫中不少"明识之士"，痛感心禅之学的清谈误国，相与提倡经世之学以振时风。这样，晚明学术界"久而厌陆学之放，则仍申朱而绌陆"[98]，萌发了朱学复兴和向清初

实学转变的趋势，出现了不少"拨乱反正"的人物。对李日华有知遇之恩而为李日华念念不忘的"座师"郝敬（号楚望）就是这种转变趋势中的一位代表人物。郝敬万历十七年中进士，官至礼部给事中，万历二十七年，因讽议朝政，弹劾辅臣被革职，从此"挂冠而归，筑园著书"，精研儒学经籍，他于五经之外，还为《仪礼》《周礼》《论语》《孟子》作解，力图洗刷宋明理学空谈性命义理、支离儒学经典的积习，在《明儒学案》中被黄宗羲誉为明代穷经之士的"巨擘"。在学术思想上，郝敬力主恢复以日用纲纪伦常为宗旨，以下学上达、读书穷理、躬行实践为要义的儒学传统，指出"人性虽善，必学习而后成圣贤""圣人教人先行，故学习为开卷第一义"[99]。他既斥责程朱理学，认为"终日寻行数墨，灵知蒙闭，没齿无闻，皆沿习格物穷理，先知后行，捕风捉影，空谈无实"；也驳难陆王心学，"矫枉过直……不管好丑，一超直入，与《中庸》择执正相反，既有诚意工夫，何须另外致良知"。他认为程朱与陆王二家之学在处理"尊德性"与"道问学"的关系上各自陷于偏颇："德性实落，全仗问学，离问学而尊德性，明心见性为浮屠耳。

离德性而道问学，寻枝摘叶，为技艺耳。除却人伦日用，别无德性。一味致知穷理，不是实学。学，效也，其要在笃行。道，由也，道问学者，率由之，非记闻之也。"郝敬之学超越理学藩篱，已开清初"经世致用"之说的先河。李日华提倡以"忠信笃敬"为绘画创作的根本，以"多读书""胸有古今"为绘画创作的必要途径，应该说都与郝敬的这种"实学"主张在哲学思想体系上有着密切联系。

在考察李日华绘画思想的背景时，还应注意一下钱谦益这位对晚明文艺批评风气转变产生过重要作用的人物与李日华的交往。据钱谦益《李君实〈恬致堂集〉序》记载，天启年间他再入长安时，始与李日华相许为"忘年折节之交"（应为天启五年，即1625年，其时李日华赴京师任尚宝司丞）。钱谦益曾谈到对李日华的印象："君实落落穆穆，骤而即之。不见其有可慕说。徐而扣其所有，则滂泓演迤，愈出而愈不穷。夫唯大雅，卓尔不群，庶几似之。"[100]谭贞默也称："先生于钱宗伯牧斋尤结文章气谊，憾相见晚也。"[101]这些当然与他们思想旨趣的情投意合是分不开的。《明史·文苑传论》称钱谦益与艾南英"准北宋之矩矱"。其实，钱谦益的文艺批评思想宏通变化，是远远超越了北宋矩矱的。在学术思想上，他主张溯流穷源，数典尊祖，建立通经汲古之学，用以矫正理学"剿袭传讹相师""以返经为迂"的弊端和心学"谬妄无稽相夸""以读书为讳"的偏颇。在文艺批评上，他既反对前后七子的侈称汉唐、摹拟剽窃，也不满公安竟陵的"以俚率为清真，以僻涩为幽峭"。在他看来，片面地肯定传统和片面地否定传统都不足取。他以学杜为例，指出："学杜有所以学者矣，所谓别裁伪体，转益多师者是也。舍近世之学杜者，又舍近世之訾謷学杜者，进而求之。无不学，无不舍焉。"[102] 在诗文宗旨上，他主张从恢复言志达意的传统出发，循本而救弊，"根于志，溢于言，经之以经史，纬之以规矩，而文章之能事备矣"[103]。"诗者，志之所之也。陶冶性灵，流连景物，各言其所欲言者而已。"[104] 钱谦益的诗论文论，力主通经汲古，转益多师，具有向清初批评风气过渡的特征。李日华在绘画领域提倡"不必求奇，不必循格，要在胸中实有，吐出便是"，主张不泥于古而又不废古，可以说正是这种正统儒学文艺观在绘画批评上的一种演绎。

到此为止，我们大致勾画出了李日华与董其昌各自不同的理论渊源，我们将沿着这样两条逻辑线索继续对他们绘画理论的特征进行考察。

首先，这两种理论在看待绘画目的和手段上有着本质差异，董其昌以禅论画，将绘画作为"发明心性"的媒介，强调绘画创作过程自证自悟的心理体验，而将达到这一目的的手段归结为南宗派系的笔墨程式；李日华将绘画作为寓意寄兴的手段，要求绘画应当是"志于道，据于德，依于仁"的情感流露和建立在"晋宋唐隋之法""自然之数"基础之上的"真工实能之迹"。

"取人所未用之辞，舍人所已用之辞；取人所未谈之理，舍人所已谈之理；取人所未布之格，舍人所已布之格。取其新，舍其旧。"这本是董其昌论文的一段话，但将它视为董其昌的画学宗旨同样合适。如上所述，以心禅之学为基础的文艺观，本质上是否定传统、否定规范和提倡新变的。但以心禅之学作为理论依据，董其昌的论画似乎并没有走到完全拒绝传统、否定法度的虚无主义境地，换句话说，他是通过重新解释传统和重新建构笔墨程式去做到"取人所未布之格，舍人所已布之格"的，这就使他的理论蒙上了一层"复古"的面纱。要了解董其昌以禅论画理论的这一特点，也许必须首先认识一下"禅"与"画"之间存在的基本矛盾。参禅是通过顿悟过程而获得的一种无实相、无差别的心理体验："青青翠竹，尽是法身；郁郁黄花，无非般若。"[105]"直下了知，当处超越。"[106]它超越了彼岸（现实）世界又依存于此岸世界，而绘画恰好是在肯定实相、肯定差别的前提下，通过技术手段去创造一种彼岸（意境）世界，两者在目的和途径上是判然有别的。相传五代时，释贯休画罗汉形貌怪异，自称是"得之梦中"。欧阳炯《禅月大师应梦罗汉歌》中有云："时帧大绢泥高壁，闭目焚香坐禅室；忽然梦里见真仪，脱下袈裟点神笔；高握节腕当空掷，窣窣毫端任狂逸，逡巡便是两三躯，不似画工虚费日。"[107]这种由禅僧所作的"高握节腕当空掷，窣窣毫端任狂逸"的佛像画中，"禅"和"画"只有一种外部联系，与北宋禅僧花光画梅被称为"以笔墨作佛事"的情况一样，还不能说是所谓的"禅画"，因为它尚缺乏真正将"禅机"融入绘画艺术的基本造型性品质。这样，"画禅"二字也就很难称为一种可以为人们普遍接受的画学概念。董其昌绘画理论的意义正在于它似乎寻找到了一种超越"禅"与"画"之间这种两难境地的办法：他在绘画的综合性造型因素中选择了笔墨这个能为士流所普遍接受的造型手段，并通过对它的形式分析，使它成为一种程式化的、具有独立造型品质的绘画样式。这就使他有可能在禅学的思想基础上建立一种能为人们普遍接受和效仿的新的绘画模式。为了建立这样一个正宗模式，他一方面强调作画过程似禅一般的体验方式："实父作画时，耳不闻鼓吹骈阗之声，如隔壁钗钏，顾其术亦近苦矣。行年五十，方知此一派画殊不可习。譬之禅定，积劫方成菩萨，非如董、巨、米三家，可一超直入如来地也。"另一方面也肯定绘画所必须具备的技术特性和笔墨法度规范："董源、巨然、米芾、高克恭，三家合并，虽纵而有法。""南宗则王摩诘，始用渲淡，一变钩斫之法。"他所谓的"法"也就是笔墨程式之法，而他所谓绘画中的"一超直入"实际上就是对笔墨程式的"一超直入"。他说："古人论画有云：'下笔便有凹凸之形。'此最悬解，吾以此悟高出历代处，虽不能至，庶几效之，得其百一，便足自老以游丘壑间矣。""皴法三昧，不可与语。"在禅学思想上，他对"悟"与"法"的依违态度，在这里恰如其分地构成一种摆脱困境的方式。也正是在对古人笔墨"参""悟"的基础上，他建立起了他的正宗文人画模式——南宗这样一种新的"传统"。董其昌的"南北宗"说是一个既缺乏逻辑依据又缺乏必要历史考据的理论框架，为什么会在晚明和以后的文人画历史发展中（甚至在考据之学盛行的乾嘉之际）成为一种为人们普遍接受和认可的"史实"呢？这的确是一个值得沉思的问题。我想，除了特定的文化心态背景、政治气候等外在原因外，有一套完备的笔墨程式规范作为它的"技术基础"，也许是它得以存在和延续的重要内因。"夫无不肖，即无肖也。"通过解释传统、重构传统去最终否定传统，董其昌正是以这种禅学逻辑去逾越传统绘画和他的"南宗画"之间看似无法逾越的鸿沟的。这或许正是历史上所谓的"禅画"无法成为普遍接受的艺术样式，而董其昌的"南宗画"却在禅宗势焰消沉之后很久仍能对绘画史产生普遍影响的原因所在。

与禅宗将艺术情感的基础归结为自证自悟的心灵幻象完全不同，传统儒学将艺术情感归结为与深广的政治伦理内容息息相关的人格情感，艺术的根本目的在于言志寄兴，而伦理情感的获得又必须经过修身、正心、诚意、致知、格物这样一个下学上达的过程。所以在艺术创作中，传统儒学一方面强调伦理情感真切朴实的自然流露，另一方面也肯定传统法则规范对情感表现的制约作用。李日华曾这样论述创作过程中抒发情性与遵循法度之间的有机关系："大略韵人胸次中物，新新善贷，随时出兴吐语落墨，俱有不自由处，或者谓从规仿而得。不知递推而上，以至无始，竟谁仿耶？子由不云乎：'天地吾画笥也。'然因是而遂废学古，又不免作天然外道。"[108] 重情感，也重"理""法"；不拘于古而不废学古，我们或许只有将这些言论置于董其昌的文人画观已开始发生广泛社会效应的历史情境中，才能理解它包含的现实意义。董其昌的"南北宗"说固然培育出了赵左、沈士充这样一批泥守笔墨之法的画家，但以禅论艺的一时风会又繁衍着大量连笔墨技法也无暇顾及的文人墨客，这使晚明画界普遍出现了李日华所说的"放者谓可信手涂抹，拘者至欲笔笔相师"[109]的"谬习"。针对南宗派系的"笔笔相师"，李日华提出："绘事要须一时神到，何必远索王、李、荆、关耶？"[110]"洒墨从教自立宗，莽苍气格礌砢胸。天闲有马犹堪法，山水何须问一峰。"[111]针对"信手涂抹"的一时积习，他又提出以学古师法为本，不作"天然外道"。当然，他的"古""法"在内容上与董其昌是迥然有别的。董其昌认为悟得古人笔墨皴法即是画家三昧，他的法是元人笔墨之法；李日华则认为只有与绘画意境和综合造型法则相结合的笔墨表现才是真正的画家三昧，因此，他的法是"晋宋唐隋"之法。他说："大都画法以布置意象为第一，然亦止是大概耳，及其运笔后，云泉树石、屋舍人物，逐一因其自然而为之，所谓笔到意生，如渔父入桃源渐逢佳境，初意不至是也，乃为画家三昧耳。"[112]这两种完全不同的批评尺度又直接影响着他们对绘画史的判断：以笔墨趣味为准去观察历史，一部文人画史就成为"渲淡"之法取代"钩斫"之法，"寄乐"之画取代"习者"之画，并取得正宗地位的历史；以画品与人品标准相统一的尺度去观察历史，文人画史则成为一部以"大家""正格""真工实能之迹"的正规画法为主和以"率意为之"的墨戏画法为辅，二者并行发展的历史，不妨看看李日华的文人画两分法：

古者图书并重，以存典故、备法戒，非浪作者。……自顾虎头，陆探微专攻写照及人物像，而后绘事造极。王摩诘、李营丘特妙山水，皆于位置、点染、渲皴尽力为之，年锻月炼，不得胜趣，不轻下笔，不工不以示人也。五日一山，十日一水，诸家皆然，不独王宰而已。迨苏玉局、米南宫辈，以才豪挥霍，备翰墨为戏具，故于酒边谈次率意为之而无不妙，然亦是天机变幻，终非画手。譬之散僧入圣，啖肉醉酒，吐秽悉成金色。若他人效之，则破戒比丘而已。元惟赵吴兴父子犹守古人之法而不脱富贵气，王叔明、黄子久俱山林疏宕之士，画法约略前人而自出规度，当其苍润萧远，非不卓然可宝，而岁月渲运之法，则偷力多矣。倪迂浸士，无意工拙，彼云"自写胸中逸气"，无逸气而袭其迹，终成类狗耳。本朝惟文衡山婉润、沈石田苍老，乃多取办一时，难与古人比迹。[113]

显然，这是一个与南北宗说判若冰炭的历史框架。它将以真工实能取胜的顾恺之、陆探微、王维（这并不是董其昌心目中那个以"渲淡"代"钩斫"的王维）、李成、赵孟頫放在绘画史的正统位置，而将有文人品德但缺乏综合性造型技能的苏轼、米芾、王蒙、黄公望、倪瓒置于"终非画手""自出规度"的非正统位置。这种划分与宋代韩拙将文人画划分为"皆从格法"的正规文人画和"出于自然之性，无一点俗气，以世之格法，在所勿识"的墨戏文人画，在旨趣上几乎是完全一致的。李日华这一史观的提出，无疑旨在恢复画品和人品尺度相统一的文人画传统。

其次，从两种理论的创作观上看，董其昌从"物"由"心"生的哲学思想出发，将绘画创作过程中的师心放在先于师古与师造化的首要位置，而师心归根结底又不过是师笔墨；李日华则从"情"由"物"生的哲学基础出发，将创作过程中师古、师物与师心理解为一个递进的逻辑发展过程，师心必当以师古与师造化为前提，从而肯定了绘画传统、自然对象对创作的基础性作用。

很长时间以来，对中国传统绘画一直存在一个根深蒂固的误解，即认为中国绘画的基本特质是"主观的""象征的"或"表现的"，对这个问题，我曾在几年前《中国绘画"传神说"的哲学渊源》的短文中谈了一些浅显

的看法，我认为以"传神"说为中心的中国传统绘画理论的基础，实际上是先秦理性主义中"天人合一"的哲学思想。从顾恺之的"以形写神""迁想妙得"到张璪的"外师造化，中得心源"，不同程度地说明了客观外物作用于创作主体的传导过程。"情以物迁，辞以情发"[114]，用人的感觉、知觉去体验、融合自然对象的无穷生机，这主客融为一体的心理情状就成为艺术创作的源泉，这正是传统儒学文艺观对情感与外物关系的基本解释。另外，至少从南北朝开始，绘画理论中就出现将师法传统作为创作过程的一个有机步骤的认识。"六法"最末的"传移模写"一法已含有传习、师法绘画传统的意义，张彦远也将辨析"师资传授"作为绘画批评的根据之一。当然，真正将绘画传统、自然对象和主观作用作为绘画艺术实践过程中三个有机环节明确提出来的是北宋范宽。范宽将自己在艺术实践中体会到的创作途径以师人、师物语、师心这样三个递进的阶段归纳出来，在创作的第一个阶段，他明确提出了师"前人之法"这一必要步骤，这一点无疑具有重大的实践意义。

传统创作观中对师古、师造化与师心关

系的这种解释，直到晚期，确切地讲直到董其昌以禅论画理论的出现才开始发生根本意义上的变化。今天不少学者将董其昌绘画思想的特征归结为"复古主义"或"师古主义"，这种结论正好忽视了这一理论依据的禅学思想。伍蠡甫先生曾说："董其昌的山水画论的症结，就在师古人大大超过了师造化，他的脑海中充满了古人笔墨之美，他所谓的师造化也就容易流为空谈了。"[115] 其实，脱离董其昌画论中师古与师造化言论的理论根源，我们是无法对问题的症结做出确切判断的。禅学在肯定自然万物都是心灵幻象的前提下，并不完全排斥学问知识、实践躬行的作用，只不过它们认为与自然万物一样，学问知识、实践躬行都必须统摄于方寸之心，"外无一物而能建立，皆是本心生万种法"[116]。换句话说，师古、师造化都不过是以空幻虚无的内心境地去感应古人，感应造化的过程。董其昌曾说："画家以古人为师，已自上乘，进此当以天地为师。"可是什么是"以天地为师"呢？他紧接着说："每朝看云气变幻，绝近画中山。"他又曾宣称气韵亦有学得处，这就是"读万卷书，行万里路"。但其实他的师古与师天地，"读"与"行"

都不过是为了"心所了悟"。他说："士君子贵多读异书，多见异人，然非曰宗一先生之言，索隐行怪为也。村农野叟，身有至行，便是异人。方言里语，心所了悟，便是异书。在吾辈自有超识耳。"正是从董其昌对待师古与师物的这种态度上，我说他从根本意义上改变了传统绘画的创作观。这种读书师古，与李日华以"忠信笃敬，植立根本"为目的的读书师古比较，不妨说是差之毫厘而谬以千里。

了解了董其昌创作观的知识论背景，我们再来看他的具体创作理论。在董其昌看来，创作过程师古与师造化实际上是一个师心的统一过程，亦即参悟笔墨的过程。

> 朝起看云气变幻，可收入笔端。吾尝行洞庭湖，推篷旷望，俨然米家墨戏。
>
> 至洞庭湖舟次，斜阳篷底，一望空阔，长天云物，怪怪奇奇，一幅米家墨戏也。
>
> 湘江上奇云，大似郭河阳雪山。其平展沙脚与墨沈淋漓，乃是米家父子耳。
>
> 云山不始于米元章，盖自唐时王洽泼墨，便已有其意。董北苑好作烟景，烟云变没，即米画也。余于米芾《潇湘

白云图》，悟墨戏三昧。

笔墨形式在董其昌的创作思想中之所以占有如此重要的地位，显然是基于这样一种认识：笔墨作为心性发明的一种直接而有效的媒介，似乎本身就具有某种超越自然、超越历史的品质。在董其昌看来，不是古人笔墨表现了天地造化，而是天地造化吻合了古人笔墨，而这种笔墨与天地造化的关系，只有通过了然的参悟方能把握。他甚至直接肯定自己的创作或临仿就是一种参禅："复秉烛扫二图，厥明以示客。客曰：'君参巨然禅，几于一宿觉矣。'"

与董其昌比较，李日华则认为师古、师造化与师心是创作中一个有机联系的递进过程。作为创作前提条件的师古也就是师"前人之法"，即师作为综合性造型法则的"晋宋唐隋之法""意匠经营"之法。他曾盛赞宋人《耕织图》粉本云："自问卜、播种以至刈获、飏簸，自育蚁、条桑以至络纬纤织，而终之以酬愿侫佛，赛神醵饮（案：以上俱为图中分段情节）。树石分疏，屋舍曲折与人物意态，种种俱绝，盖大入意匠经营者。……文征仲太史尝著论极言粉本之足贵，以其笔墨意路，皆可推寻，而初机信

手挥抹，尽出天趣，笃意此道者，自当由此而进，以觅古人妙处。"[117] 题材选择、构图布局、笔墨表现，这些都是李日华师古的内容。李日华在晚明以善鉴著称，但是据说他每每见书画赝品，也是"番覆谛观，亦有连声称赏者"，旁人不解其意，李日华解释道："汝知鹅王择乳乎？百乳一水，不难取乳去水；百水一乳，即洞视者以为无乳矣，而鹅王独能取之，此其贵也。赝迹虽浮浅可笑，然未尝不依傍古人精神而运，画即失气韵而布置自存，书即乏风神而骨骸或在，以我才灵默游其间，未尝不遇古人之百一也。"[118] 古画赝品虽难于六法兼全，但能由此而获得应物象形、经营位置等法的某些启发，则犹不失"遇古人之百一"。李日华对书画鉴赏的这种通达态度，也反映了他心目中的师古正是对以"六法"为基础的传统造型规范的全面继承。在师造化与师心的关系上，他将师造化理解为创作过程之前的观察体验、积累陶养过程，也理解为创作过程中客体外物作用于主体情感，主客体情景交融的互动过程。他说："每行荒江断岸，遇欹树裂石，转侧望之，面面各成一势，舟行迅速，不能定取，不如以神存之，久则有时入我笔

端。"[119]"山行遇奇树怪石，即具楮墨，四面约略取之，此亦诗家李贺锦囊之储也。"[120]董其昌由"长天云物，怪怪奇奇"的自然境观中见到了米家墨戏，李日华却正相反，从万物造化中觅到了米家山水的来源："米南宫多游江湖，每卜居必择山水明秀，松柏茂郁处，其初本不能作画，以目所见，日渐摹仿之，遂得天趣。"[121]董其昌认为"以境之奇怪论，则画不如山水；以笔墨之精妙论，则山水决不如画"，李日华则认为笔的精妙正源于造物的神奇："陈郡丞尝为余言：'黄子久终日只在荒山乱石、丛木深篠中坐，意态忽忽，人不测其为何，又每往泖中通海处，看激流轰浪，虽风雨骤至，水怪悲诧而不顾。'噫！此大痴之笔，所以沉郁变化，几与造化争神奇哉！"[122]显然，他认为在"外师造化，中得心源"中，师造化具有第一位的意义。李日华将创作过程中物与心的互相交融、转化的关系阐释为这样三个层次：

> 一曰身之所容，凡置身处，非邃密，即旷朗，水边林下，多景所凑处是也；二曰目之所瞩，或奇胜，或渺迷，泉落云生，帆移鸟去是也；三曰意之所游，目力虽穷，而情脉不断处是也。[123]

在这里，心与物再不是对立或统摄与被统摄的关系，由"身之所容"的客观境地，经"目之所瞩"的感知过程，最后达到"意之所游"这种主客体应会交融的艺术境界。这是一个以物触心、由心及物的交互影响过程。画家只有在这种融我入物、物我两忘的精神情状中才能创造出高度凝练的审美形象，传达出自然造化内蕴的"神"，这正是千百年来传统中国绘画理论中"传神"说的真髓妙谛。

（值得顺便提及的是，今天，我们已难以得见李日华的绘画真迹，这使得我们无从从他的创作实践去验证他的创作理论。这无疑是研究李日华绘画思想的一件最使人遗憾的事。）

最后，从两种理论体系的批评方法上看，董其昌绘画批评的方法建筑在"以想心取之"的禅学先验推理模式之上；李日华的绘画批评则着眼于作品自身艺术价值，采取的是"不可定格求要是"的实证批评方法，二者适为相反。

关于董其昌的批评方法，仅举他对王维的历史批评为例。在董其昌南宗派系的文人画史中，王维居于立宗起祖的地位，而这种地位在董其昌看来主要是由王维"始用渲淡，一变钩斫之法"的画法决定的。但事实上，董其昌并没有为这个关系重大的历史结论找到任何有说服力的论据。《钓雪图》和赵大年临《湖庄清夏图》是董其昌所见到的"不作皴法，但有轮廓"的两幅王维作品临本，应该说是比较接近唐代绘画面貌的画迹。但董其昌根据"大家神品，必于皴法有奇"的逻辑，断定两幅作品皆"未尽右丞之致"，甚至认为《湖庄清夏图》临本无皴，主要是因为"大年虽俊爽，不耐多皴，遂为无笔"。而对"京师杨高邮"所藏赵孟頫仿临的一幅"颇用金粉，闲远清润，迥异常作"的《雪图》小景，他则"一见定为学王维"。旁人问其何以得知，他答道："凡诸家皴法，自唐及宋皆有门庭，如禅灯五家宗派，使人闻片语单词，可定其为何派儿孙。今文敏此图，行笔非僧繇、非思训、非洪谷、非关仝，乃至董、巨、李、范皆所不摄，非学维而何？"这种禅宗式的先验推断，正是董其昌历史批评方法的基础。事实上，不惟评价王维，就是他的"南北宗"说也都是这种推断模式的产物。

李日华的绘画批评以审视作品自身的艺术价值为基准，不做或很少做"想当然耳"

的"定格求要是"的推论，这一特征在他对元画的再评价中已体现得很具体。他的历史批评，用他自己的话说，就是要"具大眼孔，大胸腑，实容古今出没"的气度去剖析考订，用以寻觅传统的"宝珠"。所以他的批评视野不像董其昌那么狭窄，批评方法也不像董其昌那么偏颇。

董其昌辈将以李思训起祖，经南宋院体直到明代院体、浙派这些所谓"北宗"绘画视为旁门别派、野狐外道。而李日华对院体风格的画家和作品的评价，则大多建立在审视作品自身艺术价值的基点上，很少轻加訾病。他肯定马远《十二水图》是得自然之性的佳作，赞扬马远画水是"瓢分蠡勺一匊，而湖海溪沼之天具在"[124]；认为它的成就远远高于用笔放逸而徒知"鼓怒炫奇以取势而已"的孙知微。明代画家谢时臣，时人或目为"非山水中正派"的院画传人，李日华却颇不以为然，他认为："谢樗仙有莽苍酣肆之笔，大类石田，一长卷乃其入楚往还舟中率意写所见者，烟峰沙树，水鸟客帆，种种会意。此如崔徽自临镜写真，岂有毫发遗恨乎？"[125]"樗老声值远在相城下，观此有駸駸欲度意，未易凌蔑也。"[126]在李日华眼里，决定画家地位的只能是作品本身，所谓南宗、北宗，行家、利家都不足为据。

"详辨古今之物，商较土风之宜"[127]是自唐以来中国传统绘画的创作原则之一，随元明文人写意画风的盛行，这种传统几弃之如敝屣。与李日华同时代的谢肇淛曾指出："今人画以意趣为宗，不甚画人物及故事……要亦取其省而不费目力。""不知自唐以前，名画未有无故事者。盖有故事，便须立意结构，事事考订，人物衣冠制度、宫室规模大略，城郭山川，形势向背，皆不得草草下笔，非若今人任意师心，卤莽灭裂，动辄托之写意而止也。"[128]李日华在进行绘画鉴识品评时，对作品表现的景物故实也都潜心考究，把它作为绘画批评的一个重要方面，他对每幅所见作品的著录，几乎都是首先详尽描述其表现的题材内容、景物故实，作为考订的重要依据，然后方就作品的艺术性问题阐发己见。试举一例："有客携梅道人临荆浩《渔乐图》一卷见视，凡作渔舫十四，中流傍岸，沙际树坞，或驾或泊。舫皆朴厚方阔，上具轩窗。渔者皆唐帽道装，知为关中渭川风物，士大夫脱樊笼，以自放于沧波浩渺者。江南真渔，叶舟箬笠，无是布置也。其出洪谷所营，似

可无疑……梅沙弥临荆笔，荆又仿自唐人，乃知绘事唯创意之难，如其成就，今古相师殊不讳也，唐人重摩诘《辋川》，皆乞本传写。唯元人重气韵而轻位置，以为一临仿即失生动耳。"[129]在《六研斋二笔》卷一中，李日华还生动地记载了他曾为时人所作"赤壁图"中的一僧人形象加冠改为道士形象的故事。据说当时"旁观皆笑以为浪然耳"，他辩解道："此实录也，盖坡赋中所云'客有吹洞箫者'，乃绵竹道士杨世昌也。若佛印，足迹未尝一至黄，徒以优场中所见为据，正矮人观戏，村汉说古耳。"这种详究故实、考辨沿革的严谨态度，在晚明可谓凤毛麟角。

对于"晋宋唐隋之法"和"自然之数"兼全的"真工实能之迹"的推崇，不仅使李日华的批评方法摆脱了"南北宗"说的时代偏见，甚至也使他的批评视野超越了文人画的藩篱。壁画是文人不能为也不屑为的工匠绘画，在明代更是如此，清初人徐沁《明画录》曾描述明代壁画的状况："近时高手既不能擅场，而徒诡曰不屑，僧坊寺庑，尽污俗笔，无复可观者矣。"明代虽也出现了像北京法海寺壁画这样可与元代永乐宫壁画媲美的巨构，但总的来讲，壁画作为中国绘画的一

大门类，到了明代已是江河日下。而正是在对壁画艺术今不如古的感叹中，李日华显示了他在批评方法上那种不谐时俗的品质。他说："昆陵二画，乃天庆观壁李怀仁画龙，太平寺壁徐友画《清济贯河图》，俱千古绝迹，宋末尚在。吴德辉、杨诚斋有诗题咏。今人不复能画壁，轻缣薄素，苟且效技。徒取俗流之赏，不足发人雄思，止湖州兴圣寺赵子昂夫妇左右二壁墨竹，差有历落之韵，然亦模糊糜烂多矣。绘法于此渐断，野狐纵横于纸笔之场，可叹也。"[130] 综上所述，可以说李日华的绘画批评方法正是传统的艺术本位批评在晚明特殊文化思想背景中的一种延续。

通过对李日华、董其昌绘画思想的比较，我们得出结论：第一，董其昌的画学源于禅学"发明本心"、解脱法网的文艺思想；李日华的画学来自以"依仁游艺"、寄意寓兴为本，以"大雅""正声"为特征的传统儒学文艺观，正是这一点决定了两种绘画理论的根本差异。第二，由此出发，董其昌的画学旨在建立以笔墨趣味为特征的新的文人画模式；李日华的画学宗旨则是恢复综合性造型技能与儒学人伦德行相统一的文人画

传统。具体到创作理论上，前者强调师心对师古、师造化的统摄、支配作用，后者则强调师古、师造化与师心是一个递进发展的逻辑过程。第三，不同的画学旨趣又决定了不同的批评方法，董其昌的绘画批评方法完全依存于建树"南北宗"这个历史框架的需要，是一种"以想心取之"的先验推理；李日华的绘画批评方法则着眼于作品自身的艺术价值，是一种"不可定格求要是"的实证判断。

需要说明的是，笔者认为李日华与董其昌代表着中国文人画的两种不同的理论传统，但这绝不意味着他们之间没有任何共同点。事实上，李日华的绘画思想除了在基本性质上与董其昌一样属文人画理论范畴之外，在具体批评方法上也尚有深刻的时代烙印，他也曾有以禅喻画的兴到之言，他的"不可定格求要是"的实证批评也具有很大的相对性。和董其昌一样，他的思想不可能摆脱时代的局限。另外，笔者希望本文这种侧重于相异方面的比较不至于使读者产生一种误解，仿佛李日华的绘画思想在晚明是一种能够与董其昌绘画思想相对立、相抗衡的理论体系。实际上对于李日华来说，他不

但缺乏"障百川而东之"的才力，也缺乏"回狂澜于既倒"的志气。在晚明，他这种不合时宜的绘画思想没有产生任何能与董其昌的文人画理论相抗衡的社会影响，而在他身后，随着董其昌的"南北宗"说成为定于一尊的权威标准，李日华和他的绘画理论就更加鲜为人知了。在李日华死后不到四十年，清初周亮工就发出了这样的感叹："予向未见先生（李日华）画，读先生《恬致堂集》《紫桃轩杂缀》及《画媵》，始知先生精绘事，遍觅其手迹不可得。"[131] 董其昌与李日华历史地位的这种显晦沉浮的差异，除了不少偶然的、枝节性的原因（如李日华属浙人，而"南北宗"说造成的以地域评人的观念，往往使人将浙人与浙派等同起来，采取不公正的评价态度；董其昌属于明末"画中九友"，而"画中九友"的王时敏又是清初宫廷中大走红运的人物。董其昌和他的"南宗趣味"经过这种媒介可以对清代画坛产生自上而下的影响，等等），最主要、最根本的原因还在于李日华所代表的"大雅""正声""集大成"的绘画思想，已经完全丧失了它赖以生存的历史环境和文化土壤。它不仅对于晚明文人画，而且对于整个封建社会末期的清代文人画都是"不合时宜"的。李日华绘画思想的这种历史地位，给我们提出了一个新的问题，那就是，在今天的历史条件下，应该如何正确估价这种绘画理论在中国绘画史上应有的地位？

四、如何评价李日华的绘画思想

恩格斯说："人们通过每一个人追求他自己的自觉期望的目的而创造自己的历史……在历史上活动的许多个别愿望在大多数场合下所得到的完全不是预期的结果，往往是恰恰相反的结果，因而它们的动机对全部结果来说同样只有从属的意义。"[132] 的确，晚明以后，中国绘画史的面貌并没有按照李日华所"自觉期望的目的"发展，历史选择了董其昌而没有选择李日华。所以，对于一部明清文人画批评史而言，李日华的绘画思想就只具有"从属的意义"。不过，作为一种理论传统，这些思想并没有伴随李日华的消逝而消逝。清初周亮工著《读画录》列李日华为明末清初诸家之首，对他的艺术倍加推尊，尤其对李日华"吾辈学问当一意以充拓心胸为主"的主张和他的题画诗文深为叹服，以为"坡公之后，未易得其匹"[133]。事实上，在清代"南北宗"说"海内靡然向风"将近三百年的历史中，李日华所代表的崇实德而黜虚妄，主张"大雅""正声"的文人画批评理论也一直是"余音袅袅，不绝如缕"的。明清之际，"江南人家以云林画有无定清俗"，对倪画的推崇几为众口一词，而明末顾复对倪画的"萧散简远"却大加贬抑，他认为倪瓒"腕晚所作，无过古木一两枝，大石一片，坡陀一抹，或作远山、亭子、丛林，或并远山亭子无之……虽绝俗状，一览无余味矣，何如空庭种树几株，堆朴古拳石而多栽丛竹。风过雨来，烟开目转之为得自然也？"[134] 康熙年间，宋荦针对偏尚南宗的一时风会，也曾指出："近世画家专尚南宗，而置华原、营丘、洪谷、河阳诸大家，是持乐其秀润。惮其雄奇，余未敢以为定论也。不思史中迁、固，文中韩、柳，诗中甫、愈，近日之空同，大复之皆北宗乎？"[135] 清初以提倡"经世致用"之学而著称的大思想家顾炎武论及绘事有云："古人图画皆指事为之……秦汉以下……未有无因而作，逮乎隋唐，尚沿此意……自实体难工，空摹易善，于是白描山水之画兴，而古人之意亡矣。"[136]

乾嘉之际，考据之风盛行，其时经史、诗文无不崇实黜虚，惟于绘画，推尊南宗的风尚大势几无变化，不过在绘画批评上，倡言务实废虚的议论也不鲜见。方薰力求恢复以六法为评画之"大凡"，作画之"矩矱"的绘画传统，反对专究笔墨的积习："凡作画者，多究心笔墨，而于章法位置，往往忽之，不知古人丘壑生发不已，时出新意，别开生面，皆胸中先成章法位置之妙也。"[137] 在他看来，那种"弊屣古法，随手涂抹"的所谓南宗"写意画"是"最易入作家气"的，因此他主张即使水墨写意画也须首先"格于雅正，静气运神"，不可率意而为。王昶《〈国朝画识〉序》指出："名为简远超妙，实乃尽失古法，故曰今之画非古之画也。"洪亮吉《北江诗话》论画亦云："凡作一事，古人皆务实，今人皆务名。即如绘画家，唐以前无不绘故事，所以著劝惩而昭美恶，意至善也。自董、巨、荆、关出，而始以山水为工矣。降至倪、黄，而并以笔墨超脱，摆脱畦径为工矣。求其能绘故事者，十不得三四也，而人又皆鄙之，以为不能与工山水并论，岂非久久而离其宗乎？"阮元在奉敕编辑《石渠宝笈》的同时，就其所见名画撰著《石渠随笔》一书，其持论在画风上大都推尊博大典正的风范气象，而贬抑萧散枯淡的画格意境。他称倪画"固极萧疏淡远之致，设身入其境，则索然意尽矣"[138]，而推以"屋子皆整齐界画，无作草草茅庐""魄力大而神韵圆足"取胜的董邦达为"国朝第一手"。在画法上，他崇尚矩法严谨的晋唐绘画而蔑视"率意挥写"的南宗风习。指出"唐以前人画宫室，一门一径，皆有考证，至宋此风渐替，至明更微……此亦如唐以前人讲经，一字一句，皆有所本，宋以后全谈虚理"[139]。清末，戴熙《习苦斋画絮》有谓："士大夫耻言北宗，马夏诸公不振久矣，余尝欲振起北宗……有志者不当以写意了事。"叶德辉也指出："思翁推重南宗，由其天资高妙，不耐为北宗刻苦细致之笔耳。其实北宗重规叠矩，人物衣冠可考古制，楼台界线必准折算，乃至动植飞潜之物亦必象形惟肖，极体物之能事，是固非南宗诸家仅以云山为供养也。"[140]他对董其昌尊南抑北之论"三百年来海内靡然向风"的现实似乎大惑不解："文人以烟云为供养，以山水为墨戏，诚不必如扬子云作赋浣吐肠脏，李长吉作诗呕出心肝，亦何必如讲学家朱陆异同，角立明党？"[141]

"画禅笔下有禅机，南北分宗各是非，三百年来轻浙派，无人能解石门围。"[142]这是叶德辉对"南北宗"说陷于无法自圆其说的困境而发出的深沉感叹（案：石门，嘉兴人，名宋旭，其绘画旨趣本与松江画派的莫是龙、陈继儒相投，只因贯属浙江，被人目为"浙派"，故有此说）。明清两代，随着中国封建文化日趋没落，文人士流已丧失了儒学传统中积极进取的精神气质和崇实务学的生活态度，他们似乎只能在心禅之学的超超玄箸中稍稍获得一点精神的安慰，而也只有那萧散枯淡的笔墨趣味才能传达出他们枯寂黯然的心境幻象。文人画的衰落正反映了整个封建文化的衰落。当然，在旧文人画的历史框架中，那些不满于"大雅不作，古意寖衰"的明识之士，既无法对文人画的这种历史归宿做出正确合理的解答，更无法从根本上找到一条摆脱困境的途径，于是只得将视野投向历史，希望在对传统的回忆中寻找那已丧失了的真切而充实的伦理情感，自然而严谨的创作态度，以及人与造化间那种亲密无间的血脉联系。李日华的绘画思想正是这种心态情绪的流露，当然，这种思古幽情在封建文化日益衰落的大背景中，既不能扭转南宗画风甚嚣尘上的历史大势，也不可能带来一次文人画的传统复兴，更不可能为文人画的发展开创新的天地，这正是李日华及其后继者们的历史悲剧。

绘画史的发展与人类历史的自身发展一样，都是人们在对自己文化传统的重新认识、重新阐释和重新选择中开始的。今天，我们重新考察晚明绘画思想的发展面貌，重新审视李日华的历史地位，当然不在于发思古之幽情，而在于更为全面深入地了解传统、把握传统，使我们在对中国画发展方向的思考和选择中处于更为主动和更为有利的地位。

那么，李日华的绘画思想究竟能给我们一些什么启示呢？首先，它告诉我们中国传统绘画和绘画批评是不可能以"南宗画风"一言以蔽之的。将"南宗画风"作为中国传统绘画和绘画批评的主要特征，即便算不上具有普遍性的看法，至少是一个具有较大权威性的看法。钱锺书先生就曾在关于中国（旧）诗和（旧）画的比较研究中，明确地将"笔墨'从简''用减''笔不周'"和追求萧散淡远意境的南宗画作为"中国画史上最有代表性的、最主要的流派"，并认为

"传统画评承认南宗是标准的画风"[143]。而正是在这一持论的基础上，他推导出了中国诗画批评标准"不一律"的有名论断。其实，所谓南宗画风是中国画史上的正宗、正统的画风，是董其昌的"南北宗"说暗示给我们的一个结论，并非原本的史实。我们接受了这个结论，然后再在这个结论所界定的视野中去审视历史、思考历史、做出论断，是问题的症结所在。事实上，中国传统绘画（包括文人画及其他各类形式的绘画）和绘画批评标准都是历史的范畴，有一个不断变迁的发展历程。这个历程自始至终是在"许多按不同方向活动的愿望"的矛盾运动中展开的。因此，我们没有理由根据"南宗画风"在文人画发展晚期居有主导地位的事实，将"南宗画"作为中国画史上"标准的画风"。实际上，即使在"南宗画风"成为文人画"标准画风"的晚期，不也出现了李日华这样强调雅驯典正、讲究法度规范、推尊真工实能的绘画思想吗？这难道不足以说明中国传统绘画的标准远不是"一律"的吗？

其次，它告诉我们中国传统绘画有一个自足的综合性造型系统，中国绘画的造型特征是不可以从笔墨程式上一言以蔽之的。

自二十世纪初康有为提出"合中西而为画学新纪元"[144]以来，近现代意义上的国画论战延续至今。毋庸置疑，近现代关于中国画的各种讨论，都不同程度地对中国绘画史的研究和中国画的现实发展起到了促进作用。但是应当引起我们注意的是，在所有这些讨论中，无论是对中国传统绘画造型特征所下的种种定义，还是在这些定义基础上对中国画命运所做的种种裁决，都没有脱离这样一个认识基础：对传统绘画造型特征的分析往往被抽象为对笔墨形式的分析，甚至往往被抽象为对元明清以来文人画笔墨程式的分析。论战中对立的双方（保守派与革新派或悲观论者与乐观论者），在相当大的程度上处于同一个认识基点，这就使得问题的争论大大狭窄化了。我认为，首先，中国传统绘画作为一个独立的造型系统，不仅限于点、线、笔、墨这样一些基本的造型手段（或被抽象化的形式因素），造型系统是一个比这广阔得多的概念，它还包括各种造型观念（如观察和创作过程中认识对象的方式、对形式因素之间相互关系的认识等）。在不同造型观念的支配下，笔、墨、点、线、色彩这些形式因素在绘画中的地位和作用往往是大不相同的。像我们在李日华与董其昌的比较研究中看到的那样，由于两者对"师心"与"师造化"关系的理解不同，他们对笔墨形式在绘画中的作用和地位的判断也就迥然有异。前者将笔墨作为综合性造型手段的一种，强调它们的表现必须服从整体意境和构图布局的需要；后者则肯定笔墨表现的独立品质，强调笔墨趣味效果对绘画的决定作用。总之，就是在单纯分析中国传统绘画的造型特征时，我们也应从造型系统的各种综合关系中去考察，而不应把眼光局限在孤立的形式因素上。其次，在以历史的眼光去考察中国传统绘画时，我们不应将视野局限在元明清文人画的天地中，更不应局限在"南北宗"说所界定的历史范围内。董其昌所建树的笔墨程式系统和文人画的理论框架，既无法代表帛画、石刻画、壁画及各种形式的民间绘画在内的中国画传统，也无法代表和包括整个文人画传统，我们从董其昌与李日华绘画思想的比较中已经多少看到了这种新的文人画观与传统文人画观的区别。毫无疑问，在对中国绘画的历史传统和它的前途命运的思考中，我们需要比李日华（更不用说董其昌）更加开阔的视野。

晚明是中国文人画趣味风尚和批评标准发生根本变迁的历史时期，这种变迁是在封建社会晚期剧烈动荡的思想文化背景中发生的，确切地说，是依靠这个背景完成的。以董其昌"南北宗"说为代表的新批评标准在这个变迁过程中扮演了历史的主角，但这个事实不应该使我们忽略另一个至少同样重要的事实，那就是，这种变迁过程始终都是在多种标准、多重因素的相互抗争、相互替代的矛盾运动中完成的。新的标准、新的平衡既是旧的矛盾循环的终点，也是新的矛盾循环的起点。研究美术批评史的根本意义就在于揭示这种矛盾循环的方方面面。以上我们从纵的方面，通过分析不同历史时期绘画批评标准的此消彼长，考察了李日华绘画思想在绘画批评史长河中的来龙去脉；从横的方面，通过与董其昌文人画观的比较，考察了李日华绘画思想的思想文化背景和主要特征，其基本动机就在于重新审视晚明文人画批评标准变迁过程的种种矛盾运动，以期在这种认识基点上更为全面地把握文人画丰富的历史传统和多元的发展面貌，为我们在对中国画发展前途的现实选择中提供更为开阔的视野和更为广泛的可能性。

1988 年 6 月

注释：

[1]本文系作者 1988 年湖北美术学院中国美术史专业硕士论文。其中部分章节陆续刊发于《美术》和《朵云》杂志，包括：《传统绘画的批评标准及其在晚明的变化》，载《美术》，1988 年第 10 期；《如何评价李日华的绘画思想》，载《美术》，1988 年第 11 期；《董其昌李日华绘画思想比较》，载《朵云》，1990 年 1 期。——编者注
[2]钱谦益，《列朝诗集小传·丁集下》。
[3]徐沁，《明画录·卷四》。
[4]《嘉兴府志·卷三十四·风俗》。
[5]张居正，《张太岳文集·卷九·京师重建贡院记》。
[6]李日华，《蓬旋录》。
[7]李日华，《竹懒画媵》。
[8]谭贞默，《嘉兴谭氏遗书·明中议大夫太仆少卿李九疑先生行状》，本章以下未注出处的引文皆出自是书。
[9]李日华，《味水轩日记》卷二。
[10]刘若愚，《酌中志余》卷上。
[11]《明史·卷二五三·王应熊传》。

[12]《明史·卷二五二·杨嗣昌传》。

[13]《马克思恩格斯选集》第一卷，北京：人民出版社，1972 年，第 603 页。

[14]李日华，《六研斋三笔·卷一》，下同。

[15]《宣和画谱·卷一》。

[16]苏轼，《宝绘堂记》。

[17]韩拙，《山水纯全集》，下同。

[18]郭熙，《林泉高致》。

[19]《宣和画谱·卷二十》。

[20]《宋史·选举志》。

[21]王辟之，《渑水燕谈录·卷七》。

[22]《宣和画谱·卷七》。

[23]陈撰，《玉几山房画外录》。

[24]莫是龙，《跋顾正谊山水》，引自《书画谱》。

[25]王世贞，《艺苑卮言》。

[26]董其昌，《画旨》。

[27]董其昌，《画禅室随笔·卷二·画诀》。

[28]同上。

[29]金梁，《盛京故宫书画录》。

[30]王世贞，《艺苑卮言》附录四。

[31]张丑，《清河书画舫》。

[32]谢肇淛，《五杂俎·卷七·人部》。

[33]李日华，《竹懒墨君题语》。

[34]李日华，《紫桃轩杂缀·卷二》。

[35]李日华，《六研斋三笔·卷一》。

[36]李日华，《竹懒墨君题语》。

[37]李日华，《味水轩日记·卷七》。

[38]李日华，《紫桃轩杂缀·卷一》。

[39]李日华，《紫桃轩杂缀·卷二》。

[40]李日华，《六研斋二笔》，转引自《佩文斋书画谱·卷十六》。

[41]李日华，《竹懒墨君题语》。

[42]李日华，《恬致堂诗话·卷一》。

[43]李日华，《紫桃轩又缀·卷一》。

[44]李日华，《竹懒画媵》。

[45]同上。

[46]李日华，《味水轩日记·卷四》。

[47]李日华，《六研斋二笔·卷一》。

[48]李日华，《六研斋三笔·卷二》。

[49]李日华，《六研斋笔记》。

[50]李日华，《六研斋二笔·卷一》。

[51]董其昌，《画旨》。

[52]李日华，《六研斋二笔·卷二》。

[53]李日华，《恬致堂集》。

[54]李日华，《六研斋三笔·卷三》。

[55]李日华，《恬致堂诗话·卷三》。

[56]李日华，《竹懒画媵》。

[57]张彦远，《历代名画记·卷二》。

[58]李日华，《竹懒画媵》。

[59]李日华，《竹懒墨君题语》。

[60]李日华，《六研斋二笔·卷三》。

[61]李日华，《六研斋二笔·卷一》。

[62]任仁发自题《二马图卷》。

[63]龚开自题《骏骨图》跋。

[64]李日华，《味水轩日记·卷一》。

[65]李日华，《六研斋笔记·卷二》。

[66]李修易，《小蓬莱阁画鉴》。

[67]董其昌，《画禅室随笔·卷二》。

[68]李日华，《味水轩日记·卷三》。

[69]李日华，《味水轩日记·卷五》。

[70]李日华，《六研斋三笔·卷二》。

[71]李日华，《六研斋二笔·卷一》。

[72]李日华，《恬致堂集》。

[73]李日华，《紫桃轩杂缀·卷一》。

[74]欧阳修，《欧阳文忠公集·卷一二七》。

[75]刘道醇，《圣朝名画评·卷二》。

[76]李彭，《日涉园集·卷六》。

[77]倪瓒，《清閟阁全集·卷十·答张藻仲书》。

[78]李日华，《六研斋笔记·卷二》。

[79]李日华，《恬致堂集》。

[80]李日华，《味水轩日记·卷四》。

[81]张羽，《静居集·卷二·题画云山图》。

[82]贡奎，《云林集·卷三》。

[83]李日华，《恬致堂集》。

[84]李日华，《六研斋三笔·卷三》。

[85]李日华，《竹懒画媵》。

[86]李日华，《味水轩日记·卷四》。

[87]李日华，《紫桃轩杂缀·卷四》。

[88]董其昌，《画禅室随笔·卷四》。

[89]《紫柏尊者全集·卷一·法语》。

[90]《跋紫柏尊者全集》。

[91]《紫柏尊者全集·卷一·法语》。

[92]沈德符，《万历野获编·卷二十七·紫柏评晦庵》。

[93]袁宏道，《珂雪斋文集·中郎先生全集序》。

[94]袁宏道，《叙小修诗》。

[95]袁宏道，《叙陈正甫〈会心集〉》。

[96]袁宏道，《瓶花斋论画》。

[97]李日华，《味水轩日记》卷七。

[98]《四库全书总目提要·卷九十七·朱子圣学考略》。

[99]黄宗羲，《明儒学案·卷五十五·诸儒学案》，下同。

[100]钱谦益，《初学集·卷三十一·李君实〈恬致堂集〉序》。

[101]谭贞默，《李九疑先生行状》。

[102]钱谦益，《初学集·卷三十二·曾房仲诗序》。

[103]钱谦益，《有学集·卷十九·周孝逸文稿序》。

[104]钱谦益，《初学集·卷三十一·范玺卿诗集序》。

[105]《大珠禅师语录》。

[106]释普济，《五灯会元·卷十八》。

[107]黄休复，《益州名画录·卷下》。

[108]李日华，《味水轩日记·卷四》。

[109]李日华，《味水轩日记·卷七》。

[110]李日华，《味水轩日记·卷一》。

[111]李日华，《竹懒续画賸·丙寅伏日与徐节之论画·因题扇头》。

[112]李日华，《竹懒画賸》。

[113]李日华，《恬致堂集》。

[114]刘勰，《文心雕龙·物色》。

[115]伍蠡甫，《董其昌论》。

[116]《坛经》。

[117]李日华，《六研斋三笔·卷一》。

[118]李日华，《紫桃轩又缀·卷二》。

[119]李日华，《六研斋二笔·卷三》。

[120]李日华，《紫桃轩杂缀》。

[121]李日华，《六研斋笔记》。

[122]李日华，《紫桃轩杂缀·卷一》。

[123]李日华，《紫桃轩杂缀·卷二》。

[124]李日华，《六研斋三笔·卷二》。

[125]李日华，《六研斋二笔·卷二》。

[126]李日华，《味水轩日记·卷三》。

[127]张彦远，《历代名画记·卷二》。

[128]谢肇淛，《五杂俎·卷七·人部三》。

[129]李日华，《六研斋笔记·卷二》。

[130]李日华，《六研斋二笔·卷一》。

[131]周亮工，《读画录·卷一》。

[132]《马克思恩格斯选集》第四卷，北京：人民出版社，1972 年，第 243—244 页。

[133]周亮工，《读画录·卷一》。

[134]顾复，《平生壮观》。

[135]宋荦，《论画绝句》。

[136]顾炎武，《日知录·卷二十一》。

[137]方薰，《山静居画论》。

[138]阮元，《石渠随笔·卷四》。

[139]阮元，《石渠随笔·卷二》。

[140]叶德辉，《观画百咏·卷一》。

[141]叶德辉，《观画百咏·卷三》。

[142]叶德辉，《观画百咏·卷三》。

[143]钱锺书，《中国诗与中国画》。

[144]康有为，《〈万木草堂藏画目〉序》。

默默耕耘在中国画学领域里[1]
——美术史家阮璞与他的中国画学研究

1988 年，在中国画学、画史的教学和研究领域里耕耘了将近半个世纪的美术史家、著名学者、湖北美术学院教授阮璞先生步入了他人生的古稀之年，和大多数将毕生奉献给文化教育和科研事业而不求闻达的中国知识分子一样，阮璞先生一生勤于笔耕，研究成果甚丰，却难以出版。因此给这位七旬老人的生日带来莫大安慰的是他的画学专著《论画绝句自注》久经波折终于出版面世，在这部书的结尾，阮璞先生写道："（吾之论画）再三致意处，总为究明订正画学界积非成是之问题，盖形同好辨，而情非得已。……语云'拙于事者繁而费'，又云'笑他人之未工，忘己事之亦拙'，乃今尽余《（论画绝句）自注》之文见之。""拙于事"，所以能潜心学术几十年而不求闻达，这既是先生的自嘲，也正是先生的自得处。

二十世纪三十年代在中国现代文化史上是一个极其富于戏剧性的历史时期，一方面五四新文化运动的余波仍在不断冲刷着几千年封建文化的余孽残滓，在西方进步文化的催生作用下，从政治到科技，从文学到美术，一大批现代文化的巨人才子开始在新的历史舞台上熠熠发光：毛泽东、鲁迅、郭沫若、巴金、徐悲鸿、林风眠……而另一方面，随着日本明火执仗的侵入，民族危机加重，新文化建设的呼声很快就淹没在救亡的枪炮声中。阮璞先生正是在这样的时代步入艺苑继而开始他的学术生涯的。

1933 年，阮璞先生在武昌艺专高中部和本科主修西洋画（油画），1936 年秋入国立北平艺专西洋画科继续学习。北平艺专聚集了齐白石、常书鸿、黄宾虹、李有行等画界大师，但真正从艺术志向上影响阮先生的并不是这些画坛高手，而是有深厚文学根底的绘画史老师郑以滜和精于金石篆刻的国文（文学）课老师寿石工。在他们的影响下，他的兴趣日益由绘画转到文学和美术史论上。1937 年抗日战争全面爆发，北平艺专先后迁至武汉及江西庐山牯岭，最后于 1938

年在湖南沅陵与杭州艺专合并为国立艺专。在这里，阮先生又受教于曾留学德国、对美学和美术史都有很深造诣的滕固先生，滕固先生不仅精于美术史，在考古、古文方面也有深厚的修养，这些对阮先生日后的治学态度、方法无疑都具有深远的影响。1939年底，阮先生由国立艺专毕业（时校址已迁至昆明），次年赴四川江津国立九中任教。在那里，他结识了杭州艺专毕业的孙功炎先生，两人志趣相投，结为至交，开始对传统国学进行系统的研讨切磋。在江津的两年半，对传统辞章、考据、义理之学和古人诗词文赋的苦心钻研，为阮先生打下了扎实的治学根底。从1933年到1943年将近十年时间，是阮先生潜心苦读、广搜博览、立志学问的重要阶段。从四十年代直到现在，阮先生全身心投入艺术教育和中国画学、画史的研究，先后执教于四川省立艺专、武昌艺专、蜀中艺专、湖北教育学院、湖北艺术学院美术部和湖北美术学院，讲授过文学史、诗歌词曲、中西美术史、美学史、中国画论等课程。他严于律己、崇实黜虚、严谨质朴的治学风格和谦和大度、不事功名的处世态度，勤勤恳恳、

诲人不倦、甘当孺子牛的教学精神却几十年如一日。

阮先生的画学、画史研究向以严明著称，这与中国传统（尤其是明清以来）的画论著述以及时下不少名为"绘画美学"之类的玄谈大相径庭。传统中国学术有所谓"经今古文之争"、"汉学"与"宋学"之争，古代学者或重义理，或重考据，或主"道问学"，或主"尊德性"，或崇尚发挥微言大义，或偏重考订名物训诂，不过这种争论往往只限于治经治史。以治经治史的方法和态度去对待"游之而已"的绘画和画学历来为中国传统文人所不屑。所以即便在考据之风盛行，"上穷经史、下究医卜、遍及学术各部门"[2]的清代，画学著述的考据仍几付阙如。从历史看，中国画学研究缺乏一个对材料进行系统整理爬梳的环节，中国画史上诸多重大理论问题之所以长期陷入"剪不断、理还乱"的局面，与这种不求甚解、积是成非的传统有关。近现代虽有不少学者潜心于画学著述的清理工作，但或因学识修养，或因眼光方法等种种限制，这项工作远非尽如人意，而在大量画学著作的研究中，仍不乏断章取义、

移矢就的、穿凿附会的劣习，这些都加剧了中国画学著述的混乱局面。阮璞先生对这种状况有过这样的感叹："画学无人作郑笺，诸君妙语总从天。纵教古义生新解，举烛初衷岂举贤？"显然，要使中国画学、画史成为一门真正独立的科学分类，首要的工作无疑是获得确实可靠的知识和材料。阮璞先生画学研究的起点也正在于此。他主张中国传统画学的研究应该从正本清源入手，以训诂学、文体学、校勘学为工具，"冲破后人注释的重重迷雾"[3]，直寻古人原意，同时结合同时代文艺、哲学思想及风尚习俗等具体文化背景进行历史的分析，并采取"知人论世"的原则，将著作者的画学思想置于著者生活、经历和著者的其他思想背景中去把握考察，将著者的"兴到之言"与"一以贯之"的主张区别开来，将著者的原意与后人的注释区别开来，只有在这个基础上，将材料的把握与理论的阐发高度结合，才有可能在变幻莫测的历史疑团中真正寻觅到中国画学的发展规律。在对中国画学、画史都至关重要的谢赫"六法"的研究上，阮璞先生将立足点放在对"六法"原义的考察上，他运用训诂学的方法探求"六法"字词的原意，运用文体学的方法辨析"六法"六对范畴间的逻辑关系，运用校勘学的方法查明谢赫《古画品录》的篇名流衍，在掌握和运用大量古籍材料的基础上，对"六法"的理论性质（"原本是为当时品评画艺优劣制定出一整套既有理论也切实用的标准，但是就'六法'的客观效果来说，由于'六法'在很大程度上揭示了绘画艺术的普遍规律性，因而……实际上为我国绘画的创作和批评建树了一个精密的理论体系。"）、"六法"产生时代的文艺品评风气、"六法"与"六品"之间的对应关系、"六法"含义在中国画史发展中的流衍变化都做了翔实可信的考证，从而使作者对"六法"的研究达到了作者所谓的"将后人对《画品》一书所做的不据事实、徒滋荧惑的种种注疏一扫而空之、径直求诸《画品》本身""还谢赫'六法'以其本然自具的原意……把它变成我们今天应当有批判地加以继承的一份珍贵的历史遗产"的目的。

苏轼是中国文人画理论的始创者，其画学理论对后世几百年的文人画发展产生了巨大影响，对他的文人画观进行科学的研究评估，对于澄清文人画史中许多历史疑难，重新整理文人画丰富的艺术遗产都具有不可多得的理论意义。如果说阮璞先生对"六法"的研究主要得益于他的文字学功底，那么对苏轼文人画观的研究就主要得益于他深厚的（旧）诗学、史学的功底，得益于他对中国传统文化的那种驾轻就熟的能力，他将对苏轼文人画的研究集中在苏轼三个被后人误解和曲解得最厉害的问题上：苏轼的"吴王优劣论"、苏轼心目中的"文人画"，以及苏轼的"形似论"。他通过将苏轼的论画主张放置到他的整个文艺思想（尤其是诗学主张）、他的政治态度以及他一生经历的特定历史环境中去考察，将苏轼的"兴到之言"与他的"一以贯之"的主张，将他艺术阅历不成熟时期的言论与成熟时期的主张区别开来，指出苏轼最为推崇的画圣是作为"画工"的吴道子，而不是"诗老"王维；苏轼大量揄扬和激赏的是"皆从格法"的"正规文人画"，而不是"勿识""世之格法""多求简易而取清逸"的"墨戏文人画"；苏轼所谓的"论画以形似，见与儿童邻"，是北

宋品画的一种常规表述，而不是反对作画追求形似的创作观。这些凝注了阮先生"繁而费"的考据功夫的结论，对于我们全面了解苏轼文人画观的本来面目和后世文人（尤其是逸品画风成为文人画主流时）对苏轼论画的支离蔓延之间存在的历史误差，从更广阔的角度把握中国文人画乃至整个传统中国画的多样化的发展面貌和风格无疑是有帮助的。

阮璞先生以治史见长，但他从来不将对历史的研究与对现实中国画的发展状况的关注区隔开来，在他的画学著述和论画绝句中，我们时常能够感到他自己所谓的"形同好辨""情非得已"的现实批判意识。在讨论"六法"的理论意义时，他强调"六法"作为一个普遍的造型艺术的原理，完全可以包容西洋绘画的造型规律，他反对片面强调中西绘画在材料语言、造型特征上的差异，指出作为造型艺术，中西绘画除了各自不同的独特规律外，必然有艺术自身相同的普遍规律，而正是在这一点上，中西方绘画理论中那些带普遍规律性的原理完全可以互为补充、相映生辉。在研究方法上，他反对那

种囫囵吞枣、以讹传讹的轻率态度，提倡以探本溯源的态度去分析那些众口一词的结论。他尤其反对在画史研究中将绘画史作为诠注某种政治概念和史观工具的做法，如近现代许多美术史家都以复古派与革新派为清代画家划界，推许石涛等为革新中坚，推许扬州画派为新兴市民阶层代表，对这种不顾事实的结论，阮璞先生指出："近日谈艺家莫不竞誉石涛、八怪为生创，为革新，百啄一辞，习为定说……然板桥辈一类家数，又岂是一空依傍者？""李复堂、郑板桥解印后卖画扬州，与赵㧑叔、吴缶庐失官后卖画上海，俱不过由赖官糊口改而赖商糊口，此间亦何容张大其词、极口交誉其思想上、政治上具有所谓反抗性、进步性哉！"[4] 在关于中国画发展前途的讨论中，阮璞先生表示理解那种认为中国画已走入"穷途末路"的观点，但他认为中国画衰落的根本原因盖由于明清以来，文人画家片面理解诗与画、诗与书的关系，曲解历史上"不求形似""画意不画形"的理论，一味偏尚墨戏山水，以致造成"意境贫薄，万手雷同，驯致枯笔如草，味同嚼蜡"[5] 的局面，他认为："明清以来，

山人清客咸自附于文人画派，开口便称画要有书卷气，看似高玄，却绝非无辄可循。征之于画内，彼辈作画，但遇稍涉书史玄实之题材，便已不能措手；征之于画外，彼辈论画，但涉略须教典之议论，立见破绽百出。"就连吴昌硕、黄宾虹、齐白石这样的大家读书论画也往往"沾染自昔文人画家读书不求甚解、为文又漫与涉笔之积习……更兼有意英雄欺人，而学殖又不足以济其臆说"[6]。这也是导致中国绘画日趋衰落的原因。他认为振兴中国画的途径在于认真清理、重新估价中国传统绘画的全部遗产，抛弃明清以来对中国画及画学理论的无数不顾事实的曲解和误解，将揭示中国画自身的独特规律与揭示中国画作为一门造型艺术与西方绘画所具有的普遍一致的规律结合起来，摆正诗、书在绘画艺术中的位置，使中国画在新的文化环境中得以继续发展。阮璞先生曾坦诚地说："在中国画乃至整个中国文化的讨论中，我的观点也许保守一些，这是从自身条件出发得出的结论。我不反对超前的观点，但那些完全无视国情、不讲科学的结论我是不赞成的，我希望争论的出发点是有科学依据的，

而争论的方向是学术性的。"

在这篇介绍当代极有造诣的美术史学者阮璞先生的短文中，我们花了不少笔墨谈论阮璞先生的治学，其实，在过去几十年的生涯中，阮先生绝大部分时间和精力是放在艺术教育上的。自1939年秋由国立艺专毕业后，他几乎没有离开过教学岗位。在教育思想上，阮璞先生一贯主张建立健全稳定的教学体制和传授具有一定客观性和理论定见的基础知识，强调注重艺术自身独特规律的教育。新中国成立以来相当长一段时间内，中国的艺术教育一直受到极左政治思潮的影响和干扰，文艺的方向问题（艺术为谁服务，艺术的普及与提高的关系）成为涵盖和代替艺术教育的主要问题，艺术的基础知识和基本功的训练在一个相当长的时期内，事实上已被取消。在这种背景中，阮璞先生极力赞成并参与推行引进苏联的教育体系（这是当时唯一能够引进的正规艺术教育体制），希望通过这条途径使中国的艺术教育逐步走入学术化和正规化的轨道，这些观点在五十年代末到六十年代初的"左倾"思潮中遭到冲击，他也被划为"拔白旗"对象，

受到批判。"文化大革命"结束后，中国大专院校的艺术教育逐渐由混乱恢复正常，阮先生除了从事中国美术史和美学等课程的教学外，还担负了培养研究生的繁重工作，对于研究生的教育、教学，阮先生也着重从培养他们严谨缜密的治学态度和逻辑思考能力入手，强调学生必须掌握丰富翔实的一手材料，引导学生树立"概念要弄准确、证据要有来历、思考要合逻辑、论断要切事理"的学风，在近十年培养研究生的工作中，他多次亲自带领学生实地考察各地美术遗迹，对研究生的毕业论文从确立选题到基本学术观点，从材料的选择甄别到行文的篇章结构，甚至史料的句读标点都做认真具体的指导修订。在学术观点上，阮先生则从不强求学生与老师的一律，他常说："我与学生的年龄、经历不同，对事物的理解方式自然也会有差别，我的治学方法是依据自身条件确定的，不具有普遍性。只要学生遵循学问研究的科学规律，结论言之有据、言之有理，不应轻易否定。"这种严肃而宽宏坦诚的态度对培养学生独立思考的能力起了积极的作用。

阮璞先生既是一位受传统文化感染极深的旧知识分子，又是一位具有现代人文科学理论素养的新知识分子，他具备了他的一些前辈与后辈都不具备的条件，因此，他在中国画学领域的许多研究成果，有不容忽视的学术价值。然而，一位受传统文化感染极深的知识分子，在现实生活中不能不遭到许多难以解决的问题，"拙于事者繁而费"固然凝固着他勤勉严谨的治学态度，但过分的"拙于事"，又使阮璞先生大量的研究成果迄今仍藏之文箧未能付梓，这实在不能说不是一种遗憾。但愿这不至于成为永久的遗憾。

1989 年

注释：

[1]原文载《艺术与时代》，1989 年第 3 期；严善錞、黄专，《当代艺术问题》，成都：四川美术出版社，1992 年，第 104—112 页。——编者注
[2]阮璞，《论画绝句自注》。
[3]阮璞，《谢赫"六法"原义考》。
[4]阮璞，《论画绝句自注》。
[5]同上。
[6]同上。

潘天寿的艺术遗产及其意义^[1]

——《潘天寿》序

潘天寿离开这个冷寂的世界已整整二十年了，这个时间不算短，但对于历史地评价这位古典艺术传统的捍卫者，我们似乎还缺乏足够的距离感。评价一个生活情境与我们大致相近的历史人物，我们首先会遇到两重很难逾越的局限：一方面，相同情境提供给我们理解历史人物的心理便利，但相同情境所带来的价值上的相关性，又使我们很难保证用较为中性的态度去描述和阐释他们的遗产，当这些遗产只有在相当长的时间后才能充分展现其价值时，情形更是这样。譬如，在一个崇尚新奇和叛逆的情境中，我们就很难用中性的态度去看待潘天寿这类"传统型"艺术家的各项革新性实验的价值。另一方面，同时代大量未经历史过滤的文献资料提供给我们信息便利的同时，又无形中增加了我们取舍选择和做出历史判断的难度。在我们着手研究潘天寿时，这样两重局限无法避免地存在着，不过，尤其不幸的是，就后者言，有关潘天寿的那些未经历史过滤的材料也所剩无几，这些无疑将极大地限制

潘天寿研究的学术水准。

尽管如此，就目前的状况而言，潘天寿艺术遗产的意义仍是一个值得我们花气力探讨的题目，在我们的艺术生活中，大家已经习惯在传统派与保守派、反传统派与革新派之间画等号，这种两分法除了掩盖我们的无知、助长我们的狂妄自大外，几乎没有给我们留下任何有价值的东西。潘天寿一生都在努力证明这样一种价值观：那种影响我们文明生活达千年之久的艺术传统，在现代情境中仍然有着别种艺术无法替代的历史合理性和现实发展的可能性，如果我们轻易地放弃这种传统，那么受损害的将首先是我们自己。即使在讨伐传统的阵阵喧嚣中，潘天寿这种努力的成功也是显而易见的。这种成功的意义无论对他本人还是对于我们的文明生活无疑都是巨大的，就此而言，探讨、清理这笔遗产，对于我们就显得不仅是一种义务，而且是一种获得财富的权利。

感谢中国艺术研究院美术研究所和天津杨柳青画社为我们提供了一次清理这笔

遗产的机会，他们主编出版的"二十世纪中国画画家研究丛书"收列了中国现代史上十几位具有代表性的画家，这些画家都曾以自己独有的方式影响着这段历史，或者说，他们就是这段历史的有机部分。我们觉得将《潘天寿》列入这套丛书，本身就标志着这位画家已开始以一种学术的方式进入历史。在着手拟定《潘天寿》一书的写作体例时，我们曾颇费了一番功夫，感谢丛书编辑者的大度，他们除了对丛书的字数和图文的编排方式提出了一些技术性要求外，几乎没有对写作方式做出限制，这就使我们有可能按照自己熟悉的方式去安排写作。《潘天寿》不是一部传记性质的著述，也不是对潘天寿某个重大艺术课题的专项研究，事实上，它正好介于两者之间：我们力图通过在潘天寿一生艺术活动中寻找出几个与历史发展情境有关的逻辑问题去全面介绍潘天寿的艺术遗产。由于我们将艺术史理解为在不同的历史和社会情境中艺术家们发现、提出问题并尝试解决问题的过程——这一思想来源于波普尔和贡布里希——所以，我们关注的是潘天寿面临的艺术难题、潘天寿提出的解题方案、潘天寿的几项具体的艺术实验，以及在

此基础上对潘天寿艺术遗产的总体估价。因此，除第一部分外，本书的其他部分几乎都是围绕某个具体艺术问题的讨论。需要指出的是，为了与丛书的整体性质相谐调，我们将重点放在对潘天寿绘画艺术的论述上，他的其他艺术成就只有在与此相关的情形下才会被论及。

第一部分《艺术传统与时代潮流中的潘天寿》既是潘天寿的生活经历、矛盾性格和艺术风格的生平简述，也为我们后面所要论及的各项艺术问题提供了一幅社会情境要图，关于这方面的内容，读者可参照近年来出版的两部传记性著述：潘公凯先生的《潘天寿评传》和邓白先生的《潘天寿评传》。

英国东方艺术史家苏立文（M. Sullivan，1916—2013年）在一篇论及中国现代国画的文章中谈道：

　　几乎所有的传统国画作品都是累积经验的一般化、精纯化，而不是对某种特殊经验的反映；都是表达永恒的观念，而不是记录短暂或偶发的事件。画家的态度是反省、超然物外的形而上的真实。这种艺术传统讲求抒情、精微、完美，以粗俗为严重的过失。

大师如齐白石、黄宾虹和傅抱石等人，几乎一成不变地把这个传统带到了二十世纪。1971年潘天寿遭"四人帮"迫害而死，可以说象征了这个源远流长的历史的终结。[2]

这个结论无论是基于历史的客观分析还是出于对画家的尊崇，都表明了这样一个事实：在二十世纪中国画家中，潘天寿的艺术最全面、最集中地体现了传统中国画——主要是文人画——的价值要求，在潘天寿以后，我们的确很难找到一位从传统学养、价值态度和笔墨功夫等综合能力上更加接近文人画理想的画家，从这个意义上看，将潘天寿作为中国文人画传统的最后一位代表人物并不是一种夸张的说法。在研究潘天寿的艺术之前，我们将首先对文人画传统以及这种传统在新的历史场景中所面临的课题做出一些有针对性的描述。近几年来，我们对文人画进行过一些较为系统的研究，这些研究包括对文人画的价值取向和技术方向间矛盾处境的研究，对文人画某些题材的图式修正史的研究，对中国具体文化形态中德、文、诗、书、画之间逻辑关系的研究，以及不同时期具有代表意义的文人画家的个案

研究。应该说，文人画所面临的种种艺术难题在潘天寿所处的艺术情境中不仅没有淡化和消解，反而以某种更为开放和复杂的方式展开、深化，譬如说，如何在现代情境中处理"依仁游艺"的价值态度和画家的职业身份、技术方式间的矛盾；在传统文明逐渐消失的知识背景中，绘画如何保持与诗文、书、印之间的逻辑联系；在现代社会复杂的政治压力中，画家如何调节人格与画格之间的传统关系……在第二部分《潘天寿与文人画的现代课题》中，我们将围绕这样一些题目展开对潘天寿的艺术性质的研究，并且顺带讲述一些有关潘天寿的有趣的艺术故事。

如果我们将一个艺术家面临的艺术问题的难度和这个艺术家把握这些问题的深度作为衡量一个艺术家客观价值的标尺，那么，我们首先会发现，在潘天寿的艺术遗产中，最有价值的成分是，在复杂变幻的艺术潮流中，他总是能对他所需要了解和处理的艺术问题保持一种十分自觉的状态。在二十世纪中国画坛，潘天寿属于少数几位具有明确的理性目标和具体实验步骤的画家之一，在目标的确定性和方案的具体性上也许只有林风眠、徐悲鸿这类大师可以与之比较。

在潘天寿的时代，传统国画至少经历了两次来自西方绘画系统的挑战：一次是伴随五四新文化运动而来的西方古典写实体系和现代派绘画思潮的挑战，一次是伴随五十年代社会主义阵营形成而来的苏俄写实主义造型体系的挑战。这两次挑战，一次发生在潘天寿艺术风格的形成期，一次发生在它的成熟和全盛期。在近半个世纪的时间跨度和复杂变幻的历史场景中，潘天寿一以贯之地坚持着一种信念：中西这样两大绘画系统不应该以相互融合、折中作为各自的发展前提，相反，他主张"中西绘画，要拉开距离"，反对"世界主义文化"和"共同性绘画"，反对中国画的"西化"，一如提倡西画"应在西画基础上搞，不必插入其他东西"。他理想的国画发展是在深入研究自身传统的基础上，通过画家的艺术实践，"创作出具有中国气派和中国作风的新国画"，他并不反对在国画中引入西画某些技法的尝试，但认为不加研究的吸收和脱离国画自身特性的吸收都是不足为取的。这种认识奠定了潘天寿一生艺术追求的逻辑基点，也正是在这个基点上，他针对以下具体艺术问题提出了自己的解题方案：如何谐调青绿山水与水墨山水、工笔语汇和写意语汇间的趣味差异，如何处理清妍婉约与野战霸悍间的风格矛盾，如何看待中国绘画的空间程式与西方绘画的透视法则间的历史差异，如何将山花野卉与近景山水进行有机搭配，如何处理指墨画中传统技法与新的趣味之间的矛盾……由于这些方案和实验几乎都是针对中国绘画史上某个特定的艺术问题提出来的，这就使它们超越了单纯个人风格演进的意义而具有了艺术史的价值。在第三部分《潘天寿的艺术方案及具体实验》中，我们将尝试运用功能分类和图像学的一些原理和方法，对潘天寿的具体艺术方案进行剖析。

潘天寿一生约有五分之四的时间从事艺术教育，他曾略带夸张地说："我这一辈子，是个教书匠，画画只是副业。"创立现代化的国画教学体系是潘天寿一生力图解决的艺术难题之一，虽然潘天寿很早就进入了近代式的学堂，但他的艺术启蒙教育基本上是在临摹画谱、课徒和师徒传承的传统方式中完成的，直到 1928 年，他进入国立西湖艺术院（国立杭州艺专和浙江美术学院的前身）从事国画教学后，下面这样一些问题才以无法回避的方式被提了出来：如何将师徒传承的传统教学方式纳入现代学院式教育系统，如何在现代知识背景中使学生具备传统绘画所需要的人品、学养和综合性的艺术才能（诗、书、画、印），如何处理基础教学中临摹与西方式写生训练之间的矛盾关系，如何对国画中各类题材门类进行现代式的分科教学以及在各种课程中如何配置比例，等等。在各种情境压力中，潘天寿以近四十年的探索建立起一套适合中国画传承规律的现代教学体系，在今天的浙江美术学院国画系，我们仍然能感觉到这笔丰厚遗产的现实效应和价值，在第四部分中，我们将着重研究潘天寿艺术教育方面的成就。

在潘天寿时代有这样一个奇特的历史现象，那就是，几乎不是职业艺术史家而是那些卓有成就的画家占据了艺术史研究领域。这一方面是由于近现代中国在引进西方科学教育体系时莫名其妙地忽略了艺术史这个门类，这就使得艺术史领域不可能像哲学、宗教、历史、心理学甚至美学领域那样出现一些具有现代素质、受过职业训练的专家。而另一方面，在近现代复杂变幻的艺术潮流中，与艺术家自身选择和艺术实验有关的理论问题迫使艺术家不得不以一种非专业的方式参与艺术史的研究，艺术家直接参与艺术史研究使得艺术史染上了浓厚的感性和实践色彩，对于像潘天寿这样具有明确艺术目标和实践方案的艺术家而言，艺术史的研究构成了他进行选择的一个不可缺少的逻辑前提。从 1928 年《中国绘画史略》开始，一直到 1957 年对顾恺之的个案研究，潘天寿对艺术史的兴趣几乎包容了画论、画派、画院制度、画法及重点画家等中国美术史的重大课题，从某种意义上讲，不理解潘天寿对艺术史的兴趣重心，也就无法理解潘天寿各项艺术实验的逻辑来源。当然，由于中国美术史的研究在当时还不具备诸如博物馆学、文献学、考古学等必要的知识准备，因而它还不可能成为一门独立意义上的人文科学（事实上我们认为，即便时至今日，严格意义上的中国美术史学仍处于草创阶段）。所以，在第五部分《潘天寿与艺术史》中，我们将不从史学意义而从实践选择的意义上评估潘天寿艺术史研究的价值，我们以为，只有这样才能对潘天寿艺术史研究的意义做出实事求是的评价，否则，我们会永远连什么是属于艺术家的艺术史，什么是属于学科领域的艺术史也分不清楚。

感谢潘公凯先生和潘天寿纪念馆、潘天寿基金会为本书提供的慷慨帮助，他们不仅尽其所能地为本书提供潘天寿的作品、文献资料和研究经费，而且为研究提供了不少建设性的意见，我们相信，与这套丛书的其他作者比较，在以上两方面，我们是十分幸运的；同样，我们还要感谢范景中先生，事实上，选择这样一个研究课题本身就是他建议的结果，细心的读者肯定更会看到，本书在总体构思和研究方法上都受到了他的那篇纪念潘天寿的短文《艺术家与传统》的影响；我们还要感谢在我们之前所有从事过潘天寿研究的同人，没有他们建树的研究基础，本书是无法达到目前这个水准的。

1991 年 5 月

注释：

[1]原文载严善錞、黄专，《当代艺术问题》，成都：四川美术出版社，1992 年，第 138—145 页。——编者注

[2]苏立文，《现代中国画：传统的风格，现代的感情》，载《雄狮美术》，1987 年第 2 期。

潘天寿几幅山水画作品的象征寓意研究^[1]

对潘天寿山水画作品的象征寓意的讨论，涉及中国山水画的一些传统寓意方式，以及这些方式在新的价值背景和知识背景中遇到的危机和发生的变化。正如不少西方学者所指出的，传统山水画远不是一个"中性"的题材，[2] 但由于我们已经习惯将山水画描述成作者个体性、直觉性的情感或精神状态的反映，或者仅仅将它们作为某种抽象性的宗教观念和哲学观念的产物，忽略了造就山水画意义的一些更为直接的社会原因，忽略了作者往往必须借助一些类型化的寓意方式去进行各种表达，正是意义系统的类型化特征，保证我们不至于用纯粹主观的方式去讨论山水画中各类图像的象征寓意。

讨论作品的特定意义必须确定它的功能背景，即考虑它是为什么目的而创作的，在这个基础上，我们才有可能对作者的题材、风格选择及其特定的意义取向做出一些合乎或接近原型的判断。就这个前提而言，对潘天寿作品图像意义的研究显然要比风格研究困难得多，因为后者在很大程度上只需要对作品做直观分析和判断就行，例如我

们可以从它的某些用笔用墨和构图方式去确定它以浙派或以"八大"、石涛的风格作为表现基础，也可以通过分析画面的一些综合性或结构性因素去判断它的各项创新性价值。但面对那些隐喻性，有时甚至十分晦涩的图像意义，我们在确定它的功能类型进而去猜测它的图像意义时就只能依靠大量的背景文献，而这一点又正好是研究潘天寿这类课题时最缺乏的东西。

尽管如此，我们仍希望通过我们所能掌握的一些直接和间接的资料去确定潘天寿一些山水画作品的功能和意义。为了表述方便，我们先倒叙性地确定一些意义类型，然后再结合一些典型作品进行讨论。第一类我们称为"隐逸山水"，一般来说，这类山水画比较接近传统文人对待山水的"畅神""卧游"这类寄性寓意的价值态度和功能要求，它常常借用历史或文学题材，沿用"渔隐""山隐"或"送别"等图式传统去隐喻性地传达作者的情绪和感受。潘天寿在不同时期创作的《江洲夜泊图》《山居图》（以"土腴处处可桑麻"诗为题材的各类作品）《观瀑图》都

可归入这一类。第二类我们称为"祥瑞山水"，主要指在作者艺术全盛期为某些特殊的政治和社会原因而创作的山水画，这类作品沿用"祥瑞山水"图式传统，一般都有很明确的象征画题和直接的意义取向。由于这一时期作者的创作状态和技术能力都处于高峰期，因此在这类作品中产生了许多经典性的巨构，如《长春图》《雨霁》《光华旦旦》《长松流水》等。第三类为"实验山水"，这类作品的功能背景相对单纯，一般而言它们都是作者为处理和解决某些特定的艺术问题（如笔墨或指墨效果、构图方式、题材意境处理方式）而进行的实验性创作，如早期的《秃笔山水》《浅绛山水》，五十年代的《焦墨山水》《雨后千山铁铸成》以及五六十年代之交开始的融花鸟于近景山水的实验性作品，这类作品的风格价值往往使其图像意义趋于中性。应该首先说明的是，我们的这类划分有很明显的相对性，在很多场合中，各种山水画作品的"意义"是交叉和重叠的，如在不少"祥瑞山水"作品中我们能够看到作者明确的"实验"意图，而在某些实验性作品中，我们又能察觉到作者的"隐逸"情绪，当然，我们在选择进行分析的作品时将尽量考虑它们的主要属性。在此，我们仅就"隐逸山水"和"祥瑞山水"中的几幅作品讨论潘天寿山水画作品的意义特征。

在"隐逸山水"中，首先引起我们注意的是《江洲夜泊图》，这类作品具备了我们称之为自足性作品的许多条件——题录有助于解释画面意义的诗文，有明确的款识和印章，有的还参加过重要展览，而且作者在完全不同的历史情境中运用不同的手法多次重复过这类题材，似乎表明作者在有意向我们暗示一种与他一生的生存经历和人生态度有关的意义。

现在所知的最早的一幅《江洲夜泊图》创作于1931年，原作下落不明，王靖宪、李蒂所编的《潘天寿书画集》（上）中收入了这幅作品。作品采用了深远全景式构图，近景的坡岸、中景的一带江水和远景山势掩映的城郭形成画面层次分明的S形动态结构，山石以短硬披麻皴为之，手法略近于石涛，但点苔较少，与1930年的《观瀑图》《幽谷图》比较，笔墨更加疏简和具表现性特征，尤其是山石明显的体块结构似乎显示了作者后来发展了的造型特性，风格与同年所作的《山水册页》相近。画面的母题因素除了主体性的山势、江水外，近景临江的坡岸上有望楼一座，坡岸边有泊船数只，江中有一独舟，舟中一人在奋力向上游划行，一人闲坐舟头，从图式类型看应是传统"渔隐图"。但与作者的其他隐逸性山水相比，这幅作品具有明显的叙事性特征，近景的望楼、泊舟和远景的古城楼、城墙和屋宅都没有像后来作品中常见的那样做符号性的处理，似乎暗示这里交代的是与某些历史故实有关的地理环境。在画面上部三分之一处，作者完整题录了他的四首《江洲夜泊》七绝诗：

俯水昂山势绝群，谁曾于此驻千军。
万家楼阁参差起，半入晴空半入云。
城外千樯集海鸟，上通巴蜀下姑苏。
似曾相识浔阳路，夜泊船留司马无。
千秋淘尽几英雄，到海潮声岁岁同。
铁板铜琶明月夜，何人更唱大江东。
夕阳城郭花如锦，灯火楼台夜有声。
欲济莫嫌官渡晚，荻芦沙水太清明。[3]

题画诗点出了两个可能与画面意义有关的历史人物，一个是宦隐江州的白居易，一个是被谪黄州的苏轼。值得注意的是，在《潘天寿诗賸》和1953年的同类题材作品中，潘天寿都用了"江洲"而不是"江州"这个地理称谓，它似乎在提示我们这里的江洲应是一种泛指，不仅仅是指古代治州浔阳的江州（今九江市），从题材上看也就不仅限于"江州司马"一典。确定这个前提可以避免对"江洲夜泊"这个题材的意义做出过于狭窄的理解。还须说明的是，在1935年以前，作者的行程基本上没有超出浙江的范围，因此《江洲夜泊》显然不是作者实地游历的感兴之作，而是以一种宽泛的历史意义作背景的寓意之作，从诗本身看，作者没有像一般记游诗那样强调特定具体的地貌特征。事实上，《江洲夜泊》诗中所点明的长江中下游的古江州和古黄州，自古以来就是中国文人十分喜欢而又具有很敏感的象征意味的地方。它的重要性可以从这几点看出：其一，位于古江州以北四十余里的庐山自六朝以来即是著名的佛、道重地；其二，位于江州西南九十余里的柴桑山是晋代隐逸诗人陶潜的故里；其三，古江州是唐白居易的宦隐之地，在这里他留下了著名的《与元九书》和千古传唱的伤感诗《琵琶行》；其四，位于江州上游的黄州不仅有苏轼躬耕自养的东坡，还因为诞生了《赤壁怀古》《赤壁赋》《后赤壁赋》这类诗文而成为文人达观态度和人格理想的象征。潘天寿的《江洲夜泊》诗很显然正是包容了"志在兼济""行在独善"这样两种复杂的古典情结和传统价值。正如我们上面指出的，1931年的这幅《江洲夜泊图》的图式类型很接近传统的"渔隐图"，近景的望楼、旗幡和远景的城郭营造了一种具有历史感和人文色彩的气氛（望楼和旗幡是潘天寿十分喜欢使用的点景素材，如1932年的《甬江口炮台》，1950年的《扬帆》和《渔矶罢钓》，甚至1958年歌颂"大跃进"运动的《铁石帆运图》和1959年为国庆献礼的《江山如此多娇》中他都使用过。它所造成的"意义错位"给晚年潘天寿带来的麻烦我们下面将提到），江中的独舟更是这类隐逸题材的一种约定俗成的象征母题，像我们在马远、夏圭、吴伟、姚绶等人的同类作品中能看到的那样，大山大水中采用独舟这一母题既象征了文人与自然浑然一体的宇宙态度，也体现了某种独立不羁、与世无争、悠然自得的豁达心境。显然，在潘天寿作品中经常出现的独舟，除了加强画面的"古意"气氛外，其作用与另一类以山隐为题材的作品中经常出现的草屋一样，都是某种遁世情绪的代码。

潘天寿的第二幅《江洲夜泊图》作于1935年，这幅作品曾参加了1937年的"中国画会第六届展览会"，并以《野渡横舟》为题发表在同年第三十三期的《美术生活》上。这幅作品是潘天寿风格走向成熟的标志。画面造型已基本具备了"骨架组合"的章法特征，T字形的松树与基本水平的坡岸以及垂直的杂树相交成井字形，大量的空白处皆成方形；松树取法"八大"，但多用侧锋，转折处更加兀突、方棱；杂树取法石涛，但笔致更显苍劲，墨色也更为浓涩。船舶的造型虽出自南宋院体，但用笔生动奇逸，坡岸则空钩无皴，强劲浓烈的苔点错落有致，画面的笔墨处理具有一种戏剧性的运动感。空间结构基本采用近景的平远法。空间因素由三段式构成：近景坡岸、船舶，中景横贯画面的江水和江对岸的崖壁，崖壁形成一个巨大的封闭性背景，使画面的空间节奏和气氛显得急促不安，但画面左边的崖壁做了一些虚笔处理，稍稍减缓了画面的紧张感。这幅作品的图式类型仍属"渔隐图"，但个性化、运动感极强的笔墨处理和封闭紧张的空间气氛却似乎使风格选择和图式类型间形成一种一望而知的反差，这种矛盾我们以为与作品的寓意有关。在这幅作品的上部，作者同样题录了三首与"江洲"这一主题有关的七绝诗，除保留了原来《江洲夜泊》诗中的一首外，其余两首为新作：

> 莫将灯火认瓜州，江水苍茫树色浮。
> 天自高高秋月迥，几忆黄泥坂下舟。
> 千秋淘尽几英雄，到海潮声岁岁同。
> 铁板铜琶明月夜，何人更唱大江东。
> 碧霄流露自湛湛，星斗微茫夜下深。
> 船樯灯华人不寐，南窗试听青龙吟。

第一、三首诗未见于潘天寿自选的《潘天寿诗賸》，从第一句"莫将灯火认瓜州"来看，它们极有可能是为创作这幅作品而作的感兴诗，而作者在编辑诗集时无法见到原作，所以未能收入。我们首先来看这三首七绝题画诗的结构、用典和语意层次（就它与画作的关系而言，可视为理解画作意义的"原典"），然后再猜测一下它与画面意义的关系。这三首诗的结构十分清晰，第一首为全诗的起兴部分，它不仅点明了全诗的空间（不确定的"江洲"）、时间（秋夜）、位置，而且确定了静态的情绪基调，落笔处的"几忆黄泥坂下舟"直接用了苏轼夜游赤壁的典故，骤然使整个环境气氛进入《后赤壁赋》的语境范围，也使全诗的时空结构具有历史与现实交错的特征；第二首诗的情绪突起变化，激越亢奋有如交响乐的高潮乐章，"倒海潮声""铁板铜琶"构造出一个庞大的历史空间；第三首诗的意境重新回复宁静，节奏也由急促不安而趋于平缓，最后一句中的"南窗试听青龙吟"典出陶潜《归去来兮辞》中的"眄庭柯以怡颜，倚南窗以寄傲"，传达的是一种典型的传统文人的虚静淡泊的心境。对于熟悉中国传统文化的人来说，全诗这种由静而动、由动而静、大起大落的情绪节奏并不难理解，它所包蕴的人文意义有这样三个层次：其一，静观豁达的宇宙观；其二，积极进取的道德价值；其三，独善其身的人生态度。这基本上也就是这幅《江洲夜泊图》所要表达的寓意。从作品题材看，潘天寿选择的似乎是苏轼夜游赤壁的典故，历史上同类题材的作品至少有这样两种图式类型：一类是长卷式以文配图的形式，它将长卷按原典内容分割成若干个相对独立的空间单位并总体上形成完整的时间流序，这个形式可称为"叙事性"图解，如宋马和之的《赤壁图》即属此类；另一类图式则仅取原典的一个独立的空间内容进行表现，可称为"场景性"图解，如金武元直的《赤壁夜游图》中表现的"苏子与客泛舟，游于赤壁之下"的场面。潘天寿的这幅《江洲夜泊图》采取的是"场景式"的处理方法，但与武元直的《赤壁夜游图》比较，它大大推进了场面的视觉空间，舍弃了武作构图上全景式的表现方式，简化了画面的空间层次。从画面近景的泊舟中隐约有三人对坐的描绘看，似乎与《后赤壁赋》中"二客从予，过黄泥之坂"相符，但若以图像志的眼光考察，它似乎又有些与原典不尽一致，前后《赤壁赋》都没有泊舟赤壁的描述。《赤壁赋》只言泛舟，《后赤壁赋》从"二客从予，过黄泥之坂"到"盖二客不能从焉"都是言行游赤壁，"反而登舟，放乎中流"以后又都是言苏子独舟泛游，中间绝无泊舟的场面。潘天寿为什么要将泛舟处理为泊舟，我们似乎还没有很好的解释，不过有一点可以肯定，潘天寿在这里要做的显然不是单纯地重复一幅《赤壁图》，题画诗所包蕴的意义层次在画面上是通过具体的造型因素来完成的，正如我们在前面已提到的，在这幅作品中潘天寿仍选择了"渔隐图"这类图式传统，但用显然十分情绪化的造型手法去表现：大量使用顿挫有致的侧锋、尽量简化空间层次、母题间闭塞和略显紧张的节奏关系都使

画面在静穆沉寂的基调中出现了一种动静、虚实相间的张力，正是这种处理使得在题画诗中那种矛盾而统一的意义层次和剧烈变化的结构关系得到了一种视觉化的表现。很显然，与1931年的那幅《江洲夜泊图》相比，这幅作品无论在意象处理、造型方式和作者对原典的理解、表现上都大大进了一步，这幅作品在以后不断被作者重复，正是作者对这种处理效果的一种自我认可。

1945年潘天寿创作了另一幅《江洲夜泊图》，这幅作品在几乎所有画册中都被中性地题为《山水》，但从题诗和画面内容看，它也应属于"江洲夜泊"一类的题材。这幅作品已明显具备了潘天寿构图结景的个性方式：画面中央以渴笔勾勒出主体山石，山体仅以枯硬简略的皴法处理，无点苔，山石前的杂树野卉也画得疏略萧索。山石右方仍象征性地画上了望楼、旗幡和牌坊，左方有三位临江伫立的古人。从图式类型看采用的是"江岸送别图"的方法，从题材内容看描绘的则应是白居易《琵琶行》中"浔阳江头夜送客，枫叶荻花秋瑟瑟"的场面。画面右方的城郭大抵是浔阳城，而左方位置更低的屋宅似乎是白居易"住近湓江地低湿，黄芦

苦竹绕宅生"的居所，白居易在江州为司马时的官舍位于浔阳西门外，北临长江，背靠溢水，画面中间的山石应该就是官舍北边长数千尺的土冈。在画面右上方，作者再次题写了他的四首《江洲夜泊》诗的前两首，为我们上面的图像解释提供了确证，在作品左下方，潘天寿又以隶书加题了作者《登燕子矶感怀》诗中的一首：

> 感事哀时意未安，临风无奈久盘桓。
> 一声鸿雁中天落，秋与江涛天外看。

关于这幅作品和这首感事诗的意义，许多人进行过不同角度的解释，[4] 邓白先生《潘天寿评传》甚至对这首诗产生的历史背景辟专章进行阐述，这些都有助于我们读解这幅作品。

1953 年，也就是在创作 1935 年那幅《江洲夜泊图》十八年后，潘天寿以指墨用几乎同样的构图方式重复了这幅作品，取景与前幅基本相同，坡岸更趋平坦，与对江的石壁底线几成平行。在近侧的两棵松树间又穿插进一株横向的杂树，从而加强了主体部位的井字形结构，所有的树木都长上了坚硬的节疤，转角显得更加强拗，浓郁茂密的松针和枯涩苍老的枝干形成强烈对比。右侧加进了两块具浙派面目的岩石，杂树顶端已冲出画面，形成一股巨大的向外张力，至此"八大"、石涛、石溪的影子已荡然无存。与 1935 年的作品相比，这幅作品的空间结构显得丰富一些，笔墨表现也不像前者那样疏略简阔，但与前者最大的不同是画面上再也没有出现任何指示作品意义的题诗和其他文字，原来舟中的三人也消失了。很显然，作者在重复这幅作品时，在有意淡化和消除原来作品中强烈的原典寓意，尽量使其在场景和情绪描绘上趋于中性。造成这一现象有两个可能的原因：其一，作者不再关心这类作品的原典意义，而将它仅仅作为其艺术实验的一种方式（从作者使用指墨和许多其他的不同处理手法来看，这种可能性很大），也就是说他对这类题材的兴趣已由它的内在意义转移到它的风格价值上；其二，作者在新的历史环境中，表现作品原来的意义必须冒一定风险，所以不得不对作品寓意做中性的处理，从我们后面还要提及的情形看，这种猜测在某种意义上也是合乎逻辑的。对这幅作品的强烈兴趣促使作者在 1954 年再次重复了一幅《江洲夜泊图》，除画幅处理由横式改为立式外，画面的骨架结构更加紧凑有力，右角作者以他特有的渴笔点皴勾画了一块体量更大的岩石，与中央井字形松树形成强烈的对比，舟船和对岸崖壁的处理更加简略精炼，作品的叙事性特征已减弱到最低程度，在作品左上部，作者第一次明确地题了《江洲夜泊图》的画目，并题录了另一首七绝诗：

飞帆如叶下轻舟，千里江城一日收。
莫问浔阳旧司马，昨宵灯下抵瓜洲。

从作品风格处理看，它的实验性倾向更为突出，题画诗的情绪表现也似乎更接近于一般的记游诗，原来作品中的意义进一步被淡化。

由于缺乏必要和充足的文献，我们不得不中止我们对《江洲夜泊图》这类作品功能的进一步追问，例如我们无法了解每一幅作品是在什么具体环境中、出于什么具体的目的被创作出来的，它有哪些具体用途。我们只能从作者的生活经历以及与作品相关的文献去推测这类作品产生的心理背景和意义。潘天寿在生活态度和价值观上都曾经保留了浓厚的传统文人的典型特征，他的一生虽然没有古代文人那类升沉宦隐的经历，但

他的精神气质和人格品行中具有淡泊超然甚至强烈的遁世色彩，至少有这样一些事实可以支持我们的这个结论：其一，作为潘天寿人格典范的李叔同断发出家曾给青年潘天寿以莫大刺激，虽然由于弘一法师的劝诫他最终没有遁入空门，但出家的情结可以说笼罩着他的一生，据说一直到晚年，他都一直与灵隐寺住持保持着密切的过从，并不止一次地表达过出家的念头，在晚年他遭到一生中最严重的来自俗世的打击时，他首先想到的也是隐世；其二，在潘天寿的艺术生涯中，以道、佛或逃隐为题材的作品占有十分可观的比例，早年的《观瀑图》(1930年)、《幽谷图》(1930年)、《山水册页》(1931年)、《山居图》(1935年)，中期的《观瀑图》(1944年)、《山斋晤谈图》(1944年)、《看山终日行》(1948年)、《看山忘远近，坐久夕阳多》(1948年)、《柏园图》(1948年)，晚年的《渔矶罢钓》(1950年)几乎都直接借用了"渔隐""山隐"等山水画的图像传统，他一生中不多见的几幅人物画，大多也以佛僧、道人为主题(1922年的《老僧》及1948年的《观鱼图》《读经僧》《旧友晤谈图》)，而在潘天寿使用的字号中，诸如懒头陀、懒道人、

懒秃、心阿兰若住持也都很直接地反映了这种心态。事实上，他相信艺术的至高境界只能是"从蒲团中来"，即从类似于禅宗的传统修养方式中才能获取。在这里，我们不打算解释近现代的历史场景中，中国传统的儒、道、释思想中的隐逸成分对当代知识分子具有的特殊影响和意义，但很显然，脱离这个思想史的背景，我们无法理解潘天寿为什么会在他一生中用不同的手法反复表现《江洲夜泊图》这类明显具有遁世色彩的作品 [5]。

接着我们来讨论在潘天寿艺术创作盛期出现的一批被我们称为"祥瑞山水"的作品。如果说，在"江洲夜泊"这类题材的作品中，潘天寿面对和需要处理的基本上还是传统绘画内部的问题，即如何运用传统寓意方式和图式类型去传达作者个体性的人格理想和人生态度，那么，在"祥瑞山水"或者说具有强烈社会和政治寓意的山水画中，他就不得不面对一个与当下文化有关的问题，这类问题的复杂性有时远远超出了潘天寿自己所能控制的范围。

五十年代初至六十年代中期是潘天寿艺术创作的全盛期，1956 年到 1965 年被评论家称为潘天寿艺术的"后十年"，作品的高产期是 1958 年到 1964 年这六七年，仅 1958 年一年他就创作了二百多幅作品，"比建国头几年的创作总数还多" [6]。从某种意义上说，正是这一时期的山水画作品构成了潘天寿艺术气氛中特有的大师感，甚至可以说，如果丧失了这一部分作品，潘天寿的大师地位就有可能动摇，但戏剧性的是，这批作品并不是在潘天寿一直倾心的传统文人的超功利环境和心态中完成的，相反是在具有强烈政治和社会功能的背景中创作的。

我们先来看看传统国画在建国初期面临的一些困境。在一个新政权建立初期，艺术必须无条件服从于这个政权所确定的道德规范和价值标准，这几乎是一条规律。对于饱经战乱的大多数艺术家而言，用艺术去歌颂这种现实既是一种责任也是一种义务，而对潘天寿来说，最大的苦恼则在于他无法用他熟悉的方式去完成这种义务，在晚年的"交代材料"中，他坦诚地诉说了这种苦恼：

> 我在解放前，一向是画些大粗笔的花鸟，间乎也画点山水，是很少的。几十年来在各艺术学校教课，也是教粗笔花鸟。解放后，刘开渠和江丰同志来做我院院长，一到校时，江丰就叫刘

开渠和我说:"以后不要画山水、花鸟了,改画人物画。"一方面中国画系与油画系合并为绘画系,中国画只有几点钟的白描人物画,无课程可教,另一方面曾多次学习毛主席延安座谈会讲话等文艺方针文件,知道文艺应该为工农兵服务,人物画是比较为工农兵所欢喜的,我也决意试学人物。搞了三年多,也创了好几件作品,如丰收、缴公粮、种瓜度春荒等,总是画不好,一是对人物的形象基础太差,二是各项技法跟不上,真是六十六,学大术,感到非常困难。[7]

潘天寿提到的"三年",大约指1949年至1952年,到了1953年,情况发生了一些变化:

> 大约五三年吧,全国美协成立大会在北京开会,大家也讨论到花鸟画这一画种还是要向新的新方向发展,达到为工农兵服务的目的就是了,因此我想,花鸟还是可画的,只要创新方面有些办法,而且我一向搞花鸟,有三四十年的长时间,是一熟路,比搞人物,似乎好办些,故又改画(花)鸟。[8]

在赢得了这种权利的喜悦之后,潘天寿马上意识到自己面临的实际上是一个比技术问题更为复杂的问题,即如何在艺术创新中达到"为工农兵服务"这个并不具体的政治目标,或者说如何在"为工农兵服务"的这个前提下去寻找传统国画的"新方向"。很显然,这个目标包含着两个难题:一个是政治性的,一个是艺术性的。这两个难题并不是潘天寿独有的,它所具有的普遍性导致了1954年至1957年间以《美术》杂志和《文艺报》为中心的"关于国画遗产和国画特点"的讨论,从初期看,这种讨论还具有某些学术色彩,论题范围包括国画创作思想和创作技法的关系问题、继承遗产和吸收外来技法的问题、山水花鸟画的创新等问题,虽然论战双方互指对方为"保守主义"和"虚无主义",但争论的方式和气氛基本上还是平和和有节制的,尤其是在1956年4月,毛泽东在中共中央政治局会议上提出"艺术上'百花齐放',学术上'百家争鸣'应作为我们的方针"后,这种争论基本上没有超出学术讨论的范围。但到了1957年中,随着政治上反右斗争的开展,这种争论开始发生戏剧性变化,从1957年第七期《美术》杂志开始,这种争论骤然转变成一场政治争斗，从几篇文章的标题我们就能闻到浓烈的火药味：《坚决打垮右派分子的进攻》（刘开渠）、《不让右派思想钻空子》（江丰）、《江丰是美术界的纵火头目》，江丰这位美术界的党代表一夜之间变成了反党的"纵火头目"。

在这种令人头晕目眩的论战初期，潘天寿一直保持沉默，直到1957年政治气候十分明朗后，他才在《美术研究》第四期发表了一篇在他一生中极少有的政论性文章《谁说"中国画必然淘汰"？》，反驳江丰的国画淘汰论。同年，在为中国画系写的讲课稿和《谈谈"中国画不科学"的问题》一文中，他进一步从理论上明确提出了东西绘画系统应独立发展的见解。对于潘天寿来说，政治上的"为工农兵服务"和艺术上的"创新"这两个目标在1956年至1957年以后戏剧性地获得了两个外来机遇：一个是反右斗争中对民族艺术的提倡为潘天寿的社会生活带来了一系列重大变化，极大地改善了其创作条件；[9] 二是同期各地的大兴土木，从另一个方面刺激了国画的创作，潘天寿在他的"交代材料"中很具体地谈到过这一时期"委托订件"作品增加的情况：

到五六年和五七年，各地的大建筑均蓬勃兴建，需要山水画和花鸟作品以为装饰。需要花鸟的画件渐渐地多起来，例如杭州饭店的两张丈二匹的大画，就（是）在五五年年底叫我和吴茀之两人画的。我们想，多写生画闹热些也是花鸟画创新，这样，我们也是为人民服务的。实在当时对花鸟画，各有各的说法，究竟如何画才合毛主席文（艺）座谈会谈话的方针，仍不是弄得很清楚的。[10]

这份文献为我们了解潘天寿这一时期山水画创作的"有机情境"提供了很明确的方向，很显然，这些委托订件作品不仅为潘天寿的山水花鸟画的创作在政治上提供了一条具体而理直气壮的理由，也为他解决和处理一系列艺术问题提供了契机。

在这类山水画作品中，比较重要的有1959年为北京人民大会堂浙江厅所作的《长松流水》，同年为庆祝新中国建国十周年创作的《江山如此多娇》和另一幅以毛泽东《浪淘沙》词意作的《大雨落幽燕》，1962年为缅甸驻华大使馆创作的《雨霁》，1963年根据全国美协通知而创作的毛泽东诗词作品《无限风光在险峰》，1964年为参加全国美展创作的同类题材作品《暮色苍茫看劲松》，以及同年为杭州宾馆创作的一幅"潘天寿现存作品中尺寸最大的一幅（267cm×686cm）"[11]装饰性作品《光华旦旦》。

《雨霁》是这类作品中的典范之作，这幅作品是1962年为缅甸驻华使馆的室内布置而作的，原件后转入钓鱼台国宾馆，现仍陈列于此。同年，潘天寿还以差不多等大的画幅（363cm×141cm）复制了这件作品，现藏潘天寿纪念馆。根据当时的情形，这类建筑装饰作品必须具备的一些要求，这幅作品基本上都达到了：充分尺寸的画幅、一些寓意明确的象征母题（行云流水、磐石长松）、一种理想化的（按当时的说法是"革命的现实主义与革命的浪漫主义相结合"）场景和气氛处理，加之潘天寿奇崛的构图方式和强悍苍劲的笔墨效果使画面充满一种独特的大师感，即使用当时的标准看，这幅作品与同类作品的样板之作——傅抱石、关山月的《江山如此多娇》相比也毫不逊色。作品的意义明了简单，几乎不需要我们进行引经据典的解释，画面的象征因素都不过是为了营造一个表达永恒、友谊这类抽象概念的气氛。

倒是这类作品在当时社会、政治背景中的一些处理方式上的特殊之处，值得我们用心考虑。从图像类型上看，这幅作品沿用了传统"祥瑞山水"的图式特征，与"隐逸山水"所要表达的意义类型不同，它处理的往往是一些赞颂、祝福性的象征内容，基调一般都是明快、热烈的，在象征母题的选择上往往借助青山劲松、长河飞鸿、琼楼金阙等去营造一种理想化的氛围，其图式来源与道教的"仙界图"和佛教的"经变图"有关，传统画史上如赵伯骕的《万松金阙图卷》正是这类图式中的经典之作。如果我们能够了解《雨霁》这类作品产生的"有机情境"，对潘天寿为什么会选择这类图式类型也就容易理解了。从当时的情形看，传统国画除了遇到了对它的笔墨程式上的诘难外，还面临着一种更为深刻的"意义危机"，这个危险的实质是，传统的寓意方式或象征母题在愈来愈远离了其文化价值背景和知识背景后，它的生存和发展还具不具备合理性和可能性？这一深刻的文化课题在1959年至1961年关于"国画题材和文人画问题"的讨论中，却是以山水花鸟画题材有无阶级性这样一个政治性的表述提出来的[12]，事实上，如何协调传统山水画与"为工农兵服务"这类文艺方针间的矛盾，或者说，如何协调大部分画家已十分熟悉的传统图像意义的表达方式和大众时尚口味的矛盾是当时"国画创新"的主要内容，在解决这一难题时，大部分画家选择了一种明智且显然具有"创新"意图的实验方式：直接在山水画中表现现代生活的场面[13]，它一方面在内容上确定了"为工农兵服务"这一现实主题，另一方面也淡化和消解了传统山水画中某些不确定和不合时宜的意义取向，而新中国成立初的大兴土木和1958年的"大跃进"更为这一实验方案提供了丰富的素材。从1959年人民美术出版社出版的大型画册《十年中国绘画选集》中，我们可以知道当时大部分稍有名气的山水画画家几乎都采用过这一山水画的"创新"方式：如关山月的《新开发的公路》、张文俊的《梅山水库》、何海霞的《驯服黄河》、李斛的《江心——长江大桥工程》、李硕卿的《移山填谷》、钱松嵒的《芙蓉湖心》。在这一点上，甚至连老画家贺天健也未能免俗。在他1959年创作的《梅山水库之西北河山景色》中，我们可以看到，不知是由于害怕破坏传统山水画的意境和笔墨韵味还

是缺乏直接描绘水库这一现代建筑的能力，他偷巧地将视野放在"梅山水库之西北"的山水中，即便这样我们仍能看到在右边蜿蜒的山林间不伦不类地加上了一条现代公路。显然，这种方案根本改变了传统的入画标准，并且是以牺牲传统山水画的意境构成方式和笔墨表现能力为代价的，对于那些生活在传统惯性中的画家而言，这种"创新"甚至是痛苦和残酷的。当然，另一类坚持运用传统象征方式的山水画在某些特别场合仍被允许存在，这就是我们提到的"祥瑞山水"。可以说，1959年傅抱石、关山月为人民大会堂宴会厅创作的大型装饰性山水画《江山如此多娇》获得的巨大成功，为这一类山水画的生存提供了一个强有力的理由。这幅作品的作者之一傅抱石在完成作品后的一篇文章中谈到他们是如何将"优秀的绘画传统"、个性化的艺术风格和当代寓意要求统一起来的：

> 主席写这首词的时候（指《沁园春·雪》），全国还没有解放，词里有"须晴日，看红装素裹，分外妖娆"。可是，今天情况不同了，"太阳"已经出来了，"东方红"了，它的光芒已经普照着祖

国的大地,画面上一定要画出一轮红日。我们祖国是这样辽阔广大,江南沃土在和煦的阳光下盛开着万紫千红的百花,而喜马拉雅山上还是白雪皑皑,因此,在一个画面上同时出现太阳和白雪,同时出现春夏秋冬的不同季节,同时出现东西南北的地域,并不会使人感到矛盾或不调和。我们优秀的绘画传统,不是有过把四季山水或四季花鸟集为一图的吗?

在绘制过程中,我们一直担心画的效果,每一下笔,都研究再三。我们力求在画面上把关山月细致柔和的岭南风格和我的奔放、深厚浑为一体而又各具特色,必须画得笔墨淋漓、气势磅礴,绝不能有一点纤弱无力的表现。……我们把近景的高山苍松,采取青绿山水的重色,长城、大河和平原则用淡绿,然后慢慢虚过去。远处则是云海茫茫,雪山蜿蜒。右上角的大阳,红霞耀目,光辉一片,冲破了灰暗的天空,使人感到"红装素裹,分外妖娆"。[14]

这幅作品的成功在当时的条件下为国画的"创新"提供了第二种方案,即在保持传统图式特征、笔墨效果和"入画"标准的前提下赋予作品明确的象征性的时代意义,正如作者预料的,这幅"从探索主题,经营位置……直到挥毫落墨,几乎无时无刻不受到党的关怀和鼓励"的作品,很快就成为"人民公社的文化俱乐部或公共场所"的"家常便饭"了。

对于潘天寿来说,选择第一种"创新"方案既是他不愿意也是他无能为力的,在他这一时期的创作中,我们偶然也能选出一两幅接近第一种方案的作品,如1975年的《帆运图》,1958年的《小篷船》和《铁石帆运图》。对于这类作品,卢炘先生有过一段有趣的记载,可以帮助我们了解潘天寿在这类方案前的窘境:

五十年代后期和六十年代初,他的创作进入了第二个阶段。他画了巨幅《和平鸽图》《光华旦旦》这类主题鲜明的花鸟作品。写意花鸟他得心应手,所以此时情绪也很高,但歌颂世界和平、国庆、"大跃进"等,他还是有点勉强,因为他一直不习惯将艺术与政治贴得过近,尤其不善于那些贴标签式的创作。由于党的文艺政策主张百花齐放、推陈出新,所以在那时,他继续画那些自己喜欢的题材，梅兰竹菊、松石山泉以及秃鹫，等等。他与现实保持着一定的审美距离。学生问他为什么不画新安江水电站的大坝、电线时，他摇摇头说这些题材中国画不好表现。留存至今的两张丈二宣纸拼接的巨幅中堂《铁石帆运图》，题目是表现"大跃进"的大炼钢铁，但内容仍然是他喜欢的巨岩上赫然入目的一棵巨古大松树，树下还有酒旗小亭，差一点画上去一个穿长袍的山水小人物呢！这与他1948年画的《浅绛山水》调子没有多大改变，然而笔墨新了，更有一种新的时代气息。此外，便是在画的下角溪水中多了一些船帆，这就是对题目"帆运"的呼应和说明吧！[15]

也许只有潘天寿这类画家才能深深体会到"入画"标准的改变对国画意味着什么，它意味着我们将放弃千百年来与我们的文明有关的艺术观察方式和观看方式，意味着根本改变人与山水这个自然的象征母题间的亲密关系，他之所以在巨大的政治情境压力中仍不愿放弃传统的"入画"标准，其深刻的原因正在于此。

与《铁石帆运图》相比，《雨霁》选择的图像类型不仅十分适合委托订件人的要求（它由缅甸使馆转入国宾馆正好说明了这一点），也使作者获得了一个得心应手地进行艺术实验的机会，与同时期的大量同类作品相比，这幅作品在构图上没有采取全景式的处理，而是将视野确定在一个十分闭塞的空间里，透视上的层次处理也不十分明确，横贯画幅的磐石和由中下部伸展插入右上方的苍松构成画面基本的结构关系，左边紧凑的构图处理与右方留白较多的磐石形成作品鲜明的节奏变化，背景中昏暗的流云使作品基调显得低沉、凝重，但横贯画面的一抱溪水在一定程度上缓解了画面的紧张感。这幅作品的构图方式与作者1959年所作的《记写百丈岩古松》十分接近，以至于可以将它视为《雨霁》的素材。《记写百丈岩古松》与《灵岩涧一角》（1955年）、《小龙湫一截》（1960年）、《小龙湫下一角》（1961年）一样，是潘天寿五十年代中期至六十年代初进行的融花鸟入山水画的艺术实验的一部分。关于这一实验的动机，按潘天寿的说法是希望"使山水画之布置，有异于古人旧样，亦合个人偏好"[16]。这类实验与传统程式比较有三个突出变化：其一，视觉处理方法上采用近似于西方写生性风景的定点透视；其二，块状的结构方式；其三，写意性的山石与工笔花卉结合，青绿与浅绛设色处理结合。这一套实验方式除与潘天寿的个人趣味有关外，很大程度上也与当时"创新"的情境压力有关，在潘天寿认定在画面中加入现代场景这种肤浅的"现实主义"不适合国画以后，他选择了"多写生，画闹热些"这样一种既不违反传统绘画的基本审美习性，又能具有"现实主义"的一般特征（如写生性、视觉化）的方式。《记写百丈岩古松》基本上就是依照这种原则创作的，当潘天寿将它移入《雨霁》后，在图式上做了一些适当的调整，在《雨霁》中，原作中的写生性特征被淡化，人为组织的特点更为明显，空间透视变化也大大削弱，前景写生性的山花野草也做了尽量简化的处理，这些处理显然都与这幅作品的实际功能有关：为了使作品更接近"祥瑞山水"所需要的那种理想化的气氛。

与潘天寿的花鸟山水画实验一样，他在这一时期创作的大量"祥瑞山水"赢得了社会的承认，他的订件也与日俱增，当然，潘天寿这一时期的作品并不都像《雨霁》一样走运，有些作品中出现的"意义错位"的现象，甚至给潘天寿的晚年带来了巨大的麻烦。我们还是从潘天寿晚年的"交代材料"中看看当时的情形：

> 五八、五九年以后，校外需要画件逐渐增加，因此忙于应付，对于创新方面有些矛盾，创作数量自然比较少（案：疑为"多"之误），因（此）也没有满意的作品创作出来，例如我所作《江山如此多娇》，我的原意是想画得既娇艳又美丽，故用大青大绿画成，下部的朱桃用西洋红点花，以配合青绿的颜色，是合于娇而且艳了。然而客观者将深青嫩绿看成秋景，朱桃看成红叶。又，我是不会画群众人物，因此船上只画一个人，是避短就易的办法，确是缺点，看起来自然有些不热闹的感觉，这全由于这幅创作时配合与技术不够而造成……其他如乌篷船、雨后千山（铁）铸成，秦皇岛外打鱼船等主观愿望，都有些创新的意想，然而都是心有余而力不足，没有搞好，不作详细解释了。[17]

另外，1963 年中国美术家协会通知各

省美协组织创作以毛泽东诗词为题材的画作，潘天寿也画了《独俏一枝春》和《无限风光在险峰》两幅作品。1964年为参加全国美展，他又创作了《暮色苍茫看劲松》等六幅作品，但令他沮丧的是这六幅作品均未入选，他极度苦闷地将这归结为自己"政治水平低，配合的技巧不适合，以致客观效果未能达到观众的期望"[18]。

这类作品的"失败"，很大程度上在于他所选择的图式语汇与他要表达的内容之间存在一种不合时宜的意义错位。潘天寿在"交代材料"中提到的那幅《江山如此多娇》创作于1959年，从款识看是国庆十周年的"献礼"之作，这幅作品采取了与《雨霁》不同的风格：以空钩无皴的墨线造型，以大青绿赋色，使其产生强烈的装饰效果，远处块状的山体、望楼、旗幡、城阁和近景的独舟等潘天寿常用的象征语汇构成了画面凝重的历史感，也使作品基调趋于空灵、静穆。应该说，这种风格在潘天寿的作品中具有极为独特的风格意义。事实上，除了1959年的《毛主席浪淘沙词意》和1962年的一幅题诗为"日色与朝霞……"的作品外，他几乎很少选择这类风格，要理解潘天寿的这类风格选择，我们必须了解这类风格的传统象征意义以及潘天寿的心理动机。

青绿山水在传统山水画中有"富贵"和"仙隐"这样两类性质几乎完全相反的意义特性。前者的图式来源于展子虔《游春图》这类贵族化的台阁和纪游山水，后者与《洛神赋图》《阆苑女仙图》这类神话题材的传统有关，至少至元代，青绿山水的这两种矛盾的词汇特性几乎还并行不悖（如钱选的《幽居图》和永乐宫壁画），甚至可以说直到晚明"南北宗"风行之后，青绿山水才逐渐丧失了它在文人画意义词典中的地位。就当时的情形看，当潘天寿在构思这幅既是以领袖的诗词为画目又是向国庆献礼的作品时，一定在构图、笔墨、意境处理上进行过一番谨慎的斟酌，在创作这幅作品的同时，他在《文汇报》上发表了一篇题为《要有更美的画》的即兴文章，我们大致可以将它作为潘天寿创作这类作品时的心理自白，这篇文章在申诉了花鸟山水画存在的现实合理性（间接为政治服务、鼓舞生产、教育群众）后，这样写道：

毛主席看到了祖国的伟丽河山，吟出了"江山如此多娇"的诗句，我们读毛主席这首词的时候，爱国之情油然而生。在杭州，看到西湖的风景，有谁能不热爱自己的祖国呢？我国古时诗人面对草原的风光，写下了"天苍苍，野茫茫，风吹草低见牛羊"的诗篇，读了这首诗，有谁能不引起对自己祖国、民族、土地的依恋之情呢?《诗经》三百篇以众多的花鸟草木之名完成其结构；屈原《离骚》中沅沚湘兰，借花木之名尤多。如果一个画家，他能画出"江山如此多娇"的花鸟山水，反映我们祖国的绚烂多彩，谁能说它没有作用，谁又能说它是可有可无的呢？[19]

显然，面对这样一个过于严肃的主题，潘天寿幻觉中涌起的一定是一种充满历史感的情绪，他之选用空钩无皴这种纯线性的造型方式应该是出于他对中国画的这样一种认识：线条是传统东方绘画系统中最重要的因素，它在表现与爱国有关的意义时应是最合适的一种造型方式，大青绿设色也是希望将富贵、艳美这一传统象征含义融入主题表现之中，达到他在设色上"淡而能深沉，艳而能清雅"的效果要求，[20]至于江中泛舟的处理手法，用他自己的"避短就易"的解释显然有些勉强，唯一的理由是，他希望通过这种处理加重画面凝重静穆的气氛和特殊的历史感，但他忽略了这种象征母题的处理显然是与"隐逸山水"图式特征一致而与"祥瑞山水"的图式特征相悖的，按西方人的说法，他在表达象征意义时的图式选择违反了"合适原则"。这样，在这幅作品诞生约十年后的那场动乱中，它的象征意义被一种特殊的解释学进行了如下的"解读"也就不会令人惊奇了：

> 在建国十周年时，全国人民无不欢欣鼓舞，热烈欢呼社会主义建设的新成就，可是潘天寿所作的《江山如此多娇》的一幅画，借以向国庆献礼为名，行反党反社会主义之实。在画中，他根本不去歌颂我国劳动人民在党和毛主席的英明领导下，社会主义建设欣欣向荣的新面貌，画面上却是：山上酒旗招展，江中渔翁独坐孤舟，饮酒作乐，大肆宣扬封建士大夫阶级逃避现实斗争的生活，发泄了他对今天伟大的社会主义现实生活的厌世情绪。[21]

这一切，当然是潘天寿始料未及的。

1994 年

注释：

[1]本文为黄专与严善錞合作写作。原文载《文艺研究》，1994 年第 6 期。——编者注

[2]参见高居翰，《中国绘画史方法论》，载《新美术》，1990 年第 1 期。文以诚，《家庭财富：王蒙 1366 年〈青卞隐居图〉中的个人家境与文化类型》，载《新美术》，1990 年第 4 期。

[3]诗载 1938 年潘天寿自选诗集《潘天寿诗媵》，字句稍有差异，起首句《诗媵》作"水绕山迴势绝群"，"千秋淘尽"作"浪沙淘尽"，"何人更唱"作"更何人唱"，"荻芦沙水"作"蒹葭沙水"。据《诗媵自序》称，所选诗作均系追记所得，故与原诗小有差异不足为奇，根据这幅作品的创作年代可知，这首《江洲夜泊》诗的成诗年代应不晚于 1931 年。

[4]见邓白，《潘天寿评传》，杭州：浙江美术学院出版社，1988 年。王义森，《潘天寿作品与时代》，载《四大家研究》，杭州：浙江美术学院出版社，1992 年。

[5]二十世纪初，苏曼殊、李叔同这类文化名流的出家给当时知识分子心理上的刺激和震撼是不可低估的，其意义绝不可简单归结为对现实的逃遁，丰子恺曾说："李（叔同）先生不是'走投无路，遁入空门'的，是为了人生根本问题而做和尚的。他是真正做和尚，他是痛感于众生疾苦而'行大丈夫事'的。"（《悼夏丏尊先生》）遁世，但并不是消极的，这种传统价值的现代完成方式在近现代思想中的意义值得更深入地讨论。

[6]潘公凯，《潘天寿评传》，香港：商务印书馆，1986 年。

[7]见潘天寿于 1966 年"文化大革命"中的"交代材料"（未刊印），由潘公凯先生提供原件复印件，并应允首次公开引用，顺致谢意。

[8]同上。

[9]1957 年他被任命为中央美院华东分院副院长；次年，他被选为第一届全国人大代表，同年 5 月苏联"全苏艺术家代表大会第一次会议"聘请他为"苏联艺术科学院名誉院士"，6 月，华东分院改为浙江美术学院，他又被任命为首任院长。这一切几乎是当时中国艺术家在国内和国际上所能获得的最高荣誉。

[10]见潘天寿于 1966 年"文化大革命"中的"交代材料"（未刊印），由潘公凯先生提供原件复印件。

[11]《潘天寿绘画册》，香港：半岛雅集美术出版社，1990 年。

[12]争论中比较重要的文章有如下几篇。何溶，《山水、花鸟与百花齐放》，载《美术》，1959 年第 2 期。华夏，《关于"主要"与"次要"——评"牡丹好，丁香也好"》，载《美术》，1960 年第 1 期。葛路，《不是无产阶级世界观起作用就是资产阶级世界观起作用》，载《美术》，1960 年第 2 期。王朝闻，《必须坚持政治标准第一——驳张望同志》，载《美术》，1960 年第 3 期。卢平，《略谈山水花鸟画》，载《美术》，1960 年第 4 期。程至的，《花鸟画和美的阶级性》，载《美术》，1960 年第 6 期。沈鹏，《卢平的观点是反马克思主义的》，载《美术》，1960 年第 6 期。金维诺，《花鸟画的阶级性》，载《美术》，1961 年第 3 期。

[13]这种方案应该说源于岭南画派，但作为一种艺术时尚则应是二十世纪五六十年代的产物。

[14]傅抱石，《北京作画记》，载《傅抱石美术文集》，南京：江苏文艺出版社，1986 年。

[15]卢炘，《潘天寿对传统文化的取舍初探》，载《四大家研究》。

[16]潘天寿，《听天阁画谈随笔》，"布置"有云："予近年来多作近景山水，杂以山花野卉，乱草丛篁，使山水画之布置，有异于古人旧样，亦个个人偏好耳。有当与否，尚待质异日。"我们曾为此致函潘公凯先生，询问文中"近年来"所指时间，公凯复函认为《听天阁画谈随笔》成篇于六十年代初，"近年"当指五十年代中至六十年代初。据 1955 年所作《灵岩涧一角》等作品可知，潘天寿"杂以山花野卉"的近景山水的艺术实验当始于是年。

[17]见潘天寿于 1966 年"文化大革命"中的"交代材料"（未刊印），由潘公凯先生提供原件复印件。

[18]同上。

[19]潘天寿，《要有更美的画》，载《潘天寿美术文集》，北京：人民美术出版社，1983 年。

[20]潘天寿，《听天阁画谈随笔》"用色"，上海：上海人民美术出版社，1980 年。

[21]见《打倒反动学术"权威"——潘天寿》，载《上海美术界大批判材料》。

考古学资源向艺术史资源的转换[1]

—— 读《楚美术图集》

将考古学资源转换成艺术史资源一般需要具备两个条件：其一，它必须为文物和图像资源提供艺术史的分类原则和方法；其二，它还必须为这些资源提供具有艺术史逻辑的解释，而这两个条件又以文物知识和历史科学的充分发展为前提，贡布里希就曾将独立意义上的艺术科学的发展和"它与美学分离的要求"归结为十九世纪文物知识的增长和同期历史科学的进步。

楚史考古无疑是二十世纪规模最大、成就最丰的地域文化考古之一，由它带动的楚史、楚学研究在近十年又发展成为颇具规模的地方文化史学科，这门学科从知识领域看包括了谱系学、神话学、宗教学、历史学、天文学、文献学、文学、音乐史、哲学等几乎所有人文学科；而从问题范围看又涉及楚族源、楚地望、楚制度、楚思想、楚风俗、楚文化与中原文化关系等开阔的视域，这无疑为考古学资源向艺术史资源转换提供了牢靠的学科背景，《楚美术图集》就是在这样的知识前提下对楚古典遗产进行这种转

换的尝试。图集编纂者，一位是楚史专家、文化学者，一位是艺术史家，这种知识组合本身，也许就暗示了这部图集的学术标准和学术价值：它希望以知识整体的方式对楚史文物和图像传统进行艺术史意义上的梳理、陈列和阅读，图集编纂者之一的皮道坚先生援引法国作家马尔洛（A. Malrallx）的说法，将图集称为楚史的"无墙的美术馆"。

这部精美得近乎堂皇的图集不仅以艺术史的眼光收集了包括青铜、漆木、丝织、金银、玉石、琉璃在内的几乎所有最具代表性的楚艺术珍品，还包括有助于我们在这座美术馆中漫游的指南：两篇由编纂者撰写的导言和建立在大量实证研究基础上的配图文字，它们使图集超越一般文物画册而具有很浓的史书色彩。我们也许还要提及图集设计编排者在形式上的努力，他们以极其专业的眼光将许多作品的局部做了最为详尽的放大处理，使不易亲睹原作的研究者和欣赏者受益匪浅。

当然，营造这样一座美术馆，最重要的

工程莫过于为那些尚只具有文物价值的器皿和图像建立一个艺术史的骨架，而编纂者在瑞士艺术史家沃尔夫林那里寻找到了建筑这个骨架的工具，这就是风格自律的研究方法，即通过视觉样式的风格特征和表现手法的研究，探寻隐藏于艺术背后的心理环境和文化精神，图集也正是在这样的艺术史学逻辑中，完成了楚史中考古学资源向艺术史资源的转换并赋予其艺术史意义的。图集编纂者通过对楚青铜器、漆器和丝绸造型、纹饰的实例分析，归纳出楚艺术基本的视觉手法和风格特征：造型上对运动感、音乐感的强调，对抽象形式因素与对比关系的敏感，幻象与实象、抽象与具象手法的交织并用，空间构成上不以体量的巨大而以超越模拟和象征意象手法所产生的以小见大、寓宏伟于精细的幻化效果（"一种不可度量的幻化空间"），色调处理上抽象、强烈的对比意识。当然，作者没有满足于对这些特征的描述，而是通过与中原文化和西方艺术的差异性比较，追寻楚艺术气质的宗教来源、思想来源和文化精神来源。在作者看来，楚艺术中强烈的生命冲动和奇谲的想象能力有两个来源：一是楚先民的"宇宙苍穹意识"，

一是南方老庄哲学和以《楚辞》为代表的南方文学体系对精神生命自由境界的追求、"流观"的审美观照态度及"超脱感"（皮道坚，图集《前言》）。与这种抽象的逻辑叙述比较，图集中更为精彩的部分也许是编纂者对那些具体作品的解读和猜测，在那里，我们可以看到历史与逻辑是如何统一起来，以及如何既唤起了我们的记忆官能，也唤起了我们的想象官能的。例如：

漆衣箱（图47丙）1—2

战国早期

长（又计把手）71cm，宽47cm，高40.5cm

1978年湖北省随州市曾侯乙墓出土，湖北省博物馆藏

①衣箱盖顶上的漆画显示了对天象题材的浓厚兴趣。圆拱形的盖面上绘巨大北斗及二十八宿，两旁为中国古代方位神青龙、白虎图像。二十八宿的反向排列，很可能表明绘制者以箱底象征天地，箱盖象征天穹，在想象中由底往盖顶看，也就是由大地仰视天穹口。也许可以据此推测屈原所见之楚宗庙穹顶上图绘的天体景象，不用说，那场面当更为宏阔深邃。

②从扶桑树、太阳、鸟、兽、蛇和持弓射鸟者的形象看，漆画所绘当是后羿射日、为民除害的英雄神话故事。箱盖左侧的两条双首虺尾的大蟒，可能是被后羿斩杀于洞庭的修蛇。战国漆画中的这种神怪形象画面多成于《山海经》等古文献成书之前，是研究中国古代神话的珍贵形象材料。

可惜这种精彩的猜测和解读戛然而止，不然，它也许会将我们引导到艺术史中另一个更为激动人心的领地——图像学研究，在那里，运用文化与历史的综合资源对图像意义进行科学论证和解读成为艺术科学的主要任务。

也许并非偶合，在我们读到这本精美的艺术图集时，《读书》杂志正在开展有关"考古学发展"问题的讨论，讨论将考古学置于人文科学的前沿位置，研究它在新的知识资源和文化结构中的处境、前提和价值，这种讨论虽然更多是从学理而非具体学科技能上讨论考古学的发展，但与社会学领域不久前开展的有关社会科学"规范化""本土化"问题的讨论一样，对中国知识分子重新思考自己的文化使命、权利和义务，建立当代意义的人文学科框架和知识结构都将具有实际的启蒙作用。可惜这场讨论并没有涉及艺术史学，而在我看来，作为"人类文明记忆官能"（贡布里希）的艺术史学与其他门类的人文学科相比，也许更有资格强调它与考古学的关系，这不仅由于艺术史学的研究对象几乎大部分都要倚仗于考古学的成果，而且因为它在学科性质、方法和知识资源上与考古学有着更为深层的亲像关系。当然，作为规范化艺术史学的前提条件和重要的知识准备，必须首先完成考古学资源向艺术史资源的转换，为艺术史学建立必要的资源库，这无疑是一项巨大、艰辛和有价值的综合工程，正是在这方面，《楚美术图集》给我们带来了一个乐观的信息。

1998 年

注释：

[1]原文载《美术》，1998 年第 9 期。——编者注

阮璞画学研究中的实学传统[1]

先师阮璞一生著书立说、传道授业，却很少专门提及自己的治学渊源和方法，他晚年为《画学丛证》所作的自序成为我们研究他的画学思想的重要文献，在这篇言简意赅的学术自述中，阮璞开宗明义地指出自己的治学方法出自清代实学：

> 余治美术史，致力于中国画学研究，颇有取于清代考据学家无征不信之治学方法。盖缘深有慨乎晚明以迄清末，画学著述全由"文人画派"文人秉笔为之，坐此而明清文人一种束书不观、游谈无根、玄言相煽、实学尽捐之恶习，遂由其所作、所编、所诠释、所点窜之画学著述，周遍浸润于举世画学学风之中，其影响所及，至今尚犹荧惑视听，为害甚烈。故余不得已而乞灵于考据学家之征实学风，庶几以实救虚，对症投药，或者于今日画学界不为无裨乎？

清代实学发轫于黄宗羲、顾炎武以经世为务的经学，流变为以戴震为代表的乾嘉考据学（朴学），光大于章学诚、阮元的文化史学，后续成为章太炎、王国维、梁启超、胡适乃至古史辨派的近代国学和史学。从学术路径上看，实学是对晚明由宋明义理之学造成的束书不观、游谈无根时弊的一种反动，其中尤以考据学派秉承汉学"由声音文字以求训诂，由训诂以寻义理，实事求是，不偏主一家"[2]的读经、解经传统，从治学方法上开启了重经验、重归纳、重实证的新学风，简单地将考据学甚至整个清代实学称为一种科学方法或文化启蒙学说固然言之过甚，但以"经世致用""实事求是"为核心的清代实学，的确是中国近代学术（尤其是史学）由传统形态向现代科学形态转换中不可或缺的一环。

章太炎将清代实学方法归纳为六点，即审名实、重佐证、戒妄牵、守凡例、断情感、汰华辞，[3]这指出了实学存疑求实的基本学术态度和品质。清代实学，尤其是希图通过训诂章句、考释名物的途径重新恢复典章的历史原义的乾嘉考据学，对清除宋明义理之学空疏虚妄的陋习的确有独到的功用，它的长处在于存疑求实的精神，短处则在易于陷入烦琐考据的经验主义层次，从而无法从学理层面对历史的"真理性"做出说明。

为什么在艺术史学俨然成为一门当代人文学科的今天，阮璞先生依然需要据守考据学的方法进行中国画学研究，这种方法对中国当代艺术史学，尤其是史源学的建立有何益处？这是我们评价阮璞画学研究时不得不回答的问题，更是我们评价阮璞学术研究价值的基础。建立当代中国艺术史史源学的学理基础是建立中国当代艺术史学的根本前提，而建立这种学理基础的前提条件是对纷繁杂乱的美术史料进行科学意义上的整理。近代以来不少学者都致力于从目录学、编纂学角度对中国传统美术史料进行整理，如余绍宋的《书画书录解题》、于安澜的《画论丛刊》《画史丛书》和《画品丛书》都具有一定的史源学价值，但整体而言，中国美术史史源学水平不高，这一方面是由于在传统学术中，画学一直被视为一门"游艺"，尤其受宋明玄谈学风的影响，画学文献的解读和著述一直缺乏经学、史学那样的严谨传统，这一点甚至在考据之风盛行，"上穷经史、下究医卜、遍及学术各部门"[4]的清代仍无改观。而在现代学术中，美术史要么成为阶级分析的佐证，要么成为美学这类新学科的附庸，"画学无人作郑笺，诸君妙语总从天。纵教古义生新解，举烛初衷岂举贤？"正是阮璞对这种现实的一种感叹。很显然，要从真正意义上建立中国美术史的史源学基础，"作郑笺"，即对美术古文献做真正学术意义上的解读和整理是无法省略的环节，在阮璞先生看来，这种解读和整理舍考据学这类实学传统则别无他途，所以他说："窃谓考据学家所用'通经必以识字为基'之方法，即先明音义、句读、训诂，而后据以究其义理之读书方法，吾人对此倘能有所借鉴，以用之于画学，必可杜绝种种望文生训，郢书燕说，以及化身千亿、无穷无尽之承讹踵谬也。"[5]以考据学方法解读画学古籍既在于完成古代学术中的这一缺环，更在于建立科学求实的现代艺术史学的基础，这正是阮璞先生一生倾心于清代实学的动机和价值所在。

阮璞先生以实学方法治中国古代画学有这样一些显著特点：首先，从具体问题出发寻找解读诠释的方法。考据学从学理意义而言是一套严密的文献解读方法，涉及诸如文字学（小学）、文体学、版本学、目录学等广泛领域，其中尤以训诂为基础的文字学最能体现这一方法的特征。阮璞先生的画学研究大多从具体问题入手，借助训诂学传统对画学史籍、史载真伪订讹辨惑，以器而求道，针对不同问题对象选择不同的考据方法，如以义训方法征订李思训官称"江都令属"为句读之误，以校勘方法考订谢赫《古画品录》原名为《画品》，以文体学方法诠释"六法"原意，甚至根据中国传统文法、文气习惯对张彦远将六法原文压缩为四字一句的做法看成兼顾文义、文气的需要，而不是"破句失读"。这种解读既认定四字一句的六法保存了其原意，也肯定了张彦远对六法发展的贡献，与钱锺书对张的诘难相比，这种解读显然更为精确通脱。其次，阮璞画学研究并不像清代考据学家那样仅仅是为了"还原"古典，所以在运用考据学方法对画学文献进行考订的基础上，这种研究更注重运用知人论世、以文论艺等方法对艺术现象进行综合解释，也正是在这一点上，阮璞先生的画学研究具有了超越考据学传统而进入现代艺术史学的品质。如在以文字、文体、版本学方法对六法进行原意考订的基础上，阮璞又结合同时代诗品、书品传

统对六法的批评品质及关系进行了更为系统的阐释，而在研究苏轼"文人画观"或董其昌的"南北宗说"这类艺术史的重大课题时，这种综合性的知识系统的研究方法就显得更为突出。这种研究不仅显示了阮璞先生在文字学、诗学、词学和书学上的深厚功力，还显示了他将研究对象置于思想史、政治史、社会史的广阔背景时的独特视野。最后，阮璞画学研究中最有价值的实学传统是它的怀疑精神和致用态度，这种品质既是清代实学传统的一种沿承，更体现了这种研究所具有的科学属性。阮璞先生的研究选题大致有两个来源，一是研读画学古籍中发现的讹舛，一是今人著述中的错误，他明确地将自己的学术宗旨归纳为"商兑学问"和"订讹辨惑"，这种问题意识使阮璞先生的画学研究始终充满一种强烈的求真态度和批判意识，所谓"形同好辨""情非得已"，正是阮璞先生对自己这种学术品质的自白。阮璞先生研究的问题几乎涉略他所处时代的所有与画学研究有关的学者和艺术家，包括中村不折、伊势专一郎、大村西崖、陈师曾、滕固、潘天寿、史岩、钱锺书、郑昶、俞剑华、黄宾虹、常任侠、郑振铎、童书业、宗白华、

李泽厚等。这里面有他的老师，如滕固，有他素仰的学者，如钱锺书，但一旦发现他们著述中的错误，他都会毫不犹豫地"临文不讳"，尤其对那些影响甚巨、众口一词的理论和学说，阮璞先生的辩难会显得愈加激烈。针对二十世纪八十年代美学热中流行的"中国艺术是线的艺术"的观点、美术史中流行的"四唐分期说"，他都进行过实事求是的反驳。疑古辩难的目的在于致用，在这里，"致用"可以理解为一种科学信念，即为建立中国当代艺术史学模式和方法而进行的一种科学努力，在中国艺术史学尚处于草创阶段，大量讹舛之文、诞妄之说充斥于世之时，阮璞先生身体力行，借清代实学经世致用、实事求是的传统以救弊，对中国当代艺术史学的建立无疑具有筚路蓝缕之功。

当然，我们应该看到清代实学中的考据学传统毕竟只是一种整理古典文献的技术方法，属于经验理性的范畴，它所包含的逻辑因素和归纳方法，甚至它朴素的存疑求实的态度，都只有在现代科学模式和机制内部才有可能具备一些基本的科学品质，胡适将考据学简单地视为一种"科学方法"只能简化我们对科学方法论的认识。使中国艺术史学真正成为一门人文科学也许需要几代人的积累和努力，阮璞先生奠基于传统实学又具有现代科学品质的画学研究实践，无疑是这一历史进程中不可或缺的一环。

2003 年 12 月 5 日
广州

注释：

[1]本文为黄专与皮道坚合作写作。原文载阮璞，《画学续证·阮璞画学人生录丛书之二》，香港：天马出版社，2005 年，第 373—378 页。——编者注
[2]钱大昕，《潜研堂文集·卷三十九·戴先生震传》。
[3]章太炎，《太炎文录初编·文录卷一·说林下》。
[4]阮璞，《论画绝句自注》。
[5]阮璞，《画学丛证·自序》。

沙耆艺术中的两种传统[1]

苏格拉底说："我知道写诗不是件容易的事。我的目的是想发现一些梦的意义，纯净我的良心。如果这也被看作艺术创作的话，那我就无话可说了。你看，事情就这么简单。在我生命的旅程中，我经常做一个相同的梦，虽然在不同的时间它的表现形式不同，但总是告知我相同的事情：苏格拉底，实践和修习艺术吧。过去我常常认为，这是在推动和激励我去做我正在做的事情。"[2]

沙耆的重新被发现为中国现代油画史增添了一则新的拾遗，他早期的艺术经历代表着二十世纪初中国艺术家向西方学习的普遍历程，而他后半生在一个几乎完全与世隔绝的环境中的传奇身世，则昭示了这一历程的艰巨性和复杂性。

二十世纪初，大多数中国艺术家都秉承着一个开放的理想：以艺术代宗教和以艺术救民族，在文化整体论和有机论的思维模式指导下，经济上发达的西方自然成为文化和艺术进步的代名词，这一点在向西方艺术学习的先驱人物之一林风眠那里表述得十分直接：

中国现代艺术，因构成之方法不发达，结果不能自由表现其情绪上之希求，因此当极力输入西方之所长，而期形式上之发达，调和吾人内部情绪上的需求，而实现中国艺术之复兴。一方面输入西方艺术根本上之方法，以历史观念而实行具体的介绍，一方面整理中国旧有之艺术，以贡献于世界。[3]

可以相信，1937年二十三岁的沙耆离家去国时也抱负着同样的理想，也许唯一偶然的是他没有去大多数中国艺术家向往的法国和意大利，而选择了北方国家比利时，这使他的早期艺术更多地浸染着尼德兰、佛兰德斯的古典艺术传统，这种传统可以一直上溯至油画的发明者——十五世纪的扬·凡·艾克（1390—1441年），十六世纪到十七世纪的一百年中，这种传统又被皮特尔·布吕格尔、彼得·保罗·鲁本斯、凡·代克、弗兰斯·哈尔斯和伦勃朗·凡·莱茵等大师推向高峰，在阿尔卑斯山以北形成了与南方诸国截然不同的艺术气质与气氛，贡布里希曾这样描述这种气质以及它与南方国家艺术的差异：

> 那些从尼德兰来的画家总是对色彩缤纷的事物外观感到极大的兴趣：他们试验过使用他们所知的各种艺术手段去表现织物和肌肤的质感，总之，是尽可能忠实地画出眼睛能够看见的一切东西。他们不曾劳心于被他们的意大利同道视为如此神圣的美的标准，甚至也并不永远关心高雅的题材。
>
> ……
>
> 绘画不再是仔细地使用色彩塑造的素描——它们是使用"绘画性的"（painterly）手段作出的，它加强了有生命和活力的感觉。[4]

在沙耆的早期作品——即使是十分"学院化"的人体和肖像作品中，我们也能看到这种传统气质的影响。《女人体》也许是我们常见的那种学院式的习作，但沙耆却赋予它更多尼德兰艺术的气氛：典型的北欧女人体是以准确而概括的结构和笔触塑造而成的，人物的眼神坚定而略显忧郁，人体姿态有一种巴洛克式的庄重，但绝不生硬做作；

灰暗的背景不仅衬托出人体强烈的光影效果和生命感，而且使画面充溢着一种生机勃勃的、和谐的律动，背景中草草几笔就绘制出衣物的质感，典型的伦勃朗风格的金属器物更为画面增添了一种明快、富有光泽的戏剧效果，即便以今天的眼光来看，这件作品仍充满魅力。如果说这幅人体习作体现了沙耆对欧洲艺术传统——尤其是以鲁本斯、哈尔斯和伦勃朗为代表的尼德兰—荷兰绘画传统的卓越理解能力，那么，他的临摹作品《马拉之死》则表现出他对这种传统的高超创造能力，这种能力是通过他在不同风格和气质的艺术语言间进行一种能动的"转译"呈现出来的。这幅临摹作品在保留了大卫原作肃穆、冷峻的理性基调和英雄主义气质的原则下，舍弃了原作法国式新古典主义细腻、严谨的绘制方法，而以伦勃朗式明快和极富感染力的笔触对人物进行了更具"表现"意味的刻画，强烈而不是柔和或过渡性的光影处理加剧了画面的现场感、真实性和悲剧气氛，从而改变了原作抽象性、理想化的叙述方式，呈现了作者对这一人道主义主题的独特诠释和理解。应该说，与当时的现代主义绘画运动中"变体画"的时尚比较，沙耆对古典文本的这种特殊的转译和诠释方式有着更为内在和人文的价值，因为它不仅将这种"变体"视为一种语言实验，而且将它作为一种新的精神价值的呈现方式，他力图通过南北艺术语言的这种互译，寻找到在表现这一主题时的一种平衡关系，这种关系使理性与感性、古典与现代、再现与表现间的冲突趋于谐调。虽然我们无法还原沙耆临摹这幅作品时的具体情境和动机，但作品语言本身具有的人性力量和伦理价值缩短了现代人在理解这一主题时的心理距离。

历史总是以偶然和曲折的方式显示着它的智慧和魅力。三十年代在西方画坛踌躇满志的沙耆在1946年返国后突然消失了近半个世纪，今天令我们惊讶的也许不是这位富有才华的艺术家在五十年艰难的生活中没有终止他的艺术创作，而是他在一个几乎完全封闭的环境中，居然能够熟练运用另一种艺术传统来默默地实践他早年的艺术理想，当然，这里的"另一种艺术传统"指这一时期沙耆在风景和静物油画中采取的凡·高式的后期印象主义风格。从现有的资料看，沙耆在欧洲时的风景画主要吸取的是以扬·范·戈因、雅各布·凡·雷斯达尔为代表的古典佛兰德斯画风和近代比利时弗拉芒画派的传统（如1943年创作的《布鲁塞尔郊外风景》），作品以善于捕捉自然真实印象见长，常常有一种"如画"似的清新、静谧和诗意，但返国后，沙耆风景画和静物画的古典样式开始被一种强烈的、主观性的表现方式所代替，具体地讲是被另一种新的北欧传统，即凡·高式的现代主义传统所代替。呈现在我们眼前的风景或静物似乎改变了它们宁静、谐调的品性，粗放、急促的笔触，纯炼的原色对比效果似乎在叙述着作者对这些自然母题的新的印象和感受，一种更具生命活力和内在情绪的印象和感受，甚至那些简朴的山村农舍、河溪田野仿佛都具有一种不可抑制的内在律动。与凡·高的色彩方式比较，沙耆没有更多地采用多色层的厚深效果，而主要运用一次性画法：通过色彩纯度和笔触对比而不是通过色层厚度来刻画对象，从这一点看，他采用的赋彩方法似乎更接近"点彩派"，尽管他绝不愿意以"点彩派"那种客观和分析的态度去看待自然。他的静物有一种塞尚式的坚实和厚重，但不是"结构性"的，而是"感觉性"的或"绘画性"的，这种方式正是沙耆在自己中晚年传奇般的身世中寻找到的一种适合表达自己独特艺术经验和生存感受的生命语言。他或许根本就没有想到这些属于他自己的艺术会被后人阅读和欣赏，更没有想到它会为他带来荣誉和财富。他早年"为民族而艺术"的艺术理想在晚年变成了支撑自己生活的信条，这对于艺术史和他本人来说，不知道是一种幸运还是不幸。我们已经没有选择地生存在一个以创造新奇为特征的艺术时代，这个时代所崇尚的价值可以以歌星麦当娜的一句言简意赅的话来形容："我不是反叛传统，我只是想成为重要人物。"我们得承认，在这样的情境中，或者说在这样的价值中要体会和阅读像沙耆这样的艺术家十分困难，他几乎用他的一生重复着在我们看来多少显得过时的传统，这使他注定无法成为当代的"重要人物"。不过，好在我们的艺术中还多少保存着另外一种价值观念，这种观念鼓励艺术的创新，但认为有另外一种比创新更有价值的东西："首创性和新奇性是很高的价值，但是如果并非刻意追求而获得，那就更加伟大。……艺术是变化的，但是伟大的艺术永远在它自身课题的影响下变化。"[5]我想，正是这种价值使我们获得了不应该忘记沙耆这类艺术家的道德理由。

年代不详

注释：

[1]本文写作年代及出处不详。——编者注
[2]柏拉图，《苏格拉底的最后日子·费多篇》。
[3]林风眠，《东西艺术之前途》，1926 年。
[4]贡布里希，《艺术发展史》，范景中、林夕译，天津：天津人民美术出版社，2001 年，第 221、223 页。
[5]波普尔，《贡布里希论情境逻辑以及艺术中的时期和时尚》，载《理想与偶像》，范景中等译，上海：上海人民美术出版社，1989 年，第 353—363 页。

附录：《中国艺术史学史》讲义提纲

绪 论

第一节 艺术与艺术史

1. 艺术的传统语义

2. 艺术与美术

3. 艺术与图像

4. 艺术与艺术史

第二节 中国艺术史学史研究的对象

1. 史实、史料、史学与史学史

2. 中国古代艺术史学与近现代艺术史学

3. 中国艺术史学史的历史性质和理论性质

4. 四个问题：史料、历史、方法、理论

第三节 中国艺术史学史研究的准备

1. 语言学（字学、音韵、训诂）和文献学（目录、校雠、版本）

2. 金石学、考古学和书画鉴定学

3. 史学及史学理论

4. 西方艺术史学

第四节 中国艺术史学史研究的四个平衡

1. 艺术与历史的平衡

2. 人文与科学的平衡

3. 语言与图像的平衡

4. 中学与西学的平衡

第一讲 中国艺术史学的史料问题

第一节 史料问题是一切历史学科的基础问题

1. 史料及对史料的掌握运用是衡量一门历史学科的基本前提

2. 史料的新发现和史料观念的变革可以引起学科的变革

3. 史料的属性和种类

 a. 文献史料与文物史料

 b. 专业史料和非专业史料

 c. 直接史料与间接史料

 d. 积极史料与消极史料

第二节 中国艺术史的史料种类 及特性

1. 文献史料：四部中的艺术史史料及特性

《四库全书总目》的三级分类及涉及艺术史的内容：

经部：易类、书类、诗类、礼类（周礼、仪礼、礼记、三礼总义、通礼、杂礼书）、春秋类、孝经类、五经总义类、四书类、乐类、小学类（训诂、字书、韵书）

史部：正史类、编年类、纪事本末类、别史类、杂史类、诏令奏议类、传记类、史抄类、载记类、时令类、地理类（宫殿疏、总志、都会郡县、河渠、边防、山川、古迹、杂记、游记、外纪）、职官类、政书类（通制、典礼、邦计、军政、法令、考工）、目录类（经籍、金石）、史评类

子部：儒家类、兵家类、法家类、农家类、医家类、天文算法类、术数类（数学、占候、相宅相墓、占卜、命书相书、阴阳五行、杂技术）、艺术类（书画、琴谱、篆刻、杂技）、谱录类（器物、食谱、草木鸟兽虫鱼）、杂家类（杂学、杂考、杂说、杂品、杂纂、杂编），类书类、小说家类（杂事、异闻、琐语）、释家类、道家类

集部：楚辞类、别集类、总集类、诗文评类、词典类（词集、词选、词话、词谱词韵、南北曲）。《三礼图》（原出东汉郑玄、晋阮谌之手，今存最早为宋聂崇义重编本）

纪传体正史：本纪、表、书（志）、世家、列传。《汉书·志》律历志、礼乐志、刑法志、食货志、郊祀志、天文志、五行志、地理志、沟洫志、艺文志。制度专书"三通"：唐·杜佑《通典》、宋·郑樵《通志》、元·马端临《文献通考》

地理类：先秦《山海经》、北魏·郦道元《水经注》、南北朝·杨衒之《洛阳伽蓝记》、晋·常璩《华阳国志》、明·徐霞客《徐霞客游记》

丛书：丛集群书为一套书，如《四库全书》《大藏经》《美术丛书》（有《中国丛书综录》著录 2797 种）

类书：抄集群书部分内容类编成书，如《永乐大典》《古今图书集成》《佩文斋书画谱》

方志：史地结合的一方之史，包括舆图、疆域、山川名胜、建置、职官、学校、赋税、物产、乡里、风俗、人物、艺文、金石、灾异等

家谱（谱牒）：家族之史，包括世系、谱序、像赞、传志（墓志、表、行状）、图（庙、茔、祠、宅）等

小说笔记：发源于先秦，始于魏晋而盛于唐宋的一种杂记文体，记载异闻怪行、民俗民风，具有极高的艺术史料价值，如西晋·张华《博物志》、汉·刘歆《西京杂记》、南朝宋·刘义庆《世说新语》、北宋·沈括《梦溪笔谈》

总集：从作家诗文词曲汇为一书，如《全上古三代秦汉三国六朝文》《全唐文》

别集：一作家之文集，如明·董其昌《容台别集》

2. 以书画为主体的史料

余绍宋《书画书录解题》，中国近代第一部书画目录学专著，仿南宋陈振孙《直斋书录解题》体例，分史传、作法、论述、品藻、题赞、著录、杂识、丛辑、伪托、散佚十类，史传收书画著作 56 种，序例叙书画著述特征：

"昔人于此类书恒入艺术，顾艺术二字含义较广，琴棋杂伎并在其中。至若今艺所包尤为寥廓，若代以艺林、艺苑等称又似涉及文学，势非著明书画两字不足定其范围。"

"数典穷原，端资历史，故以史传一类冠篇。惟我国向无书画史专书，兹凡记述书画家事实而无类书性质者入之。"

"品藻之事，古人最尚，元明以后，校者渐稀。"

"赞颂之文肇于汉晋，题识之作盛于明清。"

"著录之事肇自李唐褚氏（遂良）书目，裴氏（孝源）画史其滥觞也。"

"自昔书画家性情恒多萧散，偶有撰述，率意命名。有名为史传而实为著录者如米襄阳《画史》之属；名为著录而实为史传者如张爱宾《历代名画记》之属；又有续前人之书而性质不类者如稽承咸《书画续录》之属……"

"宋元以前，人不敢轻言著述，故滥恶者不多。……若明以后滥恶之书其幸存者半赖丛书为之续命。"

3. 文物史料：古代金石学和现代考古学中的艺术史史料及特征

金石学：二字连称最早见于《墨子·兼爱》："古者圣王……书于竹帛，镂于金石，琢于盘盂，传遗后世子孙。"

《吕氏春秋·求人篇》："（夏）功绩铭于金石。"高诱注："金，钟鼎也；石，

丰碑也。"

《水经注》已载有各地古代城址、陵墓、寺庙、碑碣。

北宋初刘敞《先秦古器图碑》（已佚）载家藏11件古器，又在《先秦古器记》中提出"礼家明其制度，小学正其文字，谱牒次其世谥"的研究方法。李公麟《考古图》："圣人制器尚象，载道垂戒，寓不传之妙于器用之间，以遗后人，使宏识之士即器以求象，即象以求意……岂独眩美资玩，为悦目之具哉！"载功绩、明纲纪是金石的基本功能。

北宋为金石学发端及第一次高潮时期。现存最早的古器物图录为元祐七年（1092年）吕大临的《考古图》，后有记载古器及石刻的《宣和博古图》、《历代钟鼎彝器款识法帖》（薛尚功）、《钟鼎款识》（王厚之）、《啸堂集古录》（王俅）。金石专论以《集古录》（欧阳修）为首，后有《金石录》（赵明诚），《舆地碑记目》（王象之），《宝刻类编》（陈思），《隶释》《隶续》（洪适），《泉志》（洪遵）。

元明金石学相对低落，著名著作有元色目人葛逻禄乃贤的《河朔访古记》，记黄河中下游城郭、宫苑、寺观、陵墓，潘昂霄《金石例》主载石碑。明曹昭《格古要论》为最早文物鉴赏著作之一。

清为金石学鼎盛期，重要著作有顾炎武《金石文字记》《石经考》，乾隆御纂《西清古鉴》《西清续鉴甲编》《西清续鉴乙编》《宁寿鉴古》，阮元《积古斋钟鼎彝器款识》，刘喜海《长安获古编》，吴云《两罍轩彝器图释》，端方《陶斋吉金录》，王昶《金石萃编》，陆增祥《八琼室金石补正》，翁方纲《两汉金石记》《粤东金石略》，阮元《两浙金石志》，叶昌炽《语石》。

金石学著作的入目：《直斋书录解题》入小学、《文献通考》入礼注、《四库全书》分入经部小学字书、史部目录金石、子部谱录器物、集部诗文评。

考古学：十七世纪兴起于西方的对古迹、古物进行研究的科学，在十七至十八世纪一般指对含有美术价值的古物、古迹的研究，十九世纪以后才泛指一切古物、古迹研究，德国人温克尔曼以考古资料为线索著《古代艺术史》，因此被誉为"考古学之父"和"艺术史之父"。田野调查发掘是考古学的基本方法，具体方法主要分为以遗迹（址）层位关系确定断代的"地层学"方法、以器物类型排比（制作工艺、功能等）确定文化类型和断代的"类型学"方法以及以人类聚落遗迹形态（单位、布局、迁徙及关系）为单位的民族学、宗教学、社会学等综合研究方法——"聚落考古学"方法。十九世纪末，西方探险家通过对中国西北地区的探险考察把考古学带到中国。1921 年，瑞典人安特生应聘在辽宁锦西沙锅屯和河南仰韶村田野发掘。1922 年，北大国学门设考古学研究室。1926 年，在美国学习人类学归国的李济发掘山西夏县西阴村遗址，尤其是 1928 年，中央研究院历史语言研究所考古组李济先生主持河南安阳殷墟发掘标志考古学在中国的诞生。

金石学与考古学无论学科历史、性质、内容、方向都有差异，考古学取代金石学的说法是源自现代科学主义的错误思维（《中国大百科·考古卷·序》），金石学是中国古代唯一以视觉物质为研究对象的学问，它通过中国文字、图像、工艺、建筑、雕刻、器物等技术综合地融通了中国宗教、礼制、审美、人文、历史观念，是研究中国艺术史学不可替代的人文资源和技术资源。

4. 文物史料与文献史料的关系

a. 金石与考古史料比较，前者与古文字、语言、制度、著录等学术传统联系紧密，后者则长于科学断代、器物分类等物质证明，对视觉文化与艺术史综合研究两种史料密不可分。

b. "以图证史"和"以史证图"：文献、文物史料（包括图、文、器物）互为基础和佐证。参"中国艺术品视觉目录"。

以武梁祠研究为例。直接史料：武梁祠双阙、石室、画像赞、榜题残篇、历代著录(欧阳修、赵明诚、洪适、黄易、瞿中溶、陆九和、翁方纲、王昶)；间接史料：《史记·本纪》《列女传》《列士传》《列仙传》《说苑》《汉书·党锢列传》《汉书·郊祀志》《后汉书·赵岐传》；中外研究(段栻、常任侠、容庚、蒋英炬、吴文祺、信立祥；沙畹、劳佛尔、关野贞、费慰梅、秋山进午、巫鸿)。

第三节 中国艺术史史料的整理和鉴别

1. 传统文献史料的整理、考订与辨伪

校注：对校法(本书不同版本对校)、他校法(以他书校本书)、本校法(以本书校本书)、理校法(综合考证推论)，阮璞《画学丛证》

整理：目录整理，余绍宋《书画书录解题》，丁福保、周云青《四部总录艺术编》，谢巍《中国画学著作考录》。丛辑类编整理，黄宾虹、邓实《美术丛书》，于安澜《画史丛书》《画论丛刊》《画品丛书》，《佩文

斋书画谱》，俞剑华《中国画论类编》《顾恺之研究资料》，黄苗子《吴道子事辑》，宗典《柯九思史料》，顾麟文《扬州八家史料》，汪世清《浙江资料集》，陈传席《六朝画家史料》，陈高华《隋唐画家史料》《宋辽金画家史料》《元代画家史料》，穆益勤《明代院体浙派画家史料》。年谱编定，陈垣《吴渔山年谱》，黄涌泉《陈洪绶年谱》，任道斌《董其昌年谱》

2. 书画鉴定及史料的整理

杨仁恺《中国书画鉴定学稿》中《历代书画鉴定使用的方法》《比较研究法的重要性和必要性》《对历代名家主要著录的评介》诸篇。

近代整理著录：福开森《历代著录画目》，台北故宫博物院《故宫书画录》《故宫藏书法》《故宫藏画录》，铃木敬《海外所藏中国画综合总目》，文物出版社《中国古代书画目录》《中国古代书画图目》《中国绘画全集》

3. 金石及考古史料的整理

著录、摹写、拓印、考释金石学基本方法

地层学、类型学、聚落考古学为考古学基本方法

金石学目录整理：李遇孙《金石学录》、叶铭《金石书目》、田士懿《金石名著汇目》、黄立猷《金石书目》、容媛《金石书录目》、林钧《石庐金石书志》

考古学目录整理：文物出版社《中国考古学文献目录》（1950—1990 年）

#重点介绍：金石学及其在中国艺术史学中的独特地位

第二讲　上古时代的中国艺术史学（先秦至两汉）

第一节　上古时代中国艺术史学的状况与特征

1. 上古时代的"图"和"象"

"绝地天通"与甲骨之象

方术系统的图像观念：数术（天文、历谱、五行、蓍龟、杂占、形法）、方技（医经、经方、房中、神仙）

礼制系统的图像观念：礼制（礼学、礼典、礼教）、礼仪（吉、嘉、宾、军、凶）、礼器

"图载之意有三"中孕育的图像意识：卦象（图学）、字学（书学）、绘画（画学）

2. 诸子时代的图像观念

"诸子出于王官"说及其辩论

易象：《周易》图像观

儒学的内观化：《大学》的"修身"、孟子的"养气"和荀子的"性恶"

老子的"大象无形"观与庄子的"气""形""神"论

阴阳学派的五德终始说和九州说中的空间理念

3. 秦代两汉方术和礼制时代的图像观念

秦代的方士与儒生

黄老、阴阳五行观念下的宇宙图景和人间秩序

制图、制像、制器与营造：儒学的礼仪化与谶纬化

从《庄子》到《抱朴子》：道教形象的形成

汉碑与汉画中的时空意识

4. 以礼制和宗教文化为中心的艺术观念

a. 礼制艺术

礼义：东汉许慎《说文解字》"示"部："礼，履也，所以事神致福也。""豊"部："豊，行礼之器也。"郑玄注《仪礼·士冠礼》："今文禮作醴。"《汉书·地理志》："酒礼之会。"今人王国维《释礼》据甲骨文豊字：

"此诸字皆像二玉在器之形，古者行礼以玉。"以礼治为核心，由礼制、礼学、礼书、礼典、礼教、礼仪、礼乐、礼器构成的文化秩序聚合体

礼学与儒学："周公制礼"与孔子删述礼书和以仁入礼

"三礼"：《周礼》《仪礼》《礼记》三部礼书，为礼学核心。《周礼》又名《周官》，上古官制汇编，战国时成书，分《天官冢宰》《地官司徒》《春官宗伯》《夏官司马》《秋官司寇》《冬官司空》六篇，《冬官》佚，西汉河间献王刘德以《考工记》补入。《仪礼》又名《士礼》，传为周公所制，为"六经"中"礼经"，应为孔子及弟子所编，共十七篇，分《士冠礼》《士昏礼》《士相见礼》《乡饮酒礼》《乡射礼》《燕礼》《大射》《聘礼》《公食大夫礼》《觐礼》《丧服》《士丧礼》《既夕礼》《士虞礼》《特牲馈食礼》《少牢馈食礼》《有司》。《礼记》，成书于汉代，为孔弟子"七十子后学者"著作，西汉戴圣辑四十九篇，分《曲礼》《王制》《礼器》《中庸》《大学》《明堂位》《乐记》等，涉及后儒对"礼"的义理、制度及制图、制器观念。因其叔父戴德辑有《礼记》，所以分称为《小戴礼记》和《大戴礼记》

"五礼"：五种基本礼仪制度。《周礼·春官宗伯》："以吉礼事邦国之鬼神示……以凶礼哀邦国之忧……以宾礼亲邦国……以军礼同邦国……以嘉礼亲万民。"

礼典：以"五礼"为中心的国家法典。西汉叔孙通、东汉张纯、曹褒制汉礼。以"五礼"制礼始于西晋《晋礼》，隋制《隋朝仪礼》，唐有《贞观礼》《显庆礼》《开元礼》《郊祀录》，《开元礼》为我国现存最早的官修礼典。宋有《太常因革礼》，并出现了"家礼"

礼器、冕服与礼制营造："礼藏于器"，礼器和礼制营造是礼的物质形态，也是古代艺术史的主要内容。大汶口文化、良渚文化、龙山文化、二里头文化墓葬已有玉、陶、漆等组合礼器，三代已有列鼎和鼎、豆、壶组合青铜礼器制度。与礼制有关的营造主要是陵墓、明堂、城邑和祠堂

明堂：《周礼·考工记》："夏后氏世室……殷人重屋……周人明堂"都是上古集宗庙、布政和宫室功能为一体的礼制建筑，体现中国"祭政合一"的文化。偃师商城、郑州商城、安阳殷墟都有类似明堂的建筑。西周有完备的列鼎制度和明堂、陵寝制度。二十世纪七十年代在陕西周原岐山凤雏和扶风召陈发现两座西周建筑群有宫庙建筑。关于明堂的重要文献有《周礼》《礼记》《尔雅·释宫》《淮南子》及王国维《明堂庙寝通考》

第二节 礼制艺术的图像研究

第三节 其他宗教艺术

道教艺术：春秋老子《道德经》，提倡"无为""无形"的自然哲学，战国、西汉杂糅黄老之术、神仙、列子、庄子、关尹子、阴阳五行、方术、蓍龟、星命、堪舆、房中及民间各家至东汉形成的本土宗教。晋葛洪《神仙传》《抱朴子》开始将老子形象化，北魏始造道像（北魏太武帝始光元年《魏文朗造像碑》、北魏孝文帝太和廿年《姚伯多造像碑》），至唐形成了以玉清元始天尊、上清灵宝天尊、太清道德天尊三神为中心的神道造像系统，宋代逐渐谱系化。道藏由原典、注老、道书组成，南朝刘宋陆修静首创道藏"三洞部"分类，现道藏由"三洞"——洞真部（天宝君说道经的"大乘"）、洞玄部（灵宝君说道经的"中乘"）、洞神部（神宝君说道经的"小乘"）；"四辅"——太清部、太平部、太玄部、正一部；"十二类"——本文、谱录、众术、神符、戒律、记传、玉诀、威仪、赞颂、灵图、方法、章表组成

《云笈七签》：宋张君房编道教类书，122卷，内容括经教宗旨、仙真位籍、神仙传记、赞颂诗歌、服食炼气、方药符图、内外丹、庚申、尸解诸术。《四库提要》："《道藏》菁华，亦大略具于是。"重要研究有李淞《长安艺术与宗教文明》

佛教艺术：佛教公元前五世纪起于古印度，早期经典包括经（教义）、律（戒律）、论（阐说）"三藏"，公元前三世纪阿育王孔雀王朝始有造像。东汉传入中土。佛藏包括本经系统"五藏"（经、律、论、杂、菩萨）、翻译和注疏；非本经系统（经录、佛史、传记、灯录、语录、论辩文献、纂集类书、音义、游记、志书、杂记）

本土民间宗教：南方楚、巴蜀巫教，云南纳西族东巴教，东北萨满教，汉族民间宗教（三皇五帝、玉皇大帝、王母、土地爷、关帝等）

中古"三夷教"：摩尼教，三世纪波斯人摩尼所创，主张明（善）暗（恶）二元论，又称"明教"。德国克林凯特有《古代摩尼教艺术》一书，林悟殊有《摩尼教及其东渐》一书。景教，为基督教聂斯托利派所创，七世纪传入中亚，流入中土后称"景教"。祆教，琐罗亚斯德于公元前六世纪创于波斯阿契美尼德王朝，又称"拜火教"。北齐时经焉耆、于阗传入中土，重要艺术遗迹包括山西虞弘墓、山东青州造像。重要研究有姜伯勤《中国祆教艺术史研究》

重点介绍：巫鸿的上古艺术史研究

第三讲 中古时代的艺术史学（魏晋至隋唐五代）

第一节 魏晋南北朝时期的图像观念

魏晋玄学中的言、意、象：从"形名之辨"到"言意之辨"

"意象"图像观产生的意义

"庄老告退，山水方滋"：图经与山水，玄言的图像化

"三洞"：早期道教的时空观

色与空：早期佛学图像观

从字学到书学

第二节 隋唐时期的图像观念和艺术史观念与著述的产生

三教图像观的纷争与合流

同像与异像：佛教、道教的形象谱系

字样学：字学与书学的规范化

第三节　书画品评体系的出现
　　　　（魏晋时期）

书画史的四种写法：品评体、史传、著录和丛集

品评体书画史：顾恺之《论画》《魏晋胜流画赞》，谢赫《古画品录》，卫恒《四体书势》

著录体画史：《梁太清目》、梁武帝萧衍《古今书人优劣评》、羊欣《采古来能书人名》、王僧虔《论书》、谢赫《古画品录》（提出品画"六法"）、庾肩吾《书品》、姚最《续画品》

史传体书画著作（唐）：褚良《右军书目》，裴孝源《贞观公私画录》，彦悰《后书品》《后画品》，孙过庭《书谱》，李嗣真《书后品》《画后品》（以逸、上、中、下定品），窦蒙《画拾遗录》，张怀瓘《书断》《画断》（以神、妙、能定品）；"著录之事肇自李唐褚氏（遂良）书目，裴氏（孝源）画史其滥觞也。"（余绍宋《书画书录解题》）；画史观念与纪传体绘画通史的诞生：张彦远的《历代名画记》

品评、著录体与丛辑体书画史：李嗣真《书后品》《画后品》，张怀瓘《书断》《画断》，朱景玄《唐朝名画录》，褚遂良《右军书目》，裴孝源《贞观公私画录》，张彦远《法书要录》，韦续《墨薮》

　　# 重点介绍：张彦远《历代名画记》《法书要录》

第四讲　中古时代的艺术史学
　　　　（宋元明清）

第一节　宋代金石学的兴起与郑樵的
　　　　图像观

1. 宋元新的图像观念的出现和书画史著述

理学：儒学的哲学化和知识化

金石学的产生及对图像观念的影响

图学：郑樵的《通志·二十略》及图像思想

目录学中的"艺术"

纪传体画史的续写及书史的出现

2. 宋代金石学的兴起

a. 宋代金石学兴起的原因

士大夫地位提高，理学兴起及学术深入的要求

宋廷恢复礼制、礼学的需求

城市及印刷业的发达，"礼下庶人"导致的民间需求

b.宋代金石学方法及对艺术史的贡献

对器物的著录、纹饰与器型的定名、分类、考证和断代

为青铜器分类和组合的研究

对金石进行从器物、器型、材料到文字、文献的综合性研究，使"金石学"成为一门真正意义上的学问

c.宋代金石学主要著作（《金石书录目》存 29 部）

著录类：吕大临《考古图》，赵明诚《金石录》，王黼《宣和博古图》，王象之《舆地碑记目》，陈思《宝刻丛编》《宝刻类编》，洪适《隶释》《隶续》，薛尚功《历代钟鼎彝器款识法帖》，王俅《啸堂集古录》，洪遵《泉志》，翟耆年《籀史》

题跋评述：欧阳修《集古录跋尾》、黄伯思《东观余论》、董逌《广川书跋》、张抡《绍兴内府古器评》

笔记丛谈：赵希鹄《洞天清录集》，沈括《梦溪笔谈》，岳珂《桯史》，邵博《邵氏闻见后录》，蔡絛《铁围山丛谈》，叶梦得《石林避暑录话》《石林燕语》，赵彦卫《云麓漫抄》，洪迈《容斋随笔》

3. 郑樵的《通志二十略》与中国图像知识系统的建立

郑樵（1103—1162 年），字渔仲，号夹漈，别号溪西逸民。福建兴化军莆田人，世代望族。苦读三十年，著书五十种。《通志》为典志体通史，分纪、传、谱、略四大类，共二百卷。自述"全帙之菁华惟在二十略"，"今总天下之大学术而条其纲目，名之曰'略'……百代之宪章，学者之能事，尽于此矣"。"二十略"为中国典章学术之集大成，其中以《艺文略》《图谱略》《金石略》《校雠略》对中国学术和艺术史贡献尤著。

a."会通"和"专学"思想

《通志》义在"集天下书为一书"，提倡贯通古今，兼涉人文、动植物、文字、音韵，包罗万象的史学观，在这个基础上又提出"学之不专者为书之不明也，书之不明者为类例之不分也""一类之书当集在一处不可有所间也"的分类和专学思想。

b."图像"观念

强调恢复"左图右史"传统，《图谱略》"索象""原学""明用"阐明图与书的关系，"图，经也；书，纬也。一经一纬相错而成文……索象于图，索理于书"，将汉代以后学术不及三代归于"图谱之学不传"，强调"图谱

之学，学术之大者"。

c. 广义的"艺术"观及图像知识谱系的建立

《艺文略》第七为"艺术类"，包括艺术、射、骑、画录、画图、杂戏格等，建立画学著作和图画著录系统；《图谱略》之"原学"强调"图谱"，"明用"指出："今总天下之书，古今之学术，而条其所以为图谱之用者十有六：一曰天文、二曰地理、三曰宫室、四曰器用、五曰车旆、六曰衣裳、七曰坛兆、八曰都邑、九曰城筑、十曰田里、十一曰会计、十二曰法制、十三曰班爵、十四曰古今、十五曰名物、十六曰书，凡此十六类有书无图不可用也。""记有""记无"更对图像进行了地理、会要、纪运、百官、易、诗、礼、乐、春秋、孝经、论语、经学、小学、刑法、天文、时令、算数、阴阳、道家、释氏、符瑞、兵家、艺术、食货、医药、世系分类，形成中国图像的内在分类体系。

4. 以品评、史传、札记、著录、汇纂形式为主体的书画史

"著录之事肇自李唐褚氏（遂良）书目，裴氏（孝源）画史其滥觞也。"（余绍宋《书画书录解题》）

史传体：郭若虚《图画见闻志》，邓椿《画继》，刘道醇《圣朝名画评》《五代名画补遗》，陈思《书小史》，董史《书录》，郑昂《书史》，夏文彦《图绘宝鉴》

品评体：黄休复《益州名画录》，刘道醇《圣朝名画评》《五代名画补遗》

著录体：敕撰《宣和书谱》《宣和画谱》，朱长文《墨池编》

第二节 明清学术的变化及图谱学和书画史

1. 明代学术的双重性格

从理学、心学到实学

格致之学与图谱学的续盛

印刷文化与图书

《图书编》和《三才图会》：中国图像学的创立之作

2. 西学图像的东来及震撼

第三节 清代朴学中中国艺术史学的变化

1. 朴学中的金石学

a. 清代金石学复兴的原因：皇室提倡、乾嘉考据学的推动

b. 成就

乾隆间内府藏品著录：《西清古鉴》《西

清续鉴甲编》《西清续鉴乙编》《宁寿鉴古》

民间收藏、著录：阮元、朱为弼《积古斋钟鼎彝器款识》，吴云《两罍轩彝器图释》，潘祖荫《攀古楼彝器款识》，方濬益《缀遗斋彝器考释》，吴式芬《攈古录金文》，张德容《二铭草堂金石聚》，杨守敬《望堂金石初编》，刘喜海《长安获古编》，端方《陶斋吉金录》，王昶《金石萃编》，陆增祥《八琼室金石补正》，翁方纲《两汉金石记》《粤东金石略》，阮元《两浙金石志》《山左金石志》

研究：顾炎武《金石文字记》《石经考》《山东考古录》，黄宗羲《金石要例》《华山碑考》，吴大澂《说文古籀补》，吴荣光《筠清馆金文》，翁方纲《两汉金石记》，《粤东金石略》，孙星衍、邢澍《寰宇访碑录》，赵之谦《补寰宇访碑录》，叶昌炽《语石》，李遇孙《金石学录》，陆心源《金石学录补》（金石学史），孙诒让《古籀拾遗》

2. 朴学中的地学和方志学

"考据学派"地学两贡献：其一，对传统地学著作的考证，如黄宗羲、顾炎武、顾祖禹、阎若璩、刘献廷、全祖望、赵一清、戴震对《禹贡》《水经注》及正史《地理志》的考订；其二，以"经世致用"为目的的地学著作的编撰及西方地学的引入，如顾炎武《天下郡国利病书》（政治地理），顾祖禹《读史方舆纪要》（考古地理），齐召南《水道提纲》，徐松《西域水道记》和利玛窦《万国舆图》，艾儒略《职方外纪》，南怀仁《坤舆图说》《地球全图》，魏源《海国图志》，徐继畬《瀛寰志略》。

"方志，一方之史也；族谱家谱，一族一家之史也；年谱，一人之史也。"(梁启超)清代重要方志著作包括阮元《浙江通志》《广东通志》《云南通志》，谢启昆《广西通志》，戴震《汾州府志》，洪亮吉《泾县志》《淳化县志》，孙星衍《三水县志》，段玉裁《富顺县志》。最著名的为被梁启超称为"方志学之始"的章学诚的和州、亳州、永清"三志"和《湖北通志》"三书"（通志、掌故、文徵），其贡献在"改造方志概念"，由图经变为史书；"内容扩大"，仿正史纪传体作志（参见梁启超《清代学术概论》《中国近三百年学术史》）。

3. 朴学中的画学

札记、著录及汇纂书画著作（明清）

札记体：何良俊《四友斋书论》《四友斋画论》，莫是龙《画说》，董其昌《画旨》《画眼》《画禅室随笔》，陈继儒《书画史》《书画金汤》《妮古录》，李日华《六研斋笔记》《味水轩日记》《竹嬾画媵》，唐志契《绘事微言》，王时敏《西庐画跋》，石涛《苦瓜和尚画语录》，王鉴《染香庵画跋》，王翚《清晖画跋》，王原祁《雨窗漫笔》，吴历《墨井画跋》，方薰《山静居画论》，笪重光《书筏》《画筏》，阮元《南北书派论》《北碑南帖论》，包世臣《安吴论书》《艺舟双楫》，康有为《广艺舟双楫》

著录体：朱存理《珊瑚木难》，都穆《寓意编》，张丑《清河书画舫》，张泰阶《宝绘录》，卞永誉《式古堂书画汇考》，孙承泽《庚子销夏记》，高士奇《江村画目》《江村销夏录》，吴荣光《辛丑销夏记》，姚际恒《好古堂家藏书画记》，安岐《墨缘汇观》，敕撰《石渠宝笈》《秘殿珠林》，阮元《石渠随笔》，孙星衍《平津馆鉴藏书画记》

纂辑体：王世贞《王氏书苑》《王氏画苑》，彭蕴灿《画史汇传》，敕撰《佩文斋书画谱》

史传体：陶宗仪《书史会要》，韩昂《图绘宝鉴续编》，王穉登《国朝吴郡丹青志》，释莲儒《画禅》，朱谋垔《书史会要续编》《画史会要》，周亮工《读画录》，姜绍书《无声诗史》，徐沁《明画录》，张庚《国朝画征录》，厉鹗《玉台书史》《南宋院画录》，胡敬《国朝院画录》，汤漱玉《玉台画史》（"赞颂之文肇于汉晋，题识之作盛于明清"）

丛辑体：王世贞《王氏书苑》《王氏画苑》，敕撰《佩文斋书画谱》，秦祖永《画学心印》

"宋元以前，人不敢轻言著述，故滥恶者不多。……若明以后，滥恶之书其幸存者，半赖丛书为之续命。"（余绍宋《书画书录解题》）

4. 朴学的学术精神、方法及对近代学术的转型意义

"朴学"：又称"清学""实学""考据学"，为清代学术主流，作为对宋明理学"空疏"学风的反动，以考订文献、复兴汉学为目标，提倡"经世致用""实事求是"，"其治学根本方法，在'实事求是''无征不信'。其研究范围，以经学为中心，而衍及小学、音韵、史学、天算、水地、典章制度、金石、校勘、辑佚，等等。而引论取材，多极于两汉。故亦有'汉学'之目"（梁启超）。其对"学问的本能""学者的人格""学问之价值""分业分治"等学术精神和学术观念的强调，都为中国学术近代化、科学化奠定了坚实基础。

第五讲 近现代中国艺术史学的变革与发展

1. 二十世纪初文化转型中的中国艺术史研究

a. 国学热和近代金石学向考古学转向

金石学：中国考古学的前身，近似欧洲的铭刻学。它是在尚未进行科学发掘的情况下，以零星出土的古代铜器和石刻为主要研究对象的学问。偏重于著录和考订文字资料，希图达到证经补史的目的。形成于北宋时期，曾巩的《金石录》（其书不传）最早使用"金石"一词。清代王鸣盛、王昶等人正式提出"金石之学"的命名。但这种研究已逐渐演化为考古学的组成部分，因而金石学作为独立的学问已不复存在。（《中国大百科全书·考古学》）

罗振玉："（金石学）为彝器款识之学，其器则限于古吉金，其学则专力于古文字，其造诣精于前人而范围则转隘，……嘉道以来，始于礼器外兼收其他古物，……然为斯学者，率附庸金石学，卒未尝正其名，今定之曰'古器物学'，盖古器物学能包括金石学，金石学固不能包括古器物学。"（《云窗漫稿》）

朱剑心："（吉金）以钟鼎彝器为大宗，旁及兵器、度量衡器、符玺、钱币、镜鉴等物，凡古铜器之有铭识者皆属之；（乐石）以碑碣墓志为大宗，旁及摩崖、造像、经幢、柱础、石阙等物，凡古石刻之有文字、图像者皆属之。（金石学）研究中国历代金石之名义、形式、制度、沿革，以及所刻文字图像之体例、作风，上自经史考订、文章义例，下至艺术鉴赏之学。"（《金石学》）

二字连称最早见于《墨子·兼爱》："古者圣王……书于竹帛，镂于金石，琢于盘盂，传遗后世子孙。"

《吕氏春秋·求人篇》："（夏）功绩铭于金石。"高诱注："金，钟鼎也；石，丰碑也。"

《水经注》已载有各地古代城址、陵墓、寺庙、碑碣。

北宋初刘敞《先秦古器图碑》（已佚）载家藏十一件古器，又在《先秦古器记》中提出"礼家明其制度，小学正其文字，谱牒次其世谥"的研究方法。李公麟《考古图》："圣人制器尚象，载道垂戒，寓不传之妙于器用之间，以遗后人，使宏识之士即器以求象，即象以求意……岂独眩美资玩，为悦目之具哉！"载功绩、明纲纪是金石的基本功能。

北宋为金石学发端及第一次高潮。现存

最早的古器物图录为元祐七年（1092 年）吕大临的《考古图》，后有记载古器及石刻的《宣和博古图》、《历代钟鼎彝器款识法帖》（薛尚功）、《钟鼎款识》（王厚之）、《啸堂集古录》（王俅）。金石专论以《集古录》（欧阳修）为首，后有《金石录》（赵明诚），《舆地碑记目》（王象之），《宝刻类编》（陈思），《隶释》《隶续》（洪适），《泉志》（洪遵）。

元明金石学相对低落，著名著作有元色目人葛逻禄乃贤的《河朔访古记》，记黄河中下游城郭、宫苑、寺观、陵墓，潘昂霄《金石例》主载石碑。明曹昭《格古要论》为最早文物鉴赏著作。

清为金石学鼎盛期，重要著作有顾炎武《金石文字记》《石经考》，乾隆御纂《西清古鉴》《西清续鉴甲编》《西清续鉴乙编》《宁寿鉴古》，阮元《积古斋钟鼎彝器款识》，刘喜海《长安获古编》，吴云《两罍轩彝器图释》，端方《陶斋吉金录》，王昶《金石萃编》，陆增祥《八琼室金石补正》，翁方纲《两汉金石记》《粤东金石略》，阮元《两浙金石志》，叶昌炽《语石》。

金石学著作的入目：《直斋书录解题》入小学、《文献通考》入礼注、《四库全书》分入经部·小学字书、史部目录金石、子部谱录器物、集部诗文评。

考古学：十七世纪兴起于西方的对古迹、古物进行研究的科学，在十七至十八世纪一般指对含有美术价值的古物、古迹的研究，十九世纪以后才泛指一切古物、古迹研究，德国人温克尔曼以考古资料为线索著《古代艺术史》，因此被誉为"考古学之父"和"艺术史之父"。田野调查发掘是考古学的基本方法，具体方法主要分为以遗迹（址）层位关系确定断代的"地层学"方法、以器物类型排比（制作工艺、功能等）确定文化类型和断代的"类型学"方法以及以人类聚落遗迹形态（单位、布局、迁徙及关系）为单位的民族学、宗教学、社会学等综合研究方法——"聚落考古学"方法。十九世纪末，西方探险家通过对中国西北地区的探险考察把考古学带到中国。1921 年，瑞典人安特生应聘在辽宁锦西沙锅屯和河南仰韶村田野发掘。1922 年，北大国学门设考古学研究室。1926 年，在美国学习人类学归国的李济发掘山西夏县西阴村遗址，尤其是 1928 年，中央研究院历史语言研究所考古组李济先生主持河南安阳殷墟发掘标志考古学在中国的诞生。

金石与考古史料比较，前者与古文字、

语言、制度、著录等学术传统联系紧密，后者则长于科学断代、器物分类等物质证明，对视觉文化与艺术史综合研究两种史料密不可分。

b. "以图证史"和"以史证图"：文献、文物史料（包括图、文、器物）互为基础和佐证。参"中国艺术品视觉目录"。

以武梁祠研究为例。直接史料：武梁祠双阙、石室、画像赞、榜题残篇、历代著录(欧阳修、赵明诚、洪适、黄易、瞿中溶、陆九和、翁方纲、王昶)；间接史料：《史记·本纪》《列女传》《列士传》《列仙传》《说苑》《汉书·党锢列传》《汉书·郊祀志》《后汉书·赵岐传》；中外研究（段祓、常任侠、容庚、蒋英炬、吴文祺、信立祥；沙畹、劳佛尔、关野贞、费慰梅、秋山进午、巫鸿）。

国学：十九世纪末和二十世纪三四十年代，在西学东渐的大潮中，以历史语言学为中心的中国传统本土学术的一种转型形态，"相对于新学指旧学，相对于西学指中学。引申而言，即中国传统学术。不过，近代国学并非传统学术的简单延续，而是中国学术在近代西学影响下由传统向现代转型的过渡形态"（桑兵《晚清民国的国学研究》），其名称转引自日本江户时代对古籍文献研究

的学问。1902 年，梁启超在日本创办《国学报》，最早使用这一概念，二十世纪二三十年代为鼎盛期。产生的原因主要为西方列强文化入侵导致的文化危机感。国学代表人物为章太炎、梁启超、王国维、罗振玉、胡适、赵元任、傅斯年、陈寅恪，其主要内容为：近代科学学术观的建立、近代科学学术方法的建立及近代学院和学科秩序与制度的建立。王国维："学无新旧也，无中西也""世界学问，不出科学、史学、文学，故中国之学，西国类皆有之，西国之学，我国亦类皆有之"。陈寅恪总结王国维治学领域及方法：地下实物与纸上遗文互相释证，异族故书与吾国旧籍互相补正，外来观念与固有材料互相参证，体现中西学问汇通融合趋势。

国学热导致了中国近代学术的两大转变：以经学为中心的学术传统的旧学全面瓦解，代之以西方现代学科分类和规范；学术内容由专注文献而扩展至实物及实地发掘相结合，由专注精英政治转向广泛涉略经济、地理、科学、民间等领域，建立新学科和强调学科互动，学术形式上近代论文写作代替注经传统和札记体写作，公共性学术刊物出版代替单纯的私书刻印。

从传统金石学到古器物学和考古学的

转向: 金石学发展至近代成为国学的一部分，代表人物有发现殷墟甲骨文并收藏、著录、研究的刘鹗（著《铁云藏龟》1903 年）、王懿荣（著《契文举例》1904 年）、罗振玉（著《殷墟书契》1911 年、《殷墟书契考释》1914 年，《殷墟书契精华》《殷墟书契后编》《殷墟古器物图录》《古明器图录》）、王国维（著《戬寿堂所藏殷墟文字考释》、《殷卜辞中所见先公先王考》1917 年），尤以罗、王成就为著，故近代金石学又称"罗王之学"，罗更出广义金石学概念"古器物学"。1923 年商承祚出版《殷墟文字类编》、1922 年容庚出版《金文编》。重要金石学家还包括卫聚贤（著《中国考古学史》）、刘节、徐中舒、马衡等。

马衡，1922 年任北大国学门考古学研究所主任，著《凡将斋金石丛稿》，郭沫若称"他继承了清代乾嘉学派的朴学传统，而又锐意采用科学的方法，使中国金石博古之学趋于近代化"，是提倡广义金石学和融合考古学的代表人物。

十九世纪末至二十世纪初，欧洲近代考古学伴随英（斯坦因）、德（格路维德、勒柯克）、法（伯希和）、俄（鄂本笃、雷治尔、科兹洛夫）、日（大谷光瑞）的探险式西部考古活动传至中国。1902 年，汪荣宝在《译书汇编》上发表《史学概论》一文，第一次将西方考古学思想介绍到中国，梁启超的《新史学》也介绍了西方考古学成就，并认为金石学就是中国的考古学。1937 年滕固译瑞典蒙德留斯《先史考古方法论》，1946 年郭沫若译德国米海里司《美术考古一世纪》。

c. 近代艺术史观念、方法和学科的出现及艺术史著述与翻译

近代艺术史观和方法的形成：康有为（《万木草堂藏画目》序）、陈独秀（"美术革命"）、蔡元培（在北大画法研究会之演说词）、鲁迅（《论"论旧形式的采用"》）、徐悲鸿（《中国画改良论》）为代表的"中国画改革"思潮及对"美育""美术"概念的提倡。

梁启超的"专史"观念：1921 年《中国历史研究法》中多次提及中国史中"美术"的概念。1926 年《中国历史研究法补编·分论三·文化专史及其做法》提出"美术史"（虽无具体内容）。

王国维的"美学"思想及艺术史建树，美学及画论研究中的天才说、古雅说、游戏说、痛苦说、境界说的"美学观"。古建筑及金石、器物研究及"二重证据法"（地下实物与纸上遗文互相释证）对艺术史的影响

（《隋唐兵符图录附说》《明堂庙寝通考》等）。

进化论分期观念在通史中的体现：秦仲文《中国绘画学史》分萌芽、成立、发展、变化、衰微五期，滕固《中国美术小史》分生长、混交、昌盛、沉滞四时代，郑昶将绘画分成实用、礼教、宗教化和文学化四期。绘画、雕塑、建筑、工艺的西学分类标准的确立：陈师曾、滕固等都采用了这类分类法。考古学、风格学、社会学、文化史方法的引入：滕固、梁思成采用"考古学""风格学""社会学"方法对绘画、雕塑、建筑的研究，郑昶采用"社会学"方法对绘画史的研究，潘天寿采用"文化学"方法对绘画史的研究，王钧初《中国美术的演变》、胡蛮《中国美术史》采用马克思主义社会学方法的研究。

1946年顾颉刚《当代中国史学》在下编第四章第四节专列《美术史的研究》一节，表明美术史已正式成为近代学术史的一部分。

近代艺术史学科的建立：西学引进、近代大学及艺术科系、课程的设置、公共博物馆、出版及学术刊物的出现是近代中国艺术史学建立的标志。

二十世纪二三十年代，北大国学门设文字学、文学、哲学、史学、考古学五研究室，后又分美术、音乐诸组并开设"美术史"课程，清华大学研究院国学科设中国语言、历史、文学、音乐、东方语言诸科和考古学陈列室，燕京大学国学研究所确定"国学"范围为历史、文学、哲学、文字学、考古学、宗教、美术，东南大学国学院设科学、典籍、诗文三部，从学说、图谱、器物三方面研究中国民族、历史语言、美术音乐、思想学术等。1912年教育部《师范学校课程标准》图画课程有"美术"科目，1911年吕澂出版《西洋美术史》，1917年姜丹书出版《美术史》教材，成为中国近代美术史的开端。

近代艺术史交流、翻译、课题及著述：1923年东京大学教授泽村专太郎、国学院大学教授田边尚雄在北大讲演《东洋美术的精神》《中国古代音乐之世界的价值》。1925年东京美术学校教授大村西崖在北大讲演《风俗品的研究与古美术品的关系》。1932年伯希和在北平考察中国美术古迹，在燕京大学讲演《在中国之西洋画家》。民国时期共翻译外国美术史著作57种，占全部美术史论著作的三分之一。其中与中国美术史有关的重要著作有波西尔的《中国美术》，中村不折、小鹿青云《中国绘画史》，大村西崖《中国美术史》《文人画之研究》。课题主要有通史撰述、专史研究、旧史检讨和整理著录。

通史撰述：陈师曾、滕固、潘天寿、郑昶、傅抱石、王钧初、秦仲文、俞剑华、胡蛮、刘思训

专史研究：滕固、梁思成（建筑与雕塑史研究）、顾颉刚（甪直保圣寺塑像研究）、朱偰（六朝陵寝、元大都，明清宫苑建筑研究）、童书业（陶瓷史研究）、常任侠（东方美术研究）、马衡和朱剑心（金石学研究）、郑振铎（版画研究）

旧史检讨：康有为、陈师曾、滕固、童书业、启功、俞剑华（文人画史及南北宗研究）

整理著录：黄宾虹和邓实（《美术丛书》）、金梁（《盛京故宫书画录》）、余绍宋（《书画书录解题》、《画法要录》）、陈垣（《吴渔山先生年谱》）、谢稚柳（《敦煌艺术叙录》）

第一代中国艺术史研究队伍的形成及成就：滕固

国粹学派：黄宾虹、邓实

民族文化学派：陈师曾、吕澂、姜丹书、潘天寿、郑昶、俞剑华、郑振铎、秦仲文、傅抱石

科学逻辑派：滕固、童书业

马克思主义学派：王钧初、胡蛮

＊滕固：参薛永年《滕固与近代美术史学》（《滕固艺术文集》导言）

2. 二十世纪中叶以后的中国艺术史研究

a. 五十至六十年代初期中国艺术史研究

定于一尊的马克思主义艺术史观及方法与艺术史研究领域的扩大。

新中国建立与战后冷战意识形态构成学术环境，以马克思主义历史观和文艺观撰写艺术史成为艺术史家唯一的理论选择。通史教材写作为五十年代艺术史编写的主要形式，苏联艺术史和文艺史成为主要理论参照（阿尔巴托夫《中国美术史》），历史唯物主义和唯物辩证法成为基本方法（如现实主义与非现实主义二分法），科学的、民族的中国艺术史是主要目标，五种社会形态成为美术史基本分期法。

研究领域扩大，涉及断代史（童书业《唐宋绘画论丛》、常任侠《汉画艺术研究》、段拭《汉画》），专史（刘凌沧《唐代人物画》，傅抱石《中国的人物画和山水画》，俞剑华《中国壁画》，郑振铎《中国版画史》，王伯敏《中国版画史》，郭味蕖《中国版画史略》，王世襄《中国古代漆器》，傅天仇《中国古

代雕塑》，童书业、史学通《中国陶瓷史论丛》，潘兹《敦煌莫高窟艺术》，温廷宽《中国北部石窟雕塑艺术》，阿英《中国年画发展史》《中国连环图画史话》及从顾恺之到吴昌硕的个案研究），史料丛辑（于安澜《画史丛书》、俞剑华《中国画论类编》、徐邦达《历代流传书画作品编年表》及各类艺术家及流派年表）。

各专业美术院校美术史系课及课程的设置，《美术研究》《文物》《考古》等专业杂志的出版及考古学、书画鉴定学的兴起。故宫博物院、中国美术馆及各地博物馆、美术馆的建立。

第二代中国艺术史研究队伍的形成：王逊、李裕、阎丽川、王子云、阿英、谢稚柳、徐邦达、张珩、启功、杨仁恺、王世襄、王伯敏、郭味蕖、宿白、常书鸿、金维诺、饶宗颐、陈少丰、阮璞

b. 八十至九十年代的中国艺术史研究

文化热和美学热中的艺术史研究：八十年代"文革"后文化热和美学热中的学术恢复。多样化艺术史观和方法态势的建立。大学美术史系科的建立。美术史专业刊物恢复新创。大型通史、画册、著录和资料汇纂。专业的扩大和深入。多元化史观及美学、文化学、考古学、文献学、社会学、鉴定学、艺术史学方法的广泛采用。

西方艺术史学的系统引进及对中国艺术史研究的影响：八十年代范景中组织的大型西方艺术史、文化史翻译工程及对中国美术史研究的理论和方法的影响

第三、四代艺术史研究队伍的形成及成就（略）

* 文献学方法：阮璞《画学丛证》《中国画史论辨》

考古学与社会学方法：金维诺《中国美术史论集》

书画鉴定学方法：谢稚柳《鉴余杂稿》，启功《启功丛稿》，徐邦达《古书画伪讹考辨》，杨仁恺《沐雨楼书画论稿》《国宝沉浮录》《中国书画鉴定学稿》

考古学、图像学及文化史方法：姜伯勤《敦煌艺术宗教与礼乐文明》《中国祆教艺术史研究》，李凇《论汉代艺术中的西王母图像》《长安艺术与宗教文明》，郑岩《魏晋南北朝壁画墓研究》

第六讲 "汉学"到"中国研究"：
西方的中国艺术史学研究

西方现代对中国的研究以二十世纪上叶法国为中心的汉学（Sinology）研究和二十世纪下半叶以美国为中心的中国研究（或中国学，Chinese Studies）为主。广义的"汉学"也指西方所有研究中国的学术，两种汉学是西方人文主义与科学主义两种学术传统在中国研究领域的反映，它们的消长以二十世纪中期为界，近期有重新融合的趋势。了解西方对中国艺术史的研究应该置于这样的学术史背景。

中国艺术史研究的四个平衡：中学与西学的平衡、艺术与历史的平衡、人文与科学的平衡、语言与图像的平衡。

一、西方"汉学"（Sinology）语境中的中国艺术史研究

1. 西方汉学的课题和方法 —— 西方汉学中的中国艺术史研究

汉学三期：十三至十六世纪从马可·波罗开始的"游记汉学"阶段；十六至十九世纪从意大利耶稣会士罗明坚、利玛窦开始的"传教士阶段"；十九至二十世纪迄今的"专业汉学"阶段，其中二十世纪上半叶以巴黎为中心、以古典人文科学为主要内容。西方汉学重镇：法国、荷兰、瑞典、德国、俄国、日本。

1814 年 12 月 11 日，法国法兰西学院正式任命雷慕沙为"汉族、鞑靼—满族语言文学"教授，成为"专业汉学"诞生的标志。东方语言学院（1843 年）、巴黎大学文学院（1957 年）也先后设立汉学讲座，1900 年在其殖民地河内建法兰西远东学院，1889 年成立吉美博物馆、1896 年成立塞尔努什基博物馆，专门收藏、陈列东方文物。巴黎被称为"汉学之都"，法国汉学也被称为"巴黎学派"。此后德国莱比锡大学（1897 年）、汉堡大学（1909 年），英国剑桥大学（1876 年）相继开设汉学教席及课程。

"专业汉学"以研究和翻译中国文献和语言为主要手段，以中国文明起源、中国与周边文明的关系、中国历史的连续性及特征以及中国文化学为主要论题。

巴黎学派第一代代表人物有法国的雷慕沙、儒莲、安东尼·巴赞、微席叶、考狄尔，第二代代表人物有沙畹、伯希和、马伯乐、葛兰言、戴密微，第三代代表人物有谢和耐、戴仁等。德国著名汉学家有尉礼贤、福兰阁、

艾博华，英国有威妥玛、翟理斯，瑞典有斯文·赫定、安特生、高本汉，荷兰有高罗佩，日本有大谷光瑞、狩野直喜、内藤湖南、滨田耕作，俄国有伊风阁、科兹洛夫、阿列克、叶理绥。

2. 西方汉学中的中国艺术史研究

1890 年在荷兰莱顿大学由考狄尔创办的汉学杂志《通报》中就有中国艺术 (含书法、绘画、音乐、雕塑、建筑) 的内容。

第一代汉学从事中国艺术研究的有伯希和、高本汉、喜龙仁、约翰·福开森、亚瑟·卫利等，研究课题主要为：

a. 画学文献、画目的著录及研究

卫利《来自敦煌的中国画发现目录》(1931 年)，喜龙仁《中国绘画：大师与原理》(1956—1958 年)，福开森《历代著录画目》(1933 年)、《历代著录吉金目》(1936 年)、伯希和《六朝同唐代的几个艺术家》

b. 考古及雕刻、青铜、陶瓷研究及著录

沙畹《两汉墓石刻艺术研究》(1893 年)，喜龙仁《五至十四世纪的中国雕刻》(1925 年)、《中国园林》，劳佛《中国古玉考》《汉代之陶器》《中国陶瓷的起源》《中国陶俑》《汉代墓石雕研究》，滨田耕作《中国古明器泥像图说》，伯希和《中国漆器造像考》

c. 通史著述

帕莱郎格《中国艺术》(1887 年)、格利斯《中国美术史导论》(1897 年)、夏德《中国美术史概说》(1896 年)、谢阁兰《伟大的中国雕塑》、波西尔《中国美术》、中村不折与小鹿青云《中国绘画史》、大村西崖《中国美术史》

汉学研究采用的方法主要是传统文献学、著录、考古学和传统通史撰述，为中国艺术史的研究打下坚实的语言、文献及史学基础。

重点介绍：高本汉的青铜器纹饰与风格研究 (参见张静河《瑞典汉学史》)

二、西方"中国研究"语境中的中国艺术史研究

二十世纪下半叶以美国为中心、以自然科学与社会科学为主要研究内容的中国研究，被称为西方第二代汉学，因其起源于近代外交、贸易及相关国际事务，并为美国外交提供咨询，又被称为"领事馆汉学"，因其中心在哈佛大学又被称为"哈佛学派"。

1. 区域研究：科学中国学的兴起对西方中国艺术史学的影响

第二次世界大战后，美国史学以"区域

研究"模式取代欧洲汉学，形成以中国学研究为中心的第二代专业汉学。战前美国汉学家多为欧洲移民，如夏德、佛尔克、劳佛，战后兴起的中国研究的代表人物有美国的费正清、芮玛丽、列文森、史华兹、施坚雅、孔飞力、魏斐德、史景迁、珀金斯、柯文、夏含夷，欧洲的谢耐和、许理和、白乐日、李约瑟、鲁惟一、马悦然、艾兰。研究重镇为 1955 年成立的哈佛大学东亚研究中心和哈佛燕京学社。代表成果为《剑桥中国史》。

研究领域扩展至政治、经济、思想、宗教、社会、历史、文化艺术，问题是"从文化转向历史"，史观是"冲击一回应论"，方法是西方科学主义，使用材料是由文献到所有物质媒体。以柯文为代表的第三代汉学重新审视第一代汉学方法与成就，提出"中国中心观"（《在中国发现历史》，1984 年），主张从内部、区域，多层次、多学科研究中国。

#重点介绍：列文森《儒教中国及其现代命运》中的明清文人画研究及其反应

2. **战后汉学中的中国艺术史研究者以欧美学者路德维希·巴贺霍夫、劳伦斯·席克门（纳尔逊博物馆长）、巴勒德·文礼（弗利尔美术馆馆长）、约翰·波普（弗**利尔美术馆）、马科斯·罗樾（哈佛大学）、理查德·艾瑞慈（密歇根大学）、麦克·苏立文（斯坦福大学）、李雪曼（克利夫兰艺术博物馆馆长）、高居翰（加州大学伯克利分校）、谢柏柯（西雅图华盛顿大学）、梁庄爱伦（俄勒冈大学）、雷德侯（海德堡大学）、罗森夫人（大英博物馆东方部）、韦陀（伦敦大学亚非学院）和中国旅美学者方闻（普林斯顿大学）、何惠鉴（纳尔逊艺术博物馆东方部主任）、李铸晋（堪萨斯大学）、吴纳孙（圣路易华盛顿大学）、曾佑和（夏威夷大学）、王季迁为代表。从身份看，分为博物馆学者和学院学者。

学术背景：西方史学由兰克的"实证史学"、马克思主义的"社会史学"、"年鉴学派"的"问题史学"、"总体史学"到福柯"后结构主义"史学的转变；西方艺术史学由风格学、图像学、社会学向"新艺术史""视觉文化"研究的转移。

沃尔夫林的"艺术风格学"（《古典艺术》1898 年，《美术史的基本概念》1915 年）。艺术形式分析的五对范畴。

布克哈特的文化史学（《意大利文艺复兴时期的文化》，1860 年）。艺术史研究中瓦尔堡、潘诺夫斯基的"图像学"（参见范景中编《美术史的形状》）。

八十年代"新艺术史"和"视觉文化研究"出现。语词与图像关系的变化。哈斯克尔、T.J.克拉克的"社会学"。

巴克桑德尔、阿尔珀斯的"视觉文化"理论。米歇尔的"图像转向"说（参见常宁生编《艺术史终结了吗》）。

内向观的风格学研究

由德国到美国的美术史家路德维希·巴贺霍夫采用其师沃尔夫林的风格学方法研究中国青铜器、雕刻和绘画著作《中国美术简史》（1947年）为开端，其弟子罗樾和方闻等人的"东部学派"（普林斯顿大学）的内向观研究在六十年代以前居主导地位。

罗樾的"风格悖论"和方闻的"结构分析法"。

罗樾《安阳时期的青铜器风格》（1953年）、《有宋代款识的绘画》（1960年）、《中国的大画家》（1980年）。

方闻《溪山无尽》（1955年，与李雪曼合作）、《心印》（1984年）。

重点介绍：关于"汉学还是艺术史"之争

外向观的社会学研究

六十年代以后，以高居翰为代表的"西部学派"（加州大学伯克利分校）的外向观研究取而代之获得主导地位。

高居翰的学术背景及成就：《江岸望山》（1976年）、《江岸送别》（1978年）、《函关远岫》（又名《山外山》，1982年）、《气势撼人》（1982年）。

重点介绍：关于《江岸送别》和《溪岸图》之争（参见洪再新编《海外中国画研究文选》、上海书画出版社编《解读〈溪岸图〉》）

三、西方新艺术史影响下的综合研究的新趋势

八十年代后，以巫鸿（芝加哥大学）、文以诚(斯坦福大学)、雷德侯(海德堡大学)、罗森（大英博物馆）、包华石（密歇根大学）、柯律格（牛津大学）、埃尔金斯（芝加哥艺术学院）为代表的艺术史的文化—历史综合研究或"视觉文化研究"，形成中国艺术史研究的新趋势。

文化—历史综合研究：
巫鸿学术背景及著述
罗森夫人的学术背景及著述
雷德侯的学术背景及著述

视觉文化研究：

柯律格的学术背景及著述

埃尔金斯的学术背景及著述

重点介绍：关于《中国古代艺术和建筑中的"纪念碑性"》之争（参见《中国学术》第二辑《一场围绕巫鸿新作的讨论》）

四、一些结论

两种汉学的差异：从立场态度上看，前者以崇敬中国文化为前提；后者对中国采取"西方中心主义"立场。从学术路径、学术方法和学术课题看，前者以传统中国语言学、文献学和考古学方法为主，以研究古代中国历史和文化的综合性为主要课题；后者主要采用西方科学主义方法，以自然、政治、经济、宗教、思想、艺术及近现代史的分类研究为主题。前者的研究属性是人文的，后者的研究属性是科学的。从学者类型看，前者多是传统人文学者，后者多为现代大学体制培养的科学人才，从专业类型可分为博物馆型与学院型。前者是"天才的事业"，后者是"凡人的职业"（桑兵）。

卷后语：诀别的话

十四年前，我已面临过每个人都必须面对的时刻，但医学、爱和各种不可知的力量使这个时刻推迟到现在，我不知道这是上天的一种额外的恩赐还是一种未经准确计算的后果，所以，在需要再次面对这个时刻时，我心里只有感恩和平静。

任何生命都是奇迹，这句话也适合我平凡的一生。虽然我没有创造任何成就，但我对我的一生并不后悔，我的一生亲睹过荒唐的革命、丑陋的政治和各种贪婪的恶行，经历过各种无法言说的痛楚，但更多体会的是善良的人性、不朽的价值和各种卓越的成就：我在书本里和不同时代中伟大的人物、文明的奇迹和不朽的言行相遇，我更在现实中结识了我们这个时代诸多或卓尔不群、或平凡如我的人物（艺术史家、艺术家和其他领域的朋友），亲睹了他们的成就、领悟了他们的德行，体会了人性所能达到的高度，当然，我还在我苦难而慈祥的祖母、命运多舛而隐忍豁达的父母身上学到了宽恕、正直的品质，正是这些使我的一生具有了超越时间的意义。我游历过世界的不同地方，享受过自然、文明和人类创造的各种神奇，2001年我乘车从德国翻越阿尔卑斯山去意大利的途中，远眺雪山间孤寂的教堂和炊烟袅袅的村落，聆听着柴可夫斯基的交响曲《曼弗雷德》，就是这种享受留给我的一个恒久的记忆片段，而这种片段又往往可与阮籍《咏怀诗》的达观和悲怆相辉映："开轩临四野，登高望所思。丘墓蔽山冈，万代同一时。千秋万岁后，荣名安所之！"

我的教育没能使我信仰过任何一种宗教，虽然各种无名无知的力量时常使我对人生的无常产生畏惧和惶恐，这种无常也包括这样一种矛盾：上天慷慨地给了我很多眷顾和幸运，但并没有赐予我超常的才能和品质，这就使我的一生获取多于付出，它常常使我对那些照顾、帮助过我的亲人、师长、朋友和同事产生愧疚。我一生没有敌人，那些有意无意被我伤害过的人，我只能祈求他们的宽宥。

对于即将到来的诀别，我没有任何恐惧和遗憾，本来"人生天地间，忽如远行客"，本来"人生忽如寄，寿无金石固"，如果需要留下什么诀别的话，我只想感谢那些在我一生中给予我爱、友谊和帮助的人，尤其是白榆，无论是顺境还是逆境，她都一如既往地给我以施予和包容。

我们的所有财产都由白榆处理，我收藏和使用的学术书籍都赠予范白丁，希望对他一生从事的艺术史研究有所帮助，我收藏的现当代艺术的书籍和资料，希望能捐给一个公共机构。

我不希望生后举行追悼会、告别仪式或任何类似形式的活动，死亡只是一种金蝉脱壳。

2016 年 2 月 19 日
星期五上午 11 点 55 分

文景

社 科 新 知　文 艺 新 潮

Horizon

黄专全集（全三卷）

［美］巫鸿　主编
方立华、郭伟其　执行主编
白榆、王俊艺、陈柏麒　校订

出 品 人：姚映然
责任编辑：王　萌
营销编辑：高晓倩
装帧设计：王序设计

出　　品：北京世纪文景文化传播有限责任公司
　　　　　（北京朝阳区东土城路 8 号林达大厦 A 座 4A　100013）
出版发行：上海人民出版社
印　　刷：北京启航东方印刷有限公司
制　　版：王序设计

开本：787mm×1092mm　1 / 16
印张：86.5　　字数：1,233,000
2024 年10月第 1 版　　　2024 年10月第 1 次印刷
定价：980.00 元
ISBN: 978-7-208-17289-0 / J·617

图书在版编目（CIP）数据

黄专全集：全三卷 /（美）巫鸿主编 . —上海：
上海人民出版社，2021
　ISBN 978-7-208-17289-0

　Ⅰ. ①黄…　Ⅱ. ①巫…　Ⅲ. ①美术史 – 中国 – 文集
Ⅳ. ① J120.9–53
　中国版本图书馆 CIP 数据核字（2021）第 179087 号